KB140898

위대한
패배자들

– 인생의 성패를 떠나 최선을 다해 경주한 이의 삶에 대하여 –

위대한
패배자들

유필화 지음

흐름출판

머리말

우리는 오늘도 각자 주어진 삶을 묵묵히 살아간다. 우리의 삶이 어떻게 전개될지는 아무도 모른다. 다만 한가지 확실한 것은 온 우주에서 우리에게 가장 신비롭고 가장 극적인 존재는 바로 우리 각자의 소중한 삶이란 점이다. 누구나 멋지고 행복한 삶을 누리며 화려한 승자가 되기를 바라는 것은 지극히 당연하다. 그러나 우리는 현실에서 세속적인 의미의 패배자가 승자보다 훨씬 많다는 사실을 잘 알고 있다. 개중에는 더할 나위 없이 안타까운 패자도 있다.

2000년 11월 7일, 미국의 제43대 대통령을 뽑는 선거가 있었다. 공화당의 조지 부시와 민주당의 앨 고어가 격전을 벌였는데 고어는 총 득표수에서 543,895표나 앞섰으나 확보한 선거인단수에서 부시에 밀려 패배하고 만다. 그런데 선거인단이 많은 플로리다에서 고어는 당초 2,700여 표차로 진 것으로 발표됐지만 일부 선거구에서 수작업으로 재검표해보니 차이가 400여 표로 줄었고, 주 전체에서 재검표하면 역전 승할 것이 거의 확실해 보였다. 그러나 공화당 성향의 대법관이 다수인

연방대법원이 5대 4로 재검표 중지 판결을 내림으로써 고어는 백악관 입성에 실패하고 만다.

1908년 7월 24일, 런던올림픽의 화려한 대미를 장식하는 마라톤 대회. 이탈리아의 도란도 피에트리는 39킬로미터 지점에서 크게 앞서 가던 남아프리카의 찰스 헤퍼론을 따라잡고 경기장에 가장 먼저 들어온다. 그러나 거의 탈진한 피에트리는 그만 경기장을 반대방향으로 돌기 시작했고, 직원들이 그를 바른 방향으로 이끌려고 하자 쓰러지고 만다. 그는 다섯 차례나 쓰러졌고 직원들의 도움으로 간신히 1등으로 결승점을 통과하지만 2등으로 들어온 조니 헤이스가 속한 미국팀의 항의가 받아들여져서 실격 처리된다.

이러한 극단적인 사례를 제외하더라도 패배자의 수가 승자의 수보다 훨씬 많은 경우는 일상에서 어렵지 않게 찾을 수 있다. 우리나라만 해도 매년 수많은 패자와 승자를 양산하는 '시험'이 있다. 입사시험, 공무원시험, 공인회계사, 노무사, 관세사 등의 각종 자격증시험이 끝나면 소수의 승자와 수많은 패배자가 배출된다. 승리가 하나 있으면 수백 수천의 패배가 있다.

지난 100여 년간 돌이켜보면 원래부터 낮았던 승자의 비율은 엄청나게 더 줄어들었다. 올림픽 100미터 달리기에 참가하는 선수들의 수는 1896년 근대 올림픽이 그리스 아테네에서 처음 열렸을 때보다 50배나 더 많아졌다. 그러나 메달은 여전히 세 개뿐이다. 우리가 일제의 압제에서 해방된 1945년에 남한인구는 약 1,670만 명이었다. 2020년 말 현재 대한민국의 인구는 약 5,180만 명으로 추산된다. 인구는 세 배 이상 늘었지만 대통령, 국무총리, 대법원장, 국회의장의 수는 달라지지 않았다. 이런 현상은 다른 나라에서도 마찬가지여서 현재 지구상에 살고 있는 약 78억 인구의 대부분은 살아가면서 이미 실패를 겪었거나 앞으로 경험해야 한다. 그래서 우리는 승자를 기억하고, 그들의 방식을 마치 공식처럼 익혀왔다.

내가 이 책에서 말하고자 하는 메시지는 조금 다르다. 인생의 성패를 떠나 최선을 다해 경주한 이들의 삶에 주목하고, 거기에서 길러낸 교훈을 나누고자 한다.

승자만을 기억하는 사회

한두 번 시험에 떨어지고 원하는 자리에 오르지 못했다고 해서 실패한 인생이라 할 수는 없다. 어쩌면 문제는 다른 곳에 있을 수 있다. 경쟁이 세계 질서의 핵심적인 '게임의 규칙'이 되면서 승자가 아니라는 이유로 괴로워하는 사람들이 늘어나고 있다. 20세기 초반까지만 해도 대다수의 사람들이 평생 가난하게 살거나 하인 또는 노비로 살다 죽는 삶을 바꿀 수 없는 운명으로 여겼다. 그들에게 그것은 하늘 또는 신이 정한 우주의 질서였고, 주어진 현실을 숙명으로 받아들이고 순응했다. 그들은 가난했지만 자신을 패배자로 보지 않았으며 스스로를 엄숙한 자연질서의 일부로 간주했다. 그러나 이제는 돈, 권력, 명예, 명성, 메달을 획득하려는 경주가 우리의 삶을 지배하는 대중 스포츠처럼 됐다. 그러나 안타깝게도 대부분의 사람이 그 경기에서 뒤처지거나 아예 탈락하고 만다.

나는 명단에서 빠지고 내가 싫어하는 동료가 승진할 때, 구조조정의 여파로 일자리를 잃고 쓸쓸히 집으로 돌아갈 때, 한때 번창했던 자신의 회사가 부도났을 때, 당사자들은 자신이 낙오자라고 생각한다. 그나마 옛날에는 팔자, 숙명, 썩은 사회, 신의 뜻 등을 언급하며 내 좌절을 나 자신이 아닌 다른 존재의 탓으로 돌리기도 했지만, 이 시대의 또 하나의 거룩한 슬로건 '기회의 평등'은 그조차 막는다. "모든 문은 열려 있으니 능력이 있고 진지하게 신분 상승의 의지가 있으면 좁은 문을 통과할 수 있다"라고 우리는 믿어왔다. 그 결과 열등감이 사회 전반에 퍼지고, 자책감이 사람들을 괴롭히고 있다.

패배자들을 기억해야 하는 이유

이 책의 많은 부분은 기회를 보았고 그것을 잡으려고 했던 지도자들, 이기려고 했고 운이 따랐으면 승리할 수 있었던 장군들, 삶의 여정에서 한때 승자로 불렸지만 종국에는 패자가 되고만 잊힌 승자들을 다룬다. 그리스를 구한 혁신가 테미스토클레스부터 소련을 개혁개방으로 이끈 고르바초프까지 이들은 더 힘센 경쟁자에게 당하기도 하고, 자신을 사랑했던 사람들에게 버림받기도 했다. 시기 질투의 대상이 되거나, 화려한 명성이 오히려 화근이 되기도 했다. 한마디로 말해 그들은 특히 비극적으로, 특히 극적으로 패배한 지도자들이라고 볼 수 있다. 그러나 그들의 전략과 리더십, 그리고 실패의 경험은 승자는 결코 줄 수 없는 귀중한 시사점을 준다.

역사에는 분명히 승자로 기록되어 있지만 왠지 패배자처럼 느껴지는 지도자들도 있다. 1950년 12월, 10월에 갑작스레 한국전에 끼어든 중공군이 무서운 기세로 밀고 내려와 또 다시 서울을 빼앗기기 직전이었다. 미국의 트루먼 정부도 한국에서 철수할 것을 심각하게 고려하던 그

암울한 시점에 혜성같이 나타나 우리나라를 구한 지도자가 있다. 바로 매슈 리지웨이 장군이다. 그런 의미에서 그는 대한민국의 진정한 은인이라고 할 수 있지만, 그를 기억하는 한국인은 거의 없다고 해도 지나친 말이 아니다. 그는 망각의 늪에 묻힌 영웅이다.

이밖에 이민족인 몽골족을 몰아내고 한족의 나라 명(明)을 세운 주원장, 기나긴 중국 역사에서도 드물게 뛰어난 임금이었지만 말년에 지혜가 부족해 아내와 큰아들을 죽음에 몰아넣은 한 무제도 새로운 관점으로 조명했다. 이들은 끝까지 승자로 남기가 얼마나 어려운가를 절실히 보여준다.

역사의 눈으로 보면 승패는 중요하지 않다. 인생을 살다 보면 일어날 수밖에 없는 필연이 있고 그 사건에 승자와 패자가 있을 뿐이다. 우리가 기억하지 못하는 수많은 패자들은 승자와 못지않은 능력과 탁월함을 갖추었다. 단지 마지막 순간 패배자였다는 사실만으로 그들의 강인함과 통찰력, 책임감과 신뢰, 리더로서의 가치를 폄하할 수는 없다. 저마다의 삶에 최선을 다해 경주한 피와 땀이 기억되길 바란다.

이 책을 쓰는 작업은 결코 쉽지 않았다. 많은 자료를 모으고 읽고, 내용을 구상하고, 깊이 생각하고, 쓰고 고치고 또 쓰고 고치고 하는 일의 연속이었다. 그러나 우리나라에 인문경영이라는 분야를 정립하고, 많은 독자들의 전략적 안목 함양에 이바지하고, 지도력(리더십)이라는 귀중한 사회적 자산의 축적에 기여한다는 생각이 힘든 과정을 잘 마무리할 수 있게 해주었다.

적지 않은 분량의 원고를 타이핑, 편집, 교정해준 고려대학교 대학원의 기수경 씨와 홍익대학교의 박혜원 씨에게 깊은 감사의 뜻을 표한다. 또 새 저서에 대한 개략적인 아이디어만 듣고 선뜻 출판을 약속해준 흐름출판의 유정연 대표님에게 진심으로 사의를 표한다.

2021년 7월

유필화 씀

차례

1장

조국에서 버림받은 파괴적 혁신가
테미스토클레스
"옳다고 생각한다면 계속 하라"

2장

끝내 배신당한 명장
악비
"나아감과 물러남의 때를 안다는 것"

3장

엘리트 리더의 한계를 보여준

트로츠키

"강한 자가 살아남는 것이 아니라 살아남는 자가 강자다"

4장

영웅과 기회주의자 사이에서

롬멜

"전술에서 이기고 전략에서 지다"

①
조국에서 버림받은 파괴적 혁신가
테미스토클레스

"옳다고 생각한다면 가서 계속 하라"

어느 리더의 초라한 죽음

서양의 여러 고전 가운데서도 명저로 손꼽히는《펠로폰네소스 전쟁사》를 쓴 투키디데스(Thucydides)는 고대 아테네의 영웅 테미스토클레스(Themistocles)를 이렇게 극찬했다.

참으로 테미스토클레스는 의심할 여지가 없는 타고난 천재성을 보여준 인물이다. 이 점에서 그는 아주 예외적이고, 다른 어느 누구보다도 칭송할 만하다. 그는 당장 매듭을 지어야 하지만 길게 토론할 수 없는 문제에 부딪혔을 때, 그 문제를 미리 연구하거나 나중에 그것에 대해 곰곰이 생각하지 않고도 오로지 자신의 천부적인 두뇌만을 써서 올바른 결론을 내리는 힘이 있었다. 또한 앞으로 어떤 일이 일어날지 내다

보는 데 있어서도, 다른 사람들의 전망보다 항상 더 믿을 만했다. 자신이 잘 아는 주제라면 어떤 것이든 완벽하게 설명할 수 있었으며, 설사 자신이 잘 모르는 분야라 할지라도 뛰어난 의견을 냈다. 특히 앞날을 내다보고 아직 오지 않은 미래에 숨겨져 있을지도 모르는 좋은 것과 나쁜 것을 간파하는 빼어난 역량이 있었다. 간추리면 테미스토클레스는 천재성이라는 힘과 빠른 행동을 바탕으로 가장 적절한 순간에 가장 적합한 일을 할 줄 아는 걸출한 인물이었다.[1]

세계적인 전쟁사 전문가 빅토르 핸슨(Victor Hanson)은 테미스토클레스를 이렇게까지 칭송했다.

구원자 같은 테미스토클레스 장군이 없었더라면 세계는 우리가 오늘날 알고 있는 바와 아주 다른 모습을 띠고 있을지도 모른다.[2]

예나 지금이나 좋은 평판을 받는 구국의 영웅 테미스토클레스는 그러나 페르시아 전쟁이 끝나고 약 20년 후인 기원전 459년 적국 페르시아의 지방도시 마그네시아(Magnesia)에서 시체로 발견됐다. 기원전 463년 그는 페르시아 왕 아르타크세르크세스(Artaxerxes)에게 투항했는데, 그 대가로 소아시아 서쪽 끄트머리에 있는 마그네시아의 통치자로 임명됐다. 아마도 페르시아 왕은 자신의 조국에 패배의 쓴잔을 안겨준 아테네와 스파르타에 테미스토클레스가 이제는 자신의 밑에 있다는 것을

---

1 Thucydides (1972), p. 117.

2 Hanson (2013), p. 48.

과시하고 싶었던 것이리라.

임진왜란 때 나라를 구한 이순신 장군이 전쟁이 끝나고 일본에 가서 작은 벼슬을 하다가 그곳에서 쓸쓸히 죽음을 맞이했다고 가정해보자. 민족의 은인 치고는 너무나도 초라하고 치욕적인 최후 아닌가. 세계 역사상 테미스토클레스만큼 엄청난 명성을 누리다가 이토록 지독하게 불명예스러운 삶을 살고 간 지도자도 드물다. 도대체 어떤 경위로 그는 이렇게 극적인 인생의 길을 걷게 되었을까?

골리앗을 쓰러뜨린 아테네

기원전 6세기에 이미 당시 세계 최대의 제국을 건설한 아케메네스(Achaemenes) 왕조의 페르시아는 제3대 왕인 다리우스(Darius) 1세가 기원전 522년에 즉위하자 서쪽으로 눈을 돌리기 시작한다. 그는 먼저 에페수스(Ephesus)를 비롯한 이오니아 지방에서 번창하던 여러 그리스 도시국가를 정복하고, 이오니아에 가까운 에게해(Aegean Sea)의 여러 섬, 즉 레스보스(Lesbos), 키오스(Chios), 사모스(Samos) 등을 차례차례 손에 넣는다(그림 1 참조).

이렇게 해서 에게해 동부 전체가 페르시아 차지가 되자 바다 건너편에 있던 아테네가 그 영향을 받는 것은 당연했다. 이 시기에 아테네에서는 두 명의 신세대 지도자가 두각을 나타내고 있었다.

한 사람은 30대 후반으로 보수 성향을 띤 명문가 출신 아리스티데스(Aristides)로 "양식이 있는 사람"이라는 평판을 듣고 있었다. 나머지 한

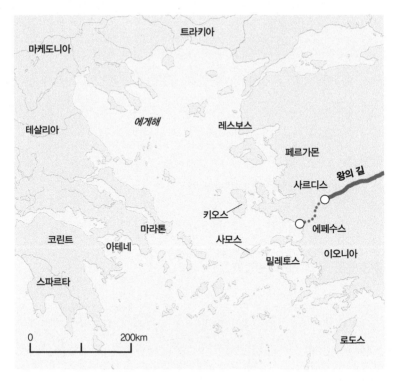

〈그림 1〉 제1차 페르시아 전쟁 당시의 에게해 주변

사람인 테미스토클레스는 아리스티데스보다 여섯 살 아래인 데다 아버지의 이름도 성도 알려져 있지 않은 평범한 집안 출신이었다. 심지어 그의 어머니는 트라키아 출신이었다. 성장 배경이 완전히 다른 이 두 사람이 이후 20년 간 아테네 정계를 좌지우지하게 된다.

　연구자들은 대체로 아리스티데스 일파를 온건파로, 테미스토클레스가 이끄는 무리를 과격파로 부르는 경향이 있는데 온건과 과격이라는 단어 선택은 적합하지 않지만 두 사람이 페르시아라는 대제국을 어떻게 상대해야 하는가에 대해 서로 다른 견해를 품고 있었던 것은 사실이다. 아리스티데스는 적어도 처음에는 외교적인 노력으로 페르시아의 위협을 해결할 수 있다고 본 반면, 테미스토클레스는 페르시아와의 대결은 피할 수 없다고 주장했다.

제1차 페르시아 전쟁은 페르시아의 왕 다리우스가 모두 2만 5,000명의 병력을 그리스 원정에 동원하면서 시작된다. 다리우스는 자신이 직접 싸움터에 가지 않고 동원한 병력을 다티스(Datis)와 아르타페르네스(Artaphernes) 두 장수에게 맡겼다. 2만 5,000명 가운데 1,000명은 기병이었다. 300척의 배가 병력을 바다 건너 그리스로 실어 날랐다. 아르타페르네스는 1만 명으로 이루어진 제1군을 지휘하고, 다티스는 나머지 병력으로 구성된 제2군을 이끌었다.

기원전 491년, 그리스 원정에 나선 페르시아군은 먼저 낙소스(Naxos) 섬을 점령하고 이어서 에게해 북서쪽에 있는 에우보이아(Euboea) 반도에 상륙한다 (그림 2 참조). 페르시아 군은 에우보이아의 중심 도시 에레트리아(Fretria)를 정복하려 했지만, 주민들의 격렬한 저항에 부딪쳐 뜻밖에 많은 시간을 허비하게 된다. 페르시아군은 에우보이아 반도에서 겨울을 날 수밖에 없었다(에레트리아는 결국 함락되어 도시는 파괴되고 시민들은 노예가 됐다). 이 저항이 아테네에 시간의 여유를 주었음은 말할 것도 없다.

페르시아군에 맞설 아테네 군대의 대표적인 장수는 페르시아군과 직접 싸워본 경험이 있는 보수 성향의 밀티아데스(Miltiades)였다. 기원전 490년 8월 중순 페르시아군이 마침내 아티카(Attica) 동쪽 해안에 있는 마라톤(Marathon)에 상륙했다는 소식을 듣자 밀티아데스는 다른 장수들과 함께 약 1만 명의 병력을 이끌고 아테네에서 40킬로미터 정도 떨어

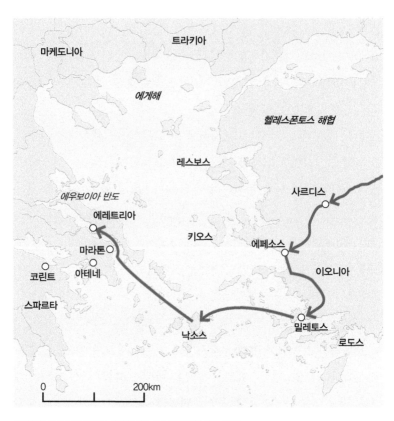

〈그림 2〉 제1차 페르시아 전쟁 당시 페르시아군의 이동 경로

진 마라톤으로 급히 달려간다. 이렇게 해서양쪽 군대는 마라톤 벌판에서 대치하게 된다.

　페르시아군은 제2군만 먼저 마라톤에 도착했기 때문에 제1군이 올 때까지 싸우려고 하지 않았다. 교착 상태가 5~6일 계속됐는데 이 기간 동안 아테네군은 전투 결과에 큰 영향을 미치는 지휘 계통의 통일을 완성했다. 당시 아테네에서는 장군을 뜻하는 '스트라테고스(Strategos)'가

군대를 지휘했다. 아테네는 10개 부족으로 나뉘어 있었고, 각 부족마다 한 명씩 스트라테고스가 배당되므로 스트라테고스는 모두 10명이었다. 각각의 스트라테고스는 똑같은 지휘권을 갖고 있었는데, 이들 가운데 9명이 지휘권을 밀티아데스에게 양도하는 형태로 지휘 계통의 통일이 이루어진 것이다. 총사령관이 된 밀티아데스는 위험하기는 하지만 승산 있는 작전 계획을 세웠다. 그 내용은 다음과 같다.

포진

페르시아군과 마찬가지로 아테네군도 좌익·중앙·우익 형태로 포진한다. 중앙에 가장 많은 병사를 배치한 페르시아군과는 정반대로 밀티아데스는 좌익과 우익에 병사들을 많이 배치하고 중앙은 상당히 약화시켰다. 이는 적군을 포위하여 섬멸하기 위한 배치였다.

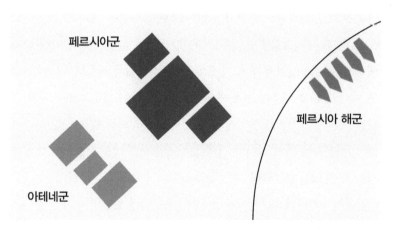

〈그림 3〉 마라톤 회전에 임하는 양군의 포진

포위 작전

아테네군은 페르시아군과 1,400미터 떨어져 있었다. 화살의 사정거리는 200미터 정도다. 1,200미터는 빠른 걸음으로 걷되 무리는 하지 않는 속도로 전진했다. 화살의 사정거리 안에 들어서면 방패를 머리 위에 올려 화살을 막으면서 온 힘을 다해 질주했다. 이렇게 하여 페르시아군과의 거리를 급속히 좁혀갔다.

접근전

페르시아군과 가까이 붙어서 싸우면 아테네군이 훨씬 유리했다. 왜냐하면 아네테군의 창과 칼은 페르시아군의 창과 칼보다 모두 갑절 정도 길었기 때문이다.

아테네군의 우익은 칼리마쿠스(Callimachus)가 맡고, 좌익은 밀티아데스가 직접 지휘했다. 페르시아군의 맹공격을 적은 병력으로 막아내면서도 절대로 돌파당하지 말아야 한다는 매우 어려운 과제가 중앙을 맡은 젊은 피 테미스토클레스와 아리스티데스에게 맡겨졌다. 아테네 정계의 떠오르는 별이자 정적 관계에 있던 두 사람이 싸움터에서는 어깨를 나란히 하고 싸우는 전우가 된 것이다. 이들이 맡은 아테네군의 중앙은 적군이 눈치채지 못하게 아주 조금씩 물러나는 힘든 일도 해내야 했다. 아군의 우익과 좌익이 진행하는 포위 섬멸 작전을 완수하기 위해서는 꼭 필요한 임무였다.

기원전 490년의 8월 말에서 9월 초 어느 날에 있었던 마라톤 전투는 밀티아데스가 계획한 그대로 처음부터 끝까지 전개됐다. 그 결과, 페르시아는 6,400명, 아테네는 192명의 전사자가 나왔다. 이때 아테네군의 우익을 지휘한 칼리마쿠스와 또 한 사람의 스트라테고스가 전사했다. 시민들로 구성된 아테네군은 장수가 앞장서서 끝까지 싸우는 전통이 있었다. 아테네군은 페르시아군의 배 7척도 손에 넣었다. 반면 페르시아군은 부상자들을 그대로 내버려둔 채 허겁지겁 배를 타고 도망쳤다.

큰 승리를 거두고도 아테네군은 자축할 여유가 없었다. 전투에 참가하지 않은 제1군과 마라톤에서 살아남은 제2군을 합치면 페르시아군은 여전히 2만 명 가까이 됐고 이들이 아테네 바로 근방까지 진출해 있었기 때문이다. 아테네는 전군을 마라톤에 투입했기 때문에 도시 전체가 무방비 상태였다. 페르시아군이 아테네를 침공하면 그 결과는 불 보듯 뻔했다. 밀티아데스는 전사자와 부상자의 처리를 아리스티데스와 그의 부하들에게 맡기고 나머지 병사들을 모두 이끌고 아테네로 강행군했다.

다행히도 페르시아군은 아테네를 공격할 의사가 없었다. 제1군을 이끄는 아르타페르네스도, 마라톤에서 크게 패한 다티스도 더 이상 위험을 떠안고 싶지 않았던 것이다. 아테네 시민들은 페르시아군을 태운 선단이 멀리 동쪽으로 떠나는 것을 보고서야 비로소 안도의 숨을 내쉬었다.

이렇게 제1차 페르시아 전쟁은 아테네의 대승으로 끝났다. 아테네는 그리스 세계 최강의 육상 전투력을 자랑하는 스파르타의 도움 없이 페르시아군을 물리쳤다. (스파르타군은 전투가 끝난 다음 날에야 마라톤에 도착했다.) 패배를 모르는 군대로 알려져 있던 페르시아 대군을 그리스의 강자이지만 일개 도시국가에 불과했던 아테네가 꺾은 사건은 그리스인의 사고를 바꿔놓는 계기가 된다.

그리고 테미스토클레스는 마라톤 전투에서 군사를 지휘하는 값진 경험을 쌓았고, 이는 훗날 소중한 자산이 됐다.

옳다고 믿는다면 수단방법을 가리지 않는다

마라톤에서의 패배는 다리우스에게는 군사적으로는 그다지 큰 타격이 아니었다. 원정에 2만 5,000명의 병력을 투입했지만, 당시 페르시아의 국력을 보면 그 이듬해에 당장 열 배 정도가 넘는 군대를 동원할 수 있었다. 다리우스가 받은 진짜 타격은 왕중왕(王中王)이라는 신화가 깨졌다는 점이었다. 기껏해야 1만 명 정도밖에 안 되는 아테네군에게 참패하는 바람에 체면을 구긴 페르시아 왕은 곧 속주인 바빌로니아와 이집트의 반란에 시달리게 된다. 설욕전을 생각할 여유가 있을 리 없었다. 4년 동안 다리우스는 이집트 전역으로 번진 민중 봉기를 진압하는 데 힘을 기울였다. 그러나 반란을 완전히 진압하지도 못한 채 심신이 지칠 대로 지친 왕중왕 다리우스는 기원전 486년 숨을 거둔다.

그의 뒤를 이어 장남 크세르크세스(Xerxes)가 서른세 살의 나이에 왕좌에 오른다. 역사가 헤로도토스(Herodotus)에 따르면 크세르크세스는 키가 크고 잘생긴 청년이었다. 혈통도 완벽했다. 그의 아버지 다리우스는 왕족이기는 하지만 방계 출신으로, 실력으로 왕위에 오른 지도자였다. 다리우스는 부족했던 권위를 지금의 이란에 해당하는 지역에 아케메네스 왕조를 세운 키루스(Cyrus) 대왕의 딸 아토사(Atossa)와 결혼함으로써 확립했다. 크세르크세스는 외할버지가 아케메네스 왕조의 시조이고, 아버지는 페르시아를 대제국으로 키운 다리우스 왕이다. 이렇게 권력과 권위를 한몸에 지닌 크세르크세스는 아버지의 유언에 따라 그리스에 지난번의 패배를 설욕하겠다고 단단히 마음을 먹는다.

한편 제1차 페르시아 전쟁이 끝난 후 아테네에서는 페르시아에 대한 정책을 둘러싸고 크게 두 정파가 대립한다. 온건파는 페르시아가 마라톤에서 패배했을 뿐만 아니라 그 후에는 반란으로 정신이 없으니 외교를 통해 대립 관계를 해소할 수 있다고 보았다. 반면에 강경파는 페르시아는 반드시 다시 쳐들어올 것이라고 단언했다. 따라서 맞서 싸울 준비를 서둘러야 한다고 주장했다. 강경파의 우두머리라고 할 수 있는 테미스토클레스는 기회가 있을 때마다 자신의 주장을 당당히 펼쳤다.

"페르시아는 반드시 다시 옵니다. 아테네의 방어는 바다에 달려 있습니다. 따라서 군선(軍船)을 서둘러서 만들지 않으면 안 됩니다."

그러나 테미스토클레스의 열변에 그의 정적들은 말할 것도 없고 시민들조차 반응이 시큰둥했다. 어쩌면 당연한 일이었다.

첫째, 사람은 늘 낙관적인 이야기에 귀를 기울이는 경향이 있다. 1933년 1월 30일 히틀러(Adolf Hittler)가 독일에서 권력을 잡자 그의 야욕을 일찌감치 간파한 영국의 윈스턴 처칠(Winston Churchill)은 끊임없이 나치 독일의 위험성을 경고했다. 그러나 제1차 세계대전이라는 끔찍한 전쟁을 겪은 이후 영국에는 전쟁이라면 지긋지긋하게 생각하는 분위기가 만연했다. 그래서 독일에 대한 이른바 유화 정책(appeasement policy)이 대세를 이뤘다. 심지어 1937년 5월에 영국 총리로 임명된 네빌 체임벌린(Neville Chamberlain)은 히틀러의 비위를 맞춰서라도 평화를 유지하겠다는 어리석은 생각을 품는다.

독일이 어엿한 독립국인 체코슬로바키아의 주데텐란트(Sudetenland)를 독일인들이 많이 산다는 이유로 떼어달라고 생떼를 쓰자 체임벌린 총리는 1938년 9월 30일 뮌헨(München)에서 히틀러를 만난다. 이탈리아의 무솔리니(Benito Musslini)와 프랑스의 달라디에(Edauard Daladier) 총리도 참석한 이 회담이 바로 그 악명 높은 뮌헨 회담이다. 이 자리에서 체임벌린은 히틀러의 요구에 동의한다. 그렇게 하면 전쟁이 일어나지 않을 것이라고 믿은 것이다. 강대국인 영국이 독재자의 환심을 사기 위해 약소국인 체코슬로바키아의 팔을 비틀어 강제로 양보하게 한 매우 좋지 않은 선례였다. 그러나 1년도 채 지나지 않은 1939년 9월 1일 독일이 폴란드를 침공함으로써 2차 대전이 일어나고, 이로써 체임벌린의 유화정책은 완전히 수포로 돌아갔다.

제1차 페르시아 전쟁이 끝난 후 테미스토클레스는 윈스턴 처칠과 비슷한 상황에 놓여 있었다. 즉 그는 절대다수인 반대파와 안이하게 생각하는 민중에게 그들이 듣기 싫어하는 말을 계속 해야만 했다.

둘째, 마라톤에서 중무장한 지상군이 적군과 싸워서 크게 이긴 것이 아테네 시민들에게 깊은 감명을 주었다. 그런 아테네 사람들에게 "우리의 전장은 바다입니다"라고 말해봐야 별 소용이 없었다.

당시 아테네는 해군이 강한 나라가 아니었다. 군선으로 쓰기에 적합한 삼단노 선박을 가장 많이 갖고 있는 나라는 코린트(Corinth)였고, 그다음은 경쟁국인 아에기나(Aegina)였다. 코린트조차도 보유하고 있는 삼단노 군선이 채 100척이 안 됐다. 그런데 테미스토클레스는 군선이 200척은 있어야 한다고 주장했다. 코린트와 아에기나를 훌쩍 뛰어넘어

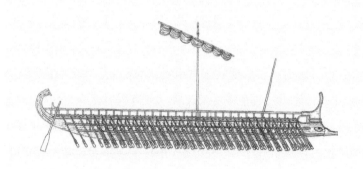

〈그림 4〉 아테네의 새로운 배, 삼단노 군선

그리스 세계 최강의 해군 대국이 되자는 말이었다. 아테네 시민들은 기가 막혀서 벌린 입을 다물지 못했다.

기원전 487년 테미스토클레스는 자신의 뜻을 관철하기 위해 비상수단을 쓰기로 결정한다. 서민들 사이에서 자신이 누리고 있는 인기를 바탕으로 이른바 도편(陶片, 도자기 조각) 추방[3]이라는 제도를 활용하기로 한 것이다. 그리하여 먼저 첫해 그의 정적 중 한 명인 히파르코스(Hipparchus)를 몰아내고, 이듬해인 기원전 486년에는 메가클레스(Megacles)를 나라 밖으로 쫓아냈다. 그 결과, 테미스토클레스의 힘은 상대적으로 더 강해졌고, 그 덕분에 그는 시민집회에서 새 군선을 조금씩

---

3 고대 아테네에는 시민들이 추방하고 싶은 사람의 이름을 도자기 조각에 새겨서 미리 준비된 항아리에 넣었다. 이때 6000명 이상의 유권자가 모여 그들 가운데 과반수가 같은 사람의 이름을 도자기 조각에 새겨 넣으면, 그는 10년간 국외로 추방당한다. 이것이 영어로 오스트라키즘(ostracism)이라고 불리는 '도편 추방 제도'이다. 이 제도는 1년에 한 번만 활용할 수 있었다.

이나마 더 만드는 방향으로 시민들을 유도할 수 있었다.

테미스토클레스가 열심히 짓자고 한 배는 앞에서 언급한 '삼단노 군선'이었다(그림 4 참조). 삼단노 군선은 작지만 무거웠다. 그래서 바람과 조류의 영향을 비교적 덜 받았다. 바다에서 싸움이 벌어지면 일제히 돛을 내리고 노를 저어 매우 빠른 속도로 적에게 다가갈 수 있었다. 반면 해운의 전통이 없는 페르시아는 바다 건너 외국을 침공하려면 자국이 지배하고 있는 페니키아와 이집트에서 만든 군선을 쓸 수밖에 없었다. 이 배들은 대형이기는 하지만 무게가 가벼웠다. 대형선은 넓은 바다에서 싸울 때는 이점이 크지만, 그리스의 좁은 해안에서 싸울 때는 배의 크기가 오히려 치명적인 약점이 된다. 이러한 양쪽 해군이 갖고 있는 군선의 특징은 훗날 살라미스 해전의 결과에 큰 영향을 미친다.

배를 조금씩 만들기는 했지만 삼단노 군선이 200척은 있어야 한다고 확신하는 테미스토클레스에게 목표 달성은 아직도 요원하기만 했다. 그래서 그는 전략을 바꾸기로 한다. 페르시아 침공이라는 아직 멀게만 느껴지는 위험을 강조하기보다는 아테네 시민들이 피부로 느끼는 가까운 위험을 부각시키기로 한 것이다. 살라미스 섬에서 남쪽으로 20킬로미터도 못 가서 아에기나라는 국가가 있다(그림 5 참조). 이 나라는 그리스 도시국가들 가운데는 중간 정도 크기이지만 아테네보다 삼단노 군선을 더 많이 갖고 있어서 바다에서는 아테네보다 더 앞서 있었다.

그런데 아테네가 살라미스를 지배하기 시작한 다음부터 아에기나는 노골적으로 불안해하는 모습을 보이더니 급기야 페르시아 편으로 돌아섰다. 아테네로선 바로 코앞에 적국이 있는 꼴이었다. 자연히 두 나라의 관계는 나빠질 수밖에 없었고, 결국 전쟁이 일어나고야 만다. 그러나 이 섬나라를 공략해야 하는 아테네는 군선이 40척밖에 없었다. 코린트에 원조를 요청해서 20척을 빌려왔지만 합해도 60척에 지나지 않았다. 반면에 아에기나는 홀로 60척을 동원할 수 있었다.

테미스토클레스는 바로 지척에서 전개되고 있는 이 같은 상황을 시민집회에 알리고 군선이 200척은 있어야 한다고 시민들에게 호소한다. 시민집회도 이번에는 상당히 이 문제를 신중히 받아들였지만, 온건파는 여전히 만만치 않았다. 그들은 군선을 대량으로 만들기로 결정하면, 이제 막 즉위한 크세르크세스를 자극하게 된다고 강변했다.

온건파를 약화시키기 위해 기원전 484년 테미스토클레스는 세 번째

〈그림 5〉 아테네와 그 주변

로 도편 추방이라는 카드를 쓴다. 이번 표적은 크산티푸스(Xanthippus)다. 그는 바로 전년까지 아테네군을 지휘해 아에기나와 싸웠지만 실적이 좋지 않았던 지휘관이었다. 이에 불만을 갖고 있던 시민들이 일제히 도자기 조각에 그의 이름을 새겨 넣었다. 또 한 명의 정적을 제거하는 데 성공한 테미스토클레스는 그의 아이디어를 반영한 신형 군선을 100척까지 지을 수 있는 권한을 시민집회로부터 부여받았다. 그의 아이디어란 배를 좀 더 튼튼하게 만들고, 맨 밑바닥에 돌덩이를 깔아 배를 더 무겁게 하는 것이다. 그러나 이렇게 군선을 건조하는 것만이 능사가 아니었다. 배를 잘 다룰 수 있는 수천 명의 해군 수병을 길러내야 하는 어려운 과제가 또 있었다. 그야말로 산 넘어 산이었다. 그즈음 뜻밖의 사건이 일어나고 그것을 계기로 테미스토클레스와 그 반대파는 진검승부를 펼치게 된다.

기원전 483년 아티카 남쪽에 있는 라우리움(Laurium)의 국영 광산에서 풍부한 은광석 광맥이 발견되면서 아테네는 예기치 않게 큰 수익을 올렸다. 이 수익금을 어떻게 쓸까를 둘러싸고 온건파와 강경파가 팽팽히 대립했다. 테미스토클레스는 당연히 전액을 군선 건조에 써야 한다고 주장했다. 반면에 온건파의 대표 주자인 아리스티데스는 수익금을 아테네 시민 전체에 골고루 나누어 시민들의 생활 수준을 높여야 한다고 주장했다. 만일 그의 의견이 관철되면 아테네 시민들은 각자 매년 열흘치의 임금에 상당하는 액수를 받게 될 터였다.

이때 테미스토클레스는 "내 의견과 아리스티데스의 의견 가운데 어느 것이 더 좋습니까?" 하는 선택을 투표에 부치지 않았다. 대신 도편 추방 투표를 요구했다. 수익금을 어떻게 쓸 것인지를 투표에 부쳐서 아리스티데스의 제안이 부결되면 그것으로 그만이지만, 도편 추방 게임에서 아리스티데스가 지면 국외로 쫓겨나는 신세가 된다. 투표 결과, 대중의 인기에 영합하는 제안을 한 아리스티데스가 추방되는 것으로 결정났다. 때는 기원전 482년이다.

아리스티데스의 주장은 틀림없이 아테네 시민들의 귀를 솔깃하게 했는데 왜 받아들여지지 않았을까? 여기에는 최소한 두 가지의 이유가 있다.

먼저 시민 사회에서 테미스토클레스는 이미 상당한 신망을 얻고 있었다. 많은 시민이 그가 하는 말이라면 우선 믿을 수 있다고 생각했다. 다음으로, 기원전 482년이라면 이집트의 반란이 진압되고 크세르크세스가 공공연히 그리스 침공 준비를 하고 있던 시기이다. 아테네 시민들도 비로소 국가 안보의 심각한 위기를 느끼기 시작했는지도 모른다.

이유가 어찌되었든 테미스토클래스는 라우리움에서 발견된 은광석 덕분에 아에기나와의 전쟁을 위해 신형 군선을 본격적으로 대량 건조할 수 있는 명분과 자금을 얻었다. 게다가 주요 정적까지 모두 제거하는 데 성공했다. 아테네는 신형 군선을 짓는 데 매진했다. 배를 만드는 데도 많은 사람이 필요하고 이미 만들어진 배를 수리하거나 정비하는 데도 적지 않은 인력이 소요된다. 또한 노 젓는 병사, 즉 노군(櫓軍)을 비롯한 수많은 병력이 필요했다. 이러한 일 거의 대부분을 아테네의 서민들이 맡아서 하게 함으로써 테미스토클레스는 '군선 200척 프로젝트'를 통해 나라의 하층민들에게 안정된 일자리를 주었을 뿐만 아니라 그들에게 자신도 국가 방위의 일익을 담당한다는 자부심을 갖게 했다.

그의 야심찬 해군 육성 계획은 국민 통합에 크게 이바지하는 결과를 낳는다. 이러한 분위기 속에서 열심히 군선을 지은 아테네는 페르시아가 침공해 오기 직전인 기원전 480년 늦여름까지 약 170척의 신형 삼단노 군선을 건조할 수 있었다. 이즈음 테미스토클레스는 전쟁에 대비하여 꼭 필요한 정치 개혁도 단행했다.

기원전 480년에 벌어진 마라톤 전투에 스트라테고스로 참여한 바 있는 테미스토클레스는 지휘권의 일원화 덕분에 페르시아군을 크게 무찌를 수 있었다는 사실을 잊지 않고 있었다. 그런데 만일 다시 전쟁이 일어났을 때 스트라테고스들이 돌아가며 나흘씩 갖게 되는 자신들의 지휘권을 양보하지 않는다면 어떻게 될까? 모든 것이 긴박하게 돌아가는 전시 중에 그런 일이 벌어지면 크나큰 혼란이 일어날 것이 뻔했다. 장병들이 갈팡질팡하면 승리는 멀어지기 마련이다. 이러한 사태를 방지하기 위해 테미스토클레스는 기원전 481년 10명의 스트라테고스 가운데 한 사람을 수석 스트라테고스로 지명할 것을 시민집회에 제안한다. 테미스토클레스의 개혁안을 시민들이 기꺼이 받아들인 것은 말할 것도 없다. 전쟁이 나면 수석 스트라테고스는 자연히 총사령관이 되는데 테미스토클레스는 바로 이것을 노린 것이다.

민주국가 아테네에서 10명의 스트라테고스의 임기는 누구 할 것 없이 모두 1년이었다. 테미스토클레스는 '수석 스트라테고스' 제도를 법제화하고 이듬해인 기원전 480년 담당 제1대 수석 스트라테고스로 취임한다. 그가 수석 지휘관에 취임한 이유는 분명했다. 페르시아 왕 크세르크세스가 수도 수자(Susa)를 출발하여 서쪽으로 움직이고 있다는 정보가 들어왔기 때문이다. 테미스토클레스는 여러 가지 정황을 검토한 끝에 페르시아군이 내년, 즉 기원전 480년 봄에 그리스를 침공할 것으로 보고, 그에 맞춰 자신이 총사령관으로 적군을 맞아 싸울 수 있도록 미리 손을 쓴 것이다.

이리하여 아테네는 본격적인 전쟁 준비에 들어가게 된다. 조선소에서는 인부들이 열심히 배를 만들고, 총사령관 밑에 9명의 사령관이 있는 형태로 지휘 체계도 정비되었다. 중무장한 보병이 중심이 되는 육군도 시민개병제(市民皆兵制)에 의해 이미 편성되어 있었다.

이때 테미스토클레스는 시민들에게 또 한 번 과감한 제안을 한다. 국력을 하나로 모으기 위해서 과거에 도편추방에 의해 쫓겨난 사람들을 돌아오게 하자고 제의한 것이다. 시민집회는 이 의견도 받아들였다. 그리하여 3년 전에 쫓겨난 크산티푸스도, 1년 전에 추방된 아리스티데스도 귀국할 수 있게 된다. 정계에서 이 둘은 분명히 테미스토클레스의 강력한 정적이었다. 하지만 이들은 또한 사령관급 역량을 갖고 있는 군사 지도자이기도 했다. 세계 최대의 제국 페르시아와 나라의 운명을 걸고 싸워야 하는 아테네는 그런 인재들의 능력을 썩힐 여유가 없다고 테미스토클레스는 생각한 것이다.

전쟁 전야

제1차 페르시아 전쟁이 끝난 후에도 소아시아 서쪽 해안에 있는 이오니아 지방과 사모스 섬 등은 여전히 페르시아가 지배하고 있다. 즉 에게해 동쪽 해역 전체는 페르시아의 영향권 아래에 있었고, 북쪽의 트라키아, 마케도니아도 마찬가지였다. 이렇게 그리스 세계의 동부와 북부가 페르시아 제국에 편입되어 있으므로, 크세르크세스가 세운 전략은 전진 기지인 사르디스(Sardis)를 출발한 페르시아군이 헬레스폰토스(Hellespont) 해협을 건너 그리스에 들어가서 북부 그리스부터 쭉 남하해서 아테네를 공략하는 것이었다.

1차 전쟁 때는 왕이 직접 참전하지 않았고, 동원한 병력도 2만 5,000명에 지나지 않았다. 그러나 이번에는 크세르크세스가 몸소 페르시아군을 이끌 뿐만 아니라, 자신의 아우를 비롯한 왕실 사람들의 태반도 전쟁에 참여하도록 했다

학자들은 기원전 480년에서 479년에 걸쳐 벌어진 제2차 페르시아 전쟁 때 크세르크세스가 동원한 병력의 총수는 20만 명 정도라고 추산한다. 여기에는 페르시아군의 자랑거리인 기병 1만 명과 임금이 가는 곳이면 어디든지 따라가며 '불사신(不死身)의 사나이들'이라고 불리는 최정예 부대원 1만 명이 포함되어 있었다. 나머지는 18만 명은 모두 경무장 보병이었다. 전통적으로 사이가 안 좋은 아테네와 스파르타가 힘을 합치더라도 이 두 나라가 싸움터에 내보낼 수 있는 병력은 2만을 넘지 못했다. 그리스 지상군은 무려 열 배가량 더 큰 규모의 적군과 맞붙어야만 했다.

해운 전통이 없는 페르시아는 군선에 관한 한 자국이 통치하는 여러 민족에 기댈 수밖에 없었다. 추정하기조차 힘든 보급선은 일단 차치하고 크세르크세스가 징발한 삼단노 군선은 아래와 같다.

페니키아선 300척

이오니아 지방 및 에게해의 여러 섬에서 온 그리스선 300척

이집트선 200척

이에 반해 아테네뿐만 아니라 스파르타를 포함한 다른 여러 도시국가가 협력하더라도 그리스 연합이 동원할 수 있는 군선은 400척이 채 안 됐다. 10 대 1로 열세인 지상군보다는 훨씬 낫지만, 그래도 그리스는 바다에서도 갑절 이상이 되는 상대방과 자웅을 겨루어야 하는 처지였다.

기원전 481년 겨울 사르디스에 머무르고 있던 크세르크세스는 아테네와 스파르타를 빼 모두 그리스 도시국가에 이른바 "땅과 물"을 요구하는 사절을 보냈다. 이를 받아들이면 페르시아의 속국이 되고, 거부하면 페르시아군의 침공을 각오해야 했다. 사실상 최후통첩이었다. 아테네와 스파르타에만 사절을 보내지 않은 것은 이 두 나라가 굴복하지 않을 것임을 알고 있었기 때문이다.

같은 시기에 그리스에서도 각 도시국가의 대표가 모이 회의가 열렸다. 아테네가 있는 아티카 지방과 스파르타가 있는 펠로폰네소스 반도를 가르는 '이스미아'라고 불리는 좁은 지협에서 페르시아의 요구에 굴복하지 않은 모든 그리스 도시국가의 대표들이 자리를 함께했다. 아테네에서는 테미스토클레스가 왔다. 스파르타는 전통적으로 두 왕족 가문이 함께 나라를 다스리는 체제를 갖고 있었는데, 이스미아에는 스파르타의 두 임금이 모두 출석했다. 테베, 코린트, 테살리아도 대표를 보내왔다. 심지어 여전히 아테네와 전쟁 중인 아에기나도 대표를 파견한다. 아에기나는 이번에는 페르시아의 요구에 응하지 않았다.

회의의 의제는 두말할 나위 없이 페르시아군 침공에 대한 대책마련이었다. 참석자들은 한 가지에는 금방 동의했다. 페르시아군이 그리스에 들어와 있는 동안만은 각 도시국가끼리 싸우는 것은 중지하기로 한 것이다. 이리하여 아테네와 아에기나 사이의 적대 관계도 일단은 해소됐다. 이 시점에서 그리스는 정찰병·스파이 등을 통해 다음과 같은 정보는 파악하고 있었다.

- 페르시아군의 규모
- 사모스 섬에 집결해 있는 페르시아 해군은 에게해를 북상하여 헬레스폰토스 해협을 건너오는 지상군과 테르마(Therma)에서 합류할 예정이다.

이 정보만으로는 테르마에서 만난 페르시아의 육군과 해군이 어떤 길로 남하할지 알 수 없었지만, 그리스 지도자들에게는 적군을 맞아 싸우는 데 있어서 세 가지 가능성이 열려 있었다 (그림 6 참조).

첫째, 테르마를 떠난 페르시아군이 바닷길을 따라서 그리스 중앙부에 들어오는 길목에 있는 템푸스 계곡(Tempe Valley)에서 그들과 싸우는 방안.

둘째, 템푸스에서 직선 거리로 150킬로미터 정도 남쪽에 있는 테르모필레(Thermopylae)에서 적군을 저지하는 한편, 해군은 북상해서 아르테미시움(Artemisium)만에 들어가서 적의 육군과 해군이 만나는 것을 방지하는 방안이다.

셋째, 테르모필레에서 직선 거리로 150킬로미터 남쪽에 있는 펠로폰네소스 반도 어귀에 있는 (대책 회의가 열리고 있는) 이스미아에서 적군과

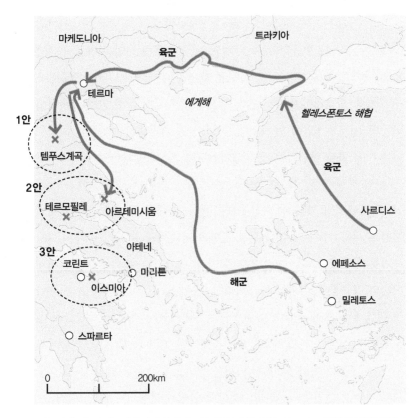

마케도니아　트라키아
육군
테르마　에게해
헬레스폰토스 해협
1안
템푸스계곡　육군
2안
테르모필레　아르테미시움　사르디스
아테네
3안
코린트　에페소스
미리튼
이스미아　밀레토스
스파르타
해군

0　200km

〈그림 6〉 제2차 페르시아 전쟁 당시 페르시아군의 예상 진격로와 그리스 연합군이 원한 전쟁터

맞붙는 방안. 이스미아에는 펠로폰네소스에 있는 두 강국, 스파르타와
코린트가 세운 2중 방벽(防壁)이 세워져 있었다.

　격론 끝에 최종적으로 제2안이 선택됐다. 즉 지상에서는 테르모필
레, 바다에서는 아르테미시움에서 침략군을 막아내는 것이 그리스 연
합군의 목표가 된 것이다.

　그러나 아테네 대표 테미스토클레스는 이 결정에 엄청난 불안감을

느꼈다. 그리스 지도자들이 검토하고 있는 세 대안은 모두 페르시아와 맞서 싸우는 지점만 다를 뿐이지, 지상에서 승부를 건다는 면에서는 같은 전략이다. 해군의 역할은 육군을 보조하는 것에 지나지 않았다. 육군이 강한 페르시아가 그런 전략을 쓰는 것은 당연하다. 그러나 병력이 적군의 10분의 1밖에 안 되는 그리스가 지상전에서 승패를 가리려고 하는 것은 자살 행위라는 것이 테미스토클래스의 생각이었다.

"적의 강한 곳을 피하고 적의 약한 곳 또는 적이 예기치 못한 곳을 쳐야 함은 병법의 기본 중 기본 아닌가? 오랜 세월 동안 그리스 세계의 여러 도시국가는 국방을 중무장 보병에 의존해왔다. 이런 전략은 도시국가들끼리 싸울 때는 그런대로 쓸 만하다. 그러나 지금 상대방은 세계 최대의 육군을 자랑하는 페르시아다. 그리스는 어디까지나 그들의 약점 또는 허점을 찔러야만 승산이 있다." 바로 이런 점을 내다보았기 때문에 테미스토클래스는 지난 10년간 해군을 키우는 데 힘을 기울여왔고, 아테네는 여차하면 200척 가까운 삼단노 군선을 동원할 수 있는 체제를 갖추고 있었다. 아테네는 해군력 면에서 아에기나를 따라잡았고, 1위 코린트를 꺾음으로써 최강의 해군을 갖고 있는 나라가 됐다.

그러나 이스미아 회의에서는 여전히 육군 위주의 전략적 사고(思考)가 지배적이었다. 육군 대국인 스파르타는 말할 것도 없고 그리스의 모든 도시국가에서 국방의 무게중심이 전통적으로 중무장 보병집단에 있었기 때문이다. 나라의 중견 시민들로 이루어진 중무장 보병집단은 그리스의 자랑이기도 했다.

기원전 481년 겨울에 열린 대책 회의의 또 다른 주요 의제는 각 도시국가가 이번 전쟁에 얼마만큼의 병력을 내보낼 것인가를 결정하는 것이었다. 각 나라가 파견할 병력을 다 더해보니 지상군은 약 1만 명, 군선은 모두 324척이었다. 파견 병력을 확정하는 것 이외에 또 하나의 핵심 결정 사항은 그리스 연합군의 육군과 해군을 누가 지휘할 것이냐 하는 문제였다. 자타가 공인하는 군사 강국 스파르타가 육군은 자기네가 맡겠다고 나섰다. 이것에 대해서는 반대가 없었다.

해군의 경우에는 이야기가 쉽게 끝나지 않았다. 그리스 세계가 힘을 모아 긁어모은 해군 선박 324척 가운데 200척을 제공한 아테네를 대표하는 테미스토클레스는 당연히 자신이 해군 사령관이 되어야 한다고 생각했다. 삼단노 군선 한 척당 필요한 인원은 중무장 보병과 노 젓는 군인을 합쳐 200명 정도다. 따라서 아테네는 해전에 대비해 무려 4만명의 인원을 동원할 계획이었다. 그만큼 테미스토클레스는 해전에서 결판을 내려는 의지가 강했다. 그러나 아테네 때문에 제일 해군 강국의 지위를 뺏긴 코린트는 아테네 사람이 해군을 맡는 것에 결사반대한다. 곤란해진 테미스토클레스는 실속 있는 타협안을 제안했다. 그는 스파르타 대표를 따로 만나 해군도 맡아달라고 부탁한다. 스파르타는 이에 선뜻 응했고, 코린트도 이 아이디어에는 적극 찬성했다. 이렇게 해서 해군 사령관이 된 스파르타 대표가 에우리비아데스(Eurybiades)다.

그런데 테미스토클레스는 에우리비아데스가 실은 해군을 잘 몰라서 속으로는 껄끄럽게 생각하고 있음을 간파하고 있었다. 사실 처음부터 이 점을 노렸다. 테미스토클레스는 스파르타 대표를 설득하여 "아테네 해군은 테미스토클레스가 지휘한다"는 내용이 포함된 비밀 문서에 각국 대표가 서명하도록 했다. 이리하여 에우리비아데스는 명목상의 해군 사령관이고 실질적으로는 테미스토클레스가 지휘권을 갖는 결과를 이끌어냈다.

이스미아에서 그리스 대표들이 결정한 여러 사항 가운데 가장 중요한 것은 말할 것도 없이 그들이 테르모필레와 아르테미시움을 잇는 방어선에서 페르시아군을 저지하기로 한 전략이다. 테미스토클레스가 마음에 들어 하지 않는 이 방안을 그리스가 굳이 선택한 까닭은 무엇일까? 그것은 테르모필레를 중심으로 하는 지점에서 그리스가 둘로 갈라지는 것에 착안하여 그곳에서 이른바 지역 방어(zone defense)를 하는 것이 승산이 있다고 보았기 때문이다. 수비 준비를 철저히 하고 방어선에서 적군과 악착같이 싸워 그들이 지치고 초조해지기를 기다리자는 전략이었다.

20만 정도로 추산되는 페르시아군과 그들을 보좌하는 비전투원까지 합치면 약 40만. 적군은 매일 이들을 먹이고 재워야 한다. 또한 크세르크세스는 이미 반란을 일으킨 적이 있는 후방의 바빌로니아와 이집트가 늘 마음에 걸렸다. 그래서 속전속결로 전쟁을 끝내야 하는 페르시아군을 맞아 두 달만 버티면 크세르크세스는 포기하고 돌아갈 것이라는 게 그리스 지도자들의 계산이었다. 엄청난 규모의 페르시아군이 이동하는 데는 시간이 걸릴 수밖에 없으므로 적군은 여름이 되어서야 테르모필레에 나타날 것으로 예상했다. 그러면 실제로 전투가 시작되는 것은 8월 초. 따라서 그리스 연합군이 기원전 480년 8월과 9월에 걸쳐 페르시아군의 맹공을 견뎌내도록 하는 것이 육군 사령관이 된 스파르타왕 레오니다스(Leonidas)에게 주어진 절체절명의 과제였다.

테르모필레의 300 용사

　테르모필레는 페르시아군이 테살리아 지방을 거쳐 남쪽의 아티카로 내려가려는 길목에 만나게 되는 험지다. 직선 거리는 5킬로미터이지만 꼬부랑길이기 때문에 전체 길이는 10킬로미터가 넘는다. 북쪽에서 오는 적군의 관점에서 보면 왼쪽은 저 아래 강이 보이는 아찔한 낭떠러지, 오른쪽은 산을 깎아서 만든 듯한 가파른 낭떠러지다. 레오니다스는 테르모필레처럼 좁고 험한 고갯길은 소수 정예부대로 지키는 편이 낫다고 생각했는지 중무장한 스파르타 보병 300명만 데리고 목적지로 떠났다. 그들은 하나같이 죽음을 각오한 용사들이었다.

　테르모필레에는 레오니다스의 그리스군이 먼저 도착했다. 남하하고 있는 페르시아군은 20만 명인데, 그들을 물리쳐야 하는 그리스군은 보조병력을 합쳐도 1만 밖에 안 됐다. 규모 면에서는 20 대 1이다. 페르시아군은 예상보다 일찍 모습을 나타냈다. 페르시아 왕 크세르크세스는 그리스군 진영에 특사를 보내 아래와 같은 메시지를 전했다.

　"무기를 갖다 바치면 각자 자기 나라에 자유롭게 돌아가는 것을 허락할 것이다."

　이에 대한 레오니다스의 답변이 그 유명한 한마디다.

　"와서 가져가라."[4]

　이런 모욕적인 언사에도 불구하고 싸움을 하지 않고 테르모필레를 무사히 지나가고 싶어 했던 크세르크세스는 신중을 기하며 섣불리 움직이지 않았다. 그래서 20만 명이라는 대군이 와 있는데도 별다른 군사

4　원어는 "Molon labe", 영어로는 "Come and take (them)"이다.

적인 움직임이 없이 나흘이 지나간다.

　한편 바다에서는 남하하는 페르시아 해군과 북상하는 그리스 해군이 아르테미시움만의 앞바다에서 서로 접근하고 있었다. 테르모필레에서 그리스군과 나흘 동안 대치한 끝에 크세르크세스는 마침내 다음 날 아침에 총공격을 개시하기로 결심했다. 이 전투는 페르시아군의 참담한 패배로 끝났다. 페르시아는 2만 명의 병사, 즉 전체 병력의 1할을 이 싸움에서 잃고 만다. 페르시아 병사들은 고갯길로 조금이나마 앞으로 나아갔다고 생각한 순간 길모퉁이에서 나타난 스파르타군의 빼어난 무술 솜씨에 맥없이 쓰러졌다. 이렇게 전사한 병사들의 시체가 산더미처럼 쌓였다. 이 소식을 들은 크세르크세스는 평상시의 온화한 모습은 온데간데없고 불같은 분노를 터트렸다고 한다.

　같은 날 아르테미시움만 앞바다에서는 처음으로 그리스 해군과 페르시아 해군이 해전을 벌였다. 실질적인 그리스 해군 사령관인 테미스토클레스는 페르시아 해군을 격파하기보다는 그들이 곶 안쪽에 들어가서 적의 육군과 합류하는 것을 막는 데 더 중점을 두었다. 이미 폭풍으로 상당한 피해를 입은 페르시아 해군에게 조금 더 타격을 주기는 하지만, 그날은 그 정도 하는 것에 그쳤다. 해 질 무렵 양쪽 해군 모두 각자의 기지로 돌아갔다.

　이튿날 페르시아군은 두 번째로 총공격에 나섰다. 페르시아 왕도 그날은 자신이 아끼는 친위대 '불사신의 사나이들' 1만 명을 전투에 투입한다. 최정예 부대는 임금의 두 아우가 직접 지휘했다. 그러나 이날도 페르시아군은 여지없이 패하고 만다. 페르시아가 자랑하는 불사신의 사나이들이 차례차례 쓰러졌을 뿐만 아니라, 그들을 지휘하던 크세르크세스의 두 아우 모두 전사했다. 그리스군도 약 2,000명의 병사를 잃기는 했지만 두 번이나 그 막강한 페르시아 군대를 무찔렀다.

그런데 그날 밤 레오니다스에게 좋지 않은 소식이 들어온다. 적군이 테르모필레의 고갯길을 우회하는 샛길이 있다는 것을 알게 되었고, 이미 그곳을 지키는 그리스군 병사들을 공격하기 시작했다는 것이다. 산을 거슬러 올라가는 좁은 샛길은 대군이 통과하기는 어렵지만, 소규모 병력은 지나갈 수 있다. 이 샛길을 통해 오면 테르모필레 고갯길의 출구에 도달할 수 있다. 만일 적군이 그렇게 하면 그리스군은 협공을 당하는 처지가 된다. 레오니다스는 즉각 자신이 통솔하는 그리스 육군의 지휘관들을 모두 불러 회의를 열었다. 그는 부하 지휘관들에게 현실을 있는 그대로 설명하고 이렇게 말했다.

"스파르타는 여기에 남는다. 그러나 다른 나라 군인들은 가고 싶다면 가도 좋다. 이런 상황에서 철수하는 것은 불명예가 아니다. 다만 가려면 빨리 떠나라. 샛길을 통해 오는 적군의 모습이 아직 보이지 않을 때 끝내야 한다. 내일은 결전의 날이 될 것이다."

총사령관의 말을 듣고 각 나라의 지휘관들의 상당수는 부하들과 함께 테르모필레를 떠나기로 결정한다. 남기로 한 병력은 스파르타 300명, 데스피아이(Thespiai) 700명, 테베 400명, 고작 1,400명뿐이었다. 이는 전투가 시작되기 전의 숫자로, 이틀 동안 페르시아군과 격전을 벌인 후에 쓸 수 있는 이 세 나라 군대의 병력은 당연히 이보다는 훨씬 적었을 것이다. 하지만 레오니다스가 데리고 온 스파르타 용사 300명은 페르시아군과의 싸움에서 발군의 실력을 발휘해 중상을 입어 싸움터를 떠난 한 명을 뺀 나머지 모두가 이때까지 살아남았다고 한다.

어쨌든 레오니다스는 스파르타군 용사들과 800명 정도의 병사들을 거느리고 적군과 최후의 결판을 벌이기로 한다. 한편 스파르타군과 접근전을 하면 상대가 안 된다는 것을 깨달은 페르시아군은 그리스군과 떨어져서 싸우기로 한다. 적군과 어느 정도 떨어진 지점에서 빗발치듯 화살 세례를 퍼붓는 전술을 썼다. 크세르크세스는 또한 병력의 일부를 샛길로 가게 하여 동시에 협공 작전도 펼치기로 했다.

아르테미시움 앞바다에 있는 테미스토클레스는 정찰병들을 통해 이러한 상황의 변화를 수시로 보고받고 있었다. 두 달만 견디면 성공할 것으로 예상하고 기획한 작전이 일주일 만에 실패할 것으로 보였다. 그러나 지상전의 결과와 상관없이 그에게는 페르시아 해군이 그리스 땅에 상륙하는 것을 끝까지 막아야 하는 책무가 있었다.

한편 테르모필레에서는 크세르크세스가 전투가 벌어지는 고갯길 길목에서 조금 떨어진 곳까지 와서 전황을 지켜보고 있었다. 이날 벌어진 최후의 결전에서 그리스군은 고갯길의 출구를 지키는 후위 부대부터 무너졌을 것으로 생각된다. 아마도 테베 병사 400명이 후위를 맡았던 것으로 보이는데 우회하는 길을 통해 테르모필레에 접근한 페르시아 별동대가 이들을 집중적으로 공격했다. 이 맹공격을 배겨내지 못한 테베군은 레오니다스가 알지도 못하는 사이에 항복하고 만다. 이제 남은 병력은 스파르타군 300명과 테스피아이의 병사 500명 정도뿐이었다. 이들을 향하여 페르시아군은 앞에서 뒤에서 또 낭떠러지 위에서 마구마구 화살을 쏘아댔다. 스파르타가 원하는 전면적인 접근전은 피했다. 다만 그리스군 병사가 쓰러지면 페르시아군은 무리 지어 달려가 찔러 죽였다. 테스피아이 병사들은 이날 전투의 중반부 즈음 모두 전사했다. 최후의 순간까지 버틴 병사들은 역시 스파르타군 300명이었다.

총사령관 레오니다스는 방패 위로 몸을 쑥 내밀어서라도 부하들을 격려하려 했다. 그래서 그의 몸에는 수도 없이 화살이 꽂혔다. 상처투성이인 임금이 적군의 손에 넘어가는 것을 막기 위해 스파르타군 병사들은 그를 동그랗게 둘러싸고 수비에 임했다. 그런 충신들에게 끊임없이 화살이 쏟아졌다. 기원전 480년 8월에 벌어진 테르모필레 전투에서 스파르타 병사들은 이렇게 마지막 남은 한 사람이 전사할 때까지 싸웠다. 페르시아로부터의 위협이 사라진 후에 격전지였던 테르모필레에는 아래의 시를 새겨 넣은 기념비가 세워진다.

이국인(異國人)이여, 라케다이몬(=스파르타) 사람들에게 전해주오.
조국에 대한 의무를 끝까지 다한 우리는 모두 여기 잠들어 있다고.

테르모필레 전투가 그리스군의 패배로 끝났다는 소식을 들은 테미스토클레스는 즉각 해군 사령관 전원을 소집한다. 그는 먼저 정찰병이 가져온 모든 정보를 솔직하게 알려준 후에 이렇게 말한다.

"이제 우리가 더 이상 여기에 있을 이유는 없습니다. 그리스 해군은 모두 이곳을 떠나 살라미스만으로 갑니다. 테르모필레를 돌파한 페르시아군의 남하를 막을 수 있는 길은 없습니다. 앞으로의 승패는 바다에서 결정될 것입니다."

참석한 사령관들은 모두 그의 의견에 동의했다. 사실상의 그리스 해군 총사령관은 또 이렇게 덧붙였다.

"페르시아 해군이 우리가 철수했다는 것을 알아차릴 때까지 우리는 최대한 멀리 이동할 필요가 있습니다. 그래서 오늘밤에도 우리가 진을 친 곳에 있는 모든 천막 앞에는 횃불을 켜놓고 병사들이 자고 있는 것처럼 꾸며 놓을 겁니다. 또한 철수하는 것을 적군이 눈치채지 못하도록 모든 배는 그들의 기항지 앞바다를 지나지 않고도 남하할 수 있는 에우보리아 해협을 통해 남하합니다. 이 모든 일을 오늘밤 안에 끝내야 합니다."

테미스토클레스는 테르모필레 전투 소식을 듣자마자 서둘러 아르테미시움을 떠나는데, 그 시점은 8월 중순으로 추정된다. 전쟁의 분수령이 될 살라미스 해전이 일어나기 불과 한 달 전이었다. 이 한 달 동안에 테미스토클레스는 참으로 경탄하지 않을 수 없을 만큼 많은 일을 해냈다.

앞에서 이미 언급했듯이 테미스토클레스는 스스로 나서서 이 해, 즉 기원전 480년 담당 '수석 스트라테고스'로 취임한 바 있다. 이제 도시국가 아테네, 아니 전 그리스의 운명이 그의 어깨에 걸려 있다고 해도 지나친 말이 아니었다. 페르시아가 침공해 온 이 해에 한해 그는 아테네군의 총사령관이자 정치 분야의 최고책임자이기도 했다. 아르테미시움에서 아테네로 돌아오는 배 안에서 마흔넷의 아테네 지도자는 벌써 다음 전략을 골똘히 구상하고 있었다.

스파르타가 테르모필레에서 용감하게 싸웠는데도 불구하고 그곳의 방어선은 무너졌다. 더구나 테베군이 막판에 적군에게 항복하는 바람에 중부 그리스의 강력한 도시국가 테베가 이제는 페르시아 편이 됐다. 다시 말해 테르모필레를 돌파하고 남쪽으로 내려오고 있는 페르시아군

<그림 7> 테르모필레와 아르테미시움

을 저지할 수 있는 그리스 세력은 중부에선 아테네밖에 없게 됐다. 그러나 아테네는 적군에 대항할 수 있는 중무장 보병의 대부분을 삼단노군선의 전투요원으로 활용하고 있었다. 설사 그들을 육지로 돌아오게 하더라도, 그 수는 1만이 채 안 됐다. 레오니다스가 이끄는 육군이 페르시아군의 10퍼센트를 죽였다고는 하지만, 크세르크세스가 지휘하는 페르시아 지상군은 아직도 18만 명이 넘는 대군이었다.

살을 주고 뼈를 취하다

아테네 시민들은 페르시아군이 그리스로 몰려오자 급히 델피(Delphi)의 신전에 가서 신의 뜻을 물었다. 신의 뜻을 전하는 여자 무당, 즉 피티아(Pythia)가 마지막으로 준 신의 답변은 다음과 같았다.

첫째, 적군 앞에서 뒤로 물러나라. 둘째, 신비로운 "나무로 된 벽"을 믿어라. 셋째, "성스러운 살라미스"에 희망을 걸어라.

이 애매한 신탁의 해석을 둘러싸고 아테네에서는 의견이 분분했다. 바다에서 싸우기를 원하지 않거나 또는 너무 가난하거나 늙어서 도시를 떠날 수 없는 시민들은 이 메시지가 엉터리이거나 아니면 아테네의 가장 높은 곳, 아크로폴리스에서 싸우라고 권하는 것이라고 받아들였다. 그들은 아테네의 아크로폴리스에 널려 있는 버린 가구, 옛날 문짝, 거친 통나무 등이 신탁에서 말하는 "나무로 된 벽"이고, 그것들 뒤에서 방어에 임하라는 것이 신의 뜻이라고 주장했다.

그러나 테미스토클레스는 부하 장군들에게 델피의 "나무로 된 벽"은 소나무 또는 전나무 판자로 된 삼단노 군선을 가리키는 것이라고 설득했다. 테미스토클레스의 해석은 다음과 같았다. "왜 델피의 신탁에서 아테네 소유의 살라미스를 '성스럽다'고 했겠느냐? 그것은 그리스 사람들이 과감히 바다에서 싸우겠다고 마음먹으면 살라미스에서 승리하기로 되어 있다는 뜻이 아니고 다른 무엇이겠느냐?" 테미스토클레스가 첩자를 동원해 신의 말씀을 조작했는지 또는 그것의 해석을 왜곡했는지 등을 지금으로서는 알 수 없다. 그러나 한 가지는 확실하다. 그는 "살라미스에서 결판을 낸다"는 자신이 오랫동안 가다듬은 전략이 미신을 믿는 사람들 또는 겁쟁이들 때문에 무산되는 것은 무슨 수를 써서라도 막으려고 했다. 그는 지상에서 페르시아군을 막는 것은 불가능하다고 일찌감치 확신하고, 모든 것을 걸고 바다에서 싸워야만 그나마 승산이 있다고 결론을 내렸다.

그러기 위해서는 먼저 아테네에 사는 모든 사람이 다른 곳으로 옮겨 가야 했다. 외교 교섭을 통해 아테네 주민들이 살라미스 이외에 아에기나를 위시한 주변의 여러 섬, 그리고 펠로폰네소스 반도의 동쪽에 있는 트로이젠을 비롯한 몇몇 작은 도시국가에서 임시로 살 수 있도록 조치했다. 이 대규모 철수 작전에는 아테네 사람들이 갖고 있는 모든 종류의 배가 동원됐다. 한 달이 채 안 되는 짧은 시간 동안에 테미스토클레스는 아테네를 완전히 비운다는 아주 힘든 일을 거의 완벽에 가깝게 해내고야 만다.

한편 아티카에 도착한 크세르크세스의 군대는 빠른 속도로 아테네로 진군했다. 페르시아군은 곧 아크로폴리스를 둘러싼다. 그곳에는 "나무로 된 벽" 뒤에 틀어박혀 결사항전하겠다는 100명 남짓한 시민군이 있었다. 페르시아군은 그들을 손쉽게 격파하고 누구도 포로로 잡지 않았다. 이로써 델피의 신탁이 글자 그대로 "나무로 된 벽"을 뜻하지 않음은 판명됐다.

아테네에 무혈입성한 페르시아군은 전설적인 "보라색 왕관의 도시" 전체에 불을 질렀다. 이로써 그리스 도시로서의 아테네는 이제 더 이상 존재하지 않게 됐다. 시민들은 한탄했다.

"활력 넘치던 우리의 민주주의가 어떻게 이렇게 허망하게 끝날 수 있단 말인가? 주민들은 모두 떠나갔고, 페르시아 왕 크세르크세스가 점령했다. 모든 것이 불타고 있다."[5]

적군과 바다에서 결전을 벌이기 전에 테미스토클레스는 또 하나의 어려운 문제를 해결해야 했다. 크세르크세스의 군대를 어디에서 저지해야 하는가를 두고 그리스 연합군 지휘부를 설득하는 일이었다. 코린트는 중부 그리스와 펠로폰네소스를 가르는 약 10킬로미터밖에 안 되는 좁은 지협 이스미아에서 적군을 격퇴하자고 주장했다. 스파르타도 이 의견에 찬성했다. 당연히 테미스토클레스는 이 제안에 강력히 반대했다. 그는 이스미아에서 지상전이 벌어지면 해군을 쓸 수 없다고 말하며, 그 이유를 이렇게 설명했다.

"이스미아 근방의 해역은 넓기 때문에 군선이 크고 수가 많은 페르시아 해군에게 유리하다. 반면에 아테네 가까이에 있는 살라미스만은 해역이 좁고, 따라서 적군의 강점이 약점으로 바뀐다. 아테네 해군의 삼단노 군선은 작고 무거우므로 조류의 흐름에 크게 좌우되지 않는다. 그래서 이곳에서 싸우면 우리가 훨씬 유리하다."

그러나 당시는 페르시아도 그리스도 해군의 구실은 병사들을 나르는 것이라고밖에 생각하지 않던 시대였다. 고대에는 해전이 전쟁 전체의

---

5 아테네가 있는 그리스의 아티카 지방은 습도가 낮고 공기 속에 먼지가 많다. 그래서 해가 질 때 보랏빛과 자줏빛이 나타나고 주변의 산들이 종종 자줏빛 아지랑이 속에 잠긴 듯이 보인다. 이런 풍경 속의 아테네를 고대 그리스의 서정시인 핀다르(Pindar)는 "보라색 왕관의 도시"라 표현한 바 있고, 그 이후부터 아테네를 이렇게 부르는 경우가 가끔 있다고 한다.

보라색 왕관을 갖고 있고
시인들의 사랑을 받는
빛의 도시여,
그대는 그리스의 보루입니다.
City of light,
with your violet crown,
beloved of the poets,
you are the bulwark of Greece.

향방을 결정지은 적이 없었다. 살라미스 해전이 최초의 그러한 사례가될 터였다. 살라미스만에서 싸우자고 하는 테미스토클레스의 호소에동참하는 도시국가는 많지 않았다.

테미스토클레스는 코린트와 스파르타의 전략 자체가 승산이 높지 않다고 보았다. 만약 페르시아군이 스파르타와 코린트가 철석같이 믿고있는 이스미아의 2중 방벽의 배후에 기습상륙한다면 어떻게 될 것인가? 실제로 조국 스파르타를 배신하고 페르시아에 붙은 전 스파르타왕 데마라토스(Demaratus)는 크세르크세스에게 그렇게 하라고 건의한바 있다. 뿐만 아니라 데마라토스는 페르시아 왕에게 살라미스를 피하고, 대신 펠로폰네소스 쪽으로 항해해서 스파르타 남쪽에 있는 섬 시테라(Cythera)를 점령하라고 조언했다. 그러면 스파르타 군대를 묶어 놓을수 있으며, 스파르타의 농노와 노예들이 반란을 일으킬 것이라고 데말했다.

그러나 크세르크세스의 생각은 달랐다. 아테네는 이미 화염 속에 사라졌고, 그리스 함대는 살라미스만에 사실상 갇혀 있었다. 그렇다면 이곳 살라미스에서 그리스 해군을 가볍게 섬멸한 다음에 펠로폰네소스의아무 곳에나 군대를 상륙시키면 전쟁은 사실상 끝날 게 분명했다. 몇개 남지 않은 도시국가들을 하나씩 공략하는 것은 식은 죽 먹기일 것이다. 이렇게 상황을 낙관적으로 보는 페르시아 왕에게 전 스파르타 왕의신중하고 합리적인 도움말은 소극적이며 소심하게 보였을 것이다.

한편 다른 그리스 지도자들이 자신의 의견에 좀처럼 동조하지 않자,테미스토클레스는 '협박'이라는 비장의 카드를 꺼낸다. 그는 이렇게 경고했다.

"만일 여러분이 아테네 주민들을 버리고 남쪽으로 퇴각한다는 결정을 내린다면, 저는 우리 아테네가 갖고 있는 모든 배를 총동원해 그들 전원을 시칠리아 남부로 이주시키겠습니다."

그리하여 1,200킬로미터나 서쪽에 있는 안전한 곳에서 아테네 문화를 부활시키고, 그리스 세계 최강의 아테네 함대는 펠로폰네소스에 있는 그리스 도시국가들을 위해서는 싸우지 않겠다는 것이었다. 아테네는 이탈리아 남부에 시리스(Siris)라는 식민지를 갖고 있었다. 고대부터 그곳은 아테네 소유였으며, 또 여러 신탁에 따르면 아테네는 시리스에 식민지를 건설하기로 되어 있다고 테미스토클레스는 주장했다. 한마디로 말해 아테네는 비빌 언덕이 있었다. 비장한 각오로 테미스토클레스는 이렇게 말을 맺는다.

"아테네 같은 동맹국이 없는 여러분들은 제 말을 기억해야 할 이유가 있을 것입니다."

이렇게까지 말해도 그리스 지도자들의 의견은 일치하지 않았다. 실망한 테미스토클레스는 또 다른 계략을 꾸민다. 이 계략의 내용에 관해서는 대체로 지금부터 소개하는 두 개의 다른 이야기가 전해 내려오고 있다.[6]

테미스토클레스에게는 아들들의 교육을 맡고 있는 이오니아 지방 출신 시치누스(Sicinnus)라는 그리스 노예가 있었다. 그는 페르시아 식민지 출신으로 그 나라 말에 능통했으며 주인인 테미스토클레스를 깊이 흠

---

6 이 두 이야기는 《플루타르코스 영웅전》을 비롯한 여러 고대 문헌에 나오는데 후대의 많은 전문가가 그 신빙성을 의심하고 있다.

모하고 있었다. 테미스토클레스는 그런 시치누스에게 특별한 임무를 주어서 크세르크세스에게 보내기로 한다. 그는 먼저 시치누스에게 페르시아 진영에 가서 "저는 테미스토클레스의 심부름으로 이곳에 왔습니다"라고 말하라고 했다. 이어서 반드시 페르시아 왕을 직접 만나서 페르시아 말로 자신의 말을 전하라고 신신당부했다. 증거를 남기지 않기 위해 적국의 임금에게 직접 구두로 전하라고 한 테미스토클레스의 메시지는 다음과 같았다.

"아테네는 그리스 도시국가들의 의견이 일치하지 않는 것에 절망하여 페르시아 왕과 단독으로 강화하는 것이 어떨까 생각하고 있습니다."

시치누스는 참수 당할 것을 각오하고 크세르크세스에게 이 말을 전했다. 그랬더니 임금의 반응은 뜻밖에도 매우 긍정적이었다. 임금은 이렇게 말했다. "내가 큰 흥미를 갖고 들었다고 돌아가서 네 주인에게 전하라."

크세르크세스는 그리스 세계의 2대 강국의 하나인 아테네가 떨어져 나가면 전쟁은 이제 끝난 것이나 마찬가지라고 생각했다. 육지에서는 이미 스파르타를 꺾었고, 바다에서는 그리스 해군의 사실상 맹주인 아테네가 이탈하면 승리는 불 보듯 뻔했다. 기쁨을 감추지 못하는 페르시아 왕의 표정을 확인하고 시치누스는 곧바로 그곳을 빠져나와서 크세르크세스와 만난 이야기를 주인에게 자세히 전달했다고 한다.

그런데《플루타르코스 영웅전》에 실려 있는 이야기는 이와 조금 다르다. 먼저 그 내용을 소개하고 이어서 필자의 분석을 덧붙이겠다.

테미스토클레스는 시치누스를 몰래 크세르크세스에게 보내면서 임금에게 이렇게 말하라고 명령했다.

"아테네 해군 사령관 테미스토클레스는 폐하의 이익에 보탬이 되는 일을 하기로 마음먹었습니다. 그래서 그리스 해군이 곧 철수할 것임을 가장 먼저 알려드립니다. 저는 폐하께서 그리스 해군이 도망가는 것을 방해하고, 그들이 혼란에 빠졌을 때, 또 그들의 지상군과 멀리 떨어져 있을 때 그들을 덮칠 것을 건의합니다. 그리하여 바다에서 그들의 해군을 전멸시키기를 진언하는 바입니다."

크세르크세스는 이 말을 듣고 몹시 기뻐했다. 그는 이 메시지가 자신이 잘되기를 바라는 사람에게서 왔다고 생각하고 즉각 해군 지휘관들에게 명령을 내렸다. 그리스 해군이 아무도 도망칠 수 없도록 당장 200척의 갤리선을 출동시켜 모든 섬을 둘러싸고 해협과 수로를 봉쇄하라고. 그러고 나서 지휘관들은 나머지 군선들을 이끌고 느긋하게 따라가라고 지시했다[7]

이상이 테미스토클레스의 계략에 관해 전해 내려오는 두 이야기다. 페르시아인들은 이미 그리스 지도자들이 서로 의견이 맞지 않아 격론을 벌이고 있고, 또 펠로폰네소스 사람들이 집에 가고 싶어 한다는 사실을 잘 알고 있었기 때문에 시치누스의 말을 그대로 믿었다. 두 번째 이야기에 나오는 술수를 통해 테미스토클레스가 달성하려고 한 목적은 크게 세 가지였다.

첫째, 페르시아군이 서둘러 군선을 전개하고 지나치게 일찍 어둠 속에서 배에 병사들을 배치하기를 바랐다.

---

7 Plutach(1971), p.93.

둘째, 적군이 불필요하게 살라미스에서 나오는 모든 출구를 막음으로써 그들의 병력이 분산되기를 기대했다.

셋째, 페르시아 해군이 선수를 치면 아직도 살라미스에서 싸우기를 꺼리는 그리스 연합해군이 즉각 결의를 다지고 해전에 임할 것으로 보았다.

손자병법으로 해석하는 테미스토클레스의 전략

이상의 이야기를 종합하면 테미스토클레스는 크세르크세스를 상대로 모종의 기만 전술을 썼고 그것이 페르시아 왕에게 먹혀든 것은 분명해 보인다. 테미스토클레스는 중국의 병법서 《삼십육계(三十六計)》에 나오는 반간계(反間計)를 멋지게 구사한 것이다. 반간계의 원래 뜻은 "상대방의 첩보원을 역이용하여 적의 판단을 흐리게 한다"이다. 이 책략의 구체적인 내용과 관련된 세 가지 사례를 소개한다.

유방의 군대가 항우의 대군에게 포위당해 크게 고전하고 있을 때의 이야기다. 진평(陣平)이라는 참모가 유방에게 진언한 반간계 전략을 들어보자.

"항우를 따르는 인물들 가운데 강직한 사람은 범증(范增)을 비롯하여 몇 명밖에 없습니다. 그러니 이번 기회에 황금 수만금을 준비하고 첩보원을 풀어서 적의 군신 관계를 해체하고 서로 의심하게 만드는 것이 어떻겠습니까? 항우는 감정적으로 중상에 잘 넘어가는 사람이므로 반드시 내홍이 일어날 것입니다. 그 틈을 타서 공격하면 꼭 이길 수 있습니다."

이 말을 받아들인 유방은 곧 황금 수만금을 준비해서 진평에게 넘긴다. 이때 유방은 이렇게 말했다.

"이것을 쓰게. 일일이 자세한 사용 내역을 보고할 필요는 없네."

진평은 이 황금을 흥청망청 뿌리고 다니는 한편, 항우의 진영에 첩자를 보내 이런 소문을 퍼뜨리게 했다.

"항우 군대의 지휘관들은 빛나는 공적을 세워왔다. 그런데 그들은 그것에 걸맞은 땅을 받지 못했기 때문에 항우를 버리고 유방과 내통하려고 한다."

과연 항우는 이런 소문을 듣고 부하 지휘관들을 의심하기 시작했다. 때마침 항우가 유방의 진영에 사신을 보내왔다. 진평은 그를 위해 호화판 잔치를 베풀어줬다. 이 연회석에는 세발솥까지 등장했다. 세발솥은 왕위의 상징으로, 보통 임금이 참석하는 자리에만 내놓는 기물이다. 진평은 이렇게 해놓고 사신의 얼굴을 봤다. 그러더니 그는 정말로 소스라치게 놀란 듯한 표정을 지으며 외쳤다.

"뭐야, 범증님의 사신인가 했더니, 항우의 사신인가?"

진평은 준비한 요리를 당장 치우게 하고, 변변치 않은 요리를 가져오게 했다. 항우의 사신은 돌아오자마자 이 같은 사실을 낱낱이 보고한다. 그러자 항우는 돌연 범증을 의심하면서 그가 어떤 진언을 해도 더 이상 받아들이지 않았다. 격분한 범증은 항우에 대해 단념하고 고향에 돌아가버렸다. 이렇게 감쪽같이 진평의 '반간계'에 넘어간 항우는 차츰차츰 열세로 몰리기 시작했다.

송나라 시절의 장군 악비(岳飛)가 조정의 명을 받아 영표(嶺表)의 반군을 진압할 때의 이야기도 있다.

반군의 우두머리 조성(曹成)은 좀처럼 항복하지 않았다. 그러던 어느 날, 악비의 군대가 하주(賀州) 근방을 지날 무렵 우연히 반란군의 첩보원을 잡았다. 악비는 첩보원을 묶어서 천막 근처에 쓰러뜨려놓았다. 그런 다음 천막을 나와 군량 비축 상황을 점검했다. 담당 장교가 하소연했다.

"군량이 바닥을 드러내고 있습니다. 어떻게 할까요?"

"어쩔 수 없네. 다릉(茶陵)까지 철수합시다."

악비는 일부러 이렇게 말하며 흘끗 반군 첩자를 봤다. 그러곤 '큰일 났다'는 표정을 짓고 혀를 차며 천막에 들어가선 몰래 그를 풀어주라고 명령했다. 첩자가 돌아가서 상관인 조성에게 보고하면, 조성은 안심하고 경계를 게을리할 것이라고 생각한 것이다. 반란군 스파이를 석방하자마자 악비는 식량을 준비시키고 가만히 출동 명령을 내렸다. 그의 군대는 골짜기를 지나 행군했고, 동트기 전에 목적지인 반란군 요새에 도착했다. 악비의 병사들은 우르르 적을 덮쳤고, 마음을 놓고 있던 반란군은 패하고 말았다.

세 번째 반간계도 살펴보자. 송나라 태조 조광윤(趙匡胤)이 서지고(徐知誥)가 옛 오나라 땅에 세운 남당(南唐)을 토벌할 때의 이야기다. 남당측에 임인조(林仁肇)라는 유능한 장군이 있어서, 그가 건재하는 한 송나라 군대는 안심하고 나아갈 수 없었다. 그래서 조광윤은 꾀를 냈다. 그는 먼저 임인조의 수행비서에게 뇌물을 보낸 다음, 그 비서를 통해 몰래 임인조의 초상화를 손에 넣었다. 조광윤은 그것을 별실에 걸어 놓고 남당의 사신을 접견했다. 그는 사신에게 초상화를 가리키며 물었다.

"이분이 누구인지 아시나요?"

"우리나라의 임인조 장군입니다."

이 대답을 들은 조광윤이 말했다.

"임인조는 항복하겠다는 뜻을 전해왔습니다. 그 증거로 이 초상화를 보내온 것입니다."

그러면서 바깥의 별관을 가리키며 말을 이었다.

"나는 저 건물을 임인조 장군에게 주어 그곳에서 사시게 할 작정입니다."

사신은 귀국하자마자 이 내용을 임금에게 보고했다. 그러자 남당의 임금은 이것이 적의 공작이라는 것도 모른 채 임인조에게 사약을 내렸다. 조광윤은 초상화를 도구로 쓰고 상대방의 사신을 역이용함으로써 깔끔히 목적을 달성한 것이다.

테미스토클레스는 적의 첩보원을 역이용한 것은 아니지만, 페르시아를 잘 알고 또 페르시아 말도 잘하기 때문에 상대방에게 신뢰감을 줄 것으로 보이는 자신의 심복을 크세르크세스에게 보냈다. 그리고 그가 기대했던 대로 페르시아 왕은 시치누스의 말을 곧이곧대로 받아들였다. 테미스토클레스의 반간계는 보기 좋게 성공한다는 것이다.

다시 본래의 이야기로 돌아가자. 두 이야기의 내용과 그 후에 전개된 상황을 보면, 나는 테미스토클레스가 실제로 크세르크세스에게 전달한 메시지는 두 번째 이야기에 있는 대로 그리스 해군이 살라미스에서 곧 철수할 것이라는 가짜 정보라고 생각한다. 그리고 첫 번째 이야기에 나오는 페르시아와의 단독 강화 가능성은 그가 다른 도시국가 대표들을 설득하기 위한 카드로 쓴 것으로 보인다.

즉, 테미스토클레스는 여차하면 아테네는 독자적으로 페르시아와 협상할 수도 있음을 넌지시 내비치며 아직도 이스미아 전선을 고집하고 있는 그리스 지도자들을 압박한 것이다. 그래도 그리스 도시국가 대표들은 이 중요한 전략적 문제를 여전히 매듭짓지 못했다. 바로 이 무렵 2년 전에 도편 추방으로 쫓겨났던 아리스티데스가 귀국한다. 나라를 위해서는 그를 다시 불러들여야 한다고 테미스토클레스가 시민집회에서 호소했기 때문임은 앞에서 이미 언급한 바 있다. 이스미아에 도착한 아리스티데스는 회의에 참석하고 있던 테미스토클레스를 불러냈다. 아리스티데스는 테미스토클레스에게 다음과 같은 정보를 줬다.

"귀국하는 길에 들른 아에기나 섬에서 아테네의 항구 팔레론(Phaleron)에 정박하고 있던 페르시아 해군의 별동대가 살라미스와 아에기나 섬 사이에 있는 바다를 가로질러 살라미스의 서쪽을 향해 가고 있는 것을 보았다."

이것은 분명히 페르시아 해군이 살라미스만에 정박하고 있는 그리스 해군을 동쪽과 서쪽에서 협공하려는 움직임이었다. 테미스토클레스는 이 말을 듣더니 만면에 희색을 띠며 아리스티데스에게 이렇게 말했다.

"이것은 우리에게 좋은 소식입니다. 첫째, 이로써 페르시아가 해전에 나서려고 하는 것이 확실해졌습니다. 둘째, 동쪽과 서쪽을 봉쇄당하면 살라미스만에 정박하고 있는 그리스 해군도 만의 안쪽에서 결전에 임할 수밖에 없습니다. 그러나 이 정보를 내 입으로 말하면 다른 나라 대표들이 믿지 않을 겁니다. 하지만 당신은 '정의의 사람'이라는 평판을 듣고 있고, 또 거짓말을 하지 않는 사람이라고 세상이 믿고 있습니다. 당신이 직접 이 이야기를 해야 효과가 있을 것입니다."

테미스토클레스의 제안대로 아리스티데스는 도시국가 대표들에게 자신의 눈으로 본 것, 아에기나 섬 사람들의 증언 등을 보태서 페르시아 해군의 동향에 관한 모든 것을 알렸다. 그 효과는 테미스토클레스의 예상대로 극적이었다. 참석자 모두가 살라미스에서 페르시아 해군과 결전을 치르기로 결의한 것이다. 테미스토클레스는 마침내 자신이 의도했던 대로 배수진을 치는 데 성공한다.

여기서 테미스토클레스가 구사한 계략은 중국의 병법서《삼십육계》에 나오는 조호리산(調虎離山), 즉 '범을 산 속에서 유인해내다'의 매우 좋은 보기다. 이 전술의 정확한 뜻과 그와 관련된 사례를 소개하면 다음과 같다.

범은 강적, 산은 근거지를 뜻한다. 유리한 자연 환경 속에서 살고 있는 범은 그야말로 천하무적이다. 그러나 범을 평지로 유인해내면 훨씬 물리치기 쉬워진다. 전략전술의 관점에서 보면 '조호리산' 책략에는 아래의 두 방법이 있다.

1. 적이 방비가 튼튼한 성이나 천혜의 요충지 안에서 굳게 버티고 있으면 그곳에서 나오게 하도록 노력한다.
2. 적과 정면대치하고 있는 경우, 적의 공격 방향을 딴 데로 돌리게 하여 정면으로부터의 압력을 줄인다.

어느 경우든 이 책략을 성공시키려면 적을 꾀어내는 절묘한 계략이 필요하다. 즉 그 계략이 얼마나 교묘한가 여부가 이 책략의 성공을 좌우한다. 예를 들어보자.

한(漢)나라의 한신(韓信)이 조(趙)나라를 공격할 때의 이야기다. 한신의 군대는 1만 명이 채 안 되는 반면, 적의 병력은 20만 명에 달했다. 더구나 적은 견고한 성채 안에서 버티고 있었다. 따라서 정면으로 부딪치면 승산이 없었다. 그래서 한신은 꾀를 냈다. 먼저 2,000명의 기병을 선발하고, 병사 전원에게 빨간 깃발을 들고 조나라 군대의 성채가 내려다보이는 산그늘에 숨어 있으라고 명령했다. 그리고는 이렇게 말했다.

"내일 싸움이 벌어지면 우리 군대는 거짓으로 도망칠 것이다. 그러면 적은 성채를 비우고 추격해 올 것이 틀림없다. 너희들은 그 틈을 타서 적의 요새에 진입하여 조나라의 하얀 깃발을 뽑고 한나라의 붉은 깃발을 꽂아라."

그런 다음 한신은 남은 주력 부대를 이동시켜 조나라 군대의 전면에 흐르는 강을 등지고 진을 치게 했다. 다음 날 아침 이 모습을 본 조나라 병사들은 "병법의 정석을 모르는 놈들"이라 말하며 비웃었다. 어느 병법서를 봐도 배수진을 치라는 말은 없다. 그러나 한신은 개의치 않고 부대를 이끌고 적의 요새를 공격했다. 상대방을 깔보고 있던 조나라 군대는 성채 바깥으로 나와 응전했다. 그러자 한신은 재빨리 기치(旗幟)를 버리고 퇴각하여 강가에 있는 진지로 돌아갔다. 한신의 군대는 강을 등지고 진을 쳤기 때문에 어차피 도망갈 데가 없다. 그래서 그들은 필사적으로 싸울 수밖에 없었다. 이렇게 한신의 군대가 결사적으로 저항을 하니 수적으로 우세한 조나라 군대도 매우 힘겨운 싸움을 할 수 밖에 없었다.

그럴 즈음 산그늘에 숨어 있던 별동대가 재빨리 성채를 점령했다. 그 소식을 들은 조나라 군대는 동요하기 시작했고, 한신은 때를 놓치지 않고 앞뒤에서 이들을 협공하여 격파했다. 한신은 배수진을 쳐서 병사들이 죽을힘을 다해 싸우게 했으며, '조호리산'의 책략으로 적을 밖으로 끌어냈던 것이다. 마찬가지로 테미스토클레스는 수적으로 훨씬 우세한 페르시아 해군을 아군이 싸우기에 유리한 싸움터로 끌어내고(조호리산), 그곳에서 더 이상 물러날 데가 없는 그리스 연합해군이 죽을힘을 다해 싸우기를 기대한 것이다.

또《삼십육계》의 상옥추제(上屋抽梯), 즉 '이층에 올려놓고 사다리를 치운다'도 병사들의 잠재력을 최대한 이끌어낸다는 면에서는 테미스토클레스의 전술과 일맥상통한다. 이 책략은 원래 다음의 두 가지 뜻을 품고 있다.

1. 적이 달려들어 물음직한 미끼를 뿌려 그들이 마구 전진하도록 한다. 이어서 후속 부대와의 연계를 끊고 이들을 격멸한다.
2. 스스로 퇴로를 끊고 배수진을 침으로써 병사들이 죽을 각오를 하고 싸우도록 한다.

둘 중 어느 의미의 책략이든 대담한 작전이며, 성공하려면 깊은 통찰력과 주도면밀한 준비가 필요하다. 테미스토클레스의 계획은 이 가운데 두 번째에 해당한다. 이와 관련된 항우의 유명한 이야기가 있다.

항우는 진나라 군대에 포위당한 거록(鉅鹿)의 동맹군을 구하러 간 적이 있었다. 그는 전군을 이끌고 황하를 건너자마자 배를 가라앉히고 솥을 때려 부수고 천막을 불태우도록 했다. 이어서 병사들에게 불과 사흘치의 식량만 갖게 한다. 항우는 장병들에게 살아 돌아올 생각을 하지 말고 결사적으로 싸울 것을 요청한 것이다. 과연 거록에 도착한 항우의 군대는 일당십(一當十)의 각오로 있는 힘을 다해 싸웠다. 그 결과, 항우는 진나라 군대를 궤멸시킬 수 있었다. 이것이 유명한 항우의 파부침주(破釜沈舟, 솥을 깨뜨리고 배를 가라앉힌다) 이야기다. 이것도 '상옥추제' 책략을 응용한 것임은 말할 것도 없다.

세계 최대 제국 페르시아를 상대로 한 힘겨운 싸움에서 그리스가 이기는 길은 오로지 바다에서 결판 내는 것뿐이라고 확신하며 오랫동안 준비해온 테미스토클레스가 자신의 뜻을 관철시키기까지는 이런 길고 험난한 과정이 있었다.

살라미스 해전, 정보전의 승리

아무도 없는 아테네를 점령한 크세르크세스의 페르시아군은 임금의 명령에 따라 도시 전체를 깡그리 불태웠다. 그로 말미암아 아테네 시내에는 페르시아 왕이 쉴 수 있는 곳도 잘 수 있는 곳도 없었다. 크세르크세스는 페르시아 해군이 정박하고 있는 아테네의 항구 팔레론(Phaleron)에 진을 쳤다. 그곳에서 크세르크세스는 육군 및 해군 지휘관들을 모두 소집하여 작전회의를 열었다. 살라미스 섬 서쪽으로 파견한 이집트 해군과 이곳 팔레론에 있는 함대로 그리스 해군을 살라미스만 안쪽에 봉쇄된 상태로 만드는 작전은 이미 진행되고 있었다. 그러나 그것이 그리스 해군과의 싸움이 시작되었다는 뜻은 아니었다.

페르시아 지휘관들 사이에서는 지상군을 이대로 이스미아까지 진군시켜 그리스 육군을 격파하자는 의견이 많았다. 원래 페르시아는 육군 강국이고, 해군은 육군에게 보급품을 날라주는 정도의 존재였다. 적군과 바다에서 결전을 벌인다는 개념 자체가 페르시아군에는 없었다. 그런데 소아시아의 남서쪽에 있는 왕국 카리아(Caria)의 여왕 아르테미시아(Artemesia)가 지휘관들을 거들었다. 남편이 죽은 후에 아들을 위해 섭정하고 있던 여왕은 카리아의 선단을 이끌고 참전한 여장부였다. 크레타 섬 태생이어서 그녀 역시 페르시아 편에서 싸우고 있는 그리스인이었다. 아르테미시아는 아테네가 중심이 되어 있는 그리스 해군과 해전을 벌이는 것에 반대했다. 그녀는 크세르크세스에게 육로로 천천히 이스미아까지 남진하자고 건의했다. 그녀는 또 이렇게 주장했다.

"우리가 그들과 살라미스에서 싸우면 사면초가에 내몰린 그리스인들에게 단결해서 페르시아의 공격을 막아낼 수 있는 마지막이자 불필요한 기회를 주는 것입니다."

그러나 회의가 진행되면서 바다에서 싸우자는 쪽으로 대세가 기울었다. 참석자들의 의견을 모두 들은 크세르크세스는 그리스 해군과 바다에서 결전을 벌이는 것으로 최종 결정을 내렸다. 그는 테르모필레에서 이겼으므로 살라미스에서도 이길 것이라고 확신했다. "페르시아 해군은 적군보다 군선이 갑절 이상 많다. 또 우리의 주력은 페니키아에서 온 대형선 300척이다. 어찌 질 수 있겠는가?" 크세르크세스는 승리할 것이라고 굳게 믿고 해군의 총지휘를 아우에게 맡겼다. 자신은 살라미스만이 훤히 내려다보이는 아이갈레오스(Aigaleos) 산꼭대기에서 관전하기로 결정했다. 이번 원정의 대미를 장식할 화려한 최후의 승리를 자신의 눈으로 직접 보고 싶었던 것이다.

한편 팔레론에서 서쪽으로 직선 거리로 10킬로미터밖에 떨어져 있지 않은 살라미스만에서는 테미스토클레스가 부지런히 명령을 내리고 있었다. 그는 먼저 코린트 군선 40척을 만의 서부로 보내면서 그쪽 방면에 이미 와 있는 이집트 해군 100척과 대결하라는 임무를 내렸다. 이것은 살라미스만의 동부에서 페르시아 해군 주력부대와 맞붙을 것이 확실한 그리스 해군이 배후에서 적이 공격할지도 모른다는 걱정을 하지 않고 싸울 수 있도록 하기 위한 매우 중요한 조치였다.

살라미스 해전에 관해 가장 상세한 기록을 남긴 헤로도토스는 이 싸움에 페르시아는 1,207척, 그리스는 380척의 배를 동원했다고 썼다. 그러나 후세의 역사가들은 대체로 페르시아 해군은 900척 내외, 그리스 해군은 375척의 군선을 갖고 전투에 임했을 것으로 보고 있다. 어쨌든 페르시아가 양적으로 그리스보다 훨씬 우세했다는 것은 움직일 수 없는 역사적 사실이다.

테미스토클레스는 아리스티데스를 통해 이집트 군선 100척이 서쪽을 봉쇄하기 위해 보내졌다는 사실을 알고 있었다. 그리고 정찰병의 보고로 팔레론에 집결한 페르시아 해군이 페니키아 군선 300척을 주력으로 하는 좌익과 페르시아가 지배하고 있는 그리스 지방에서 온 군선을 주축으로 우익을 편성하고 있다는 것도 알고 있었다. 그는 이집트 해군을 상대하기 위해 이미 내보낸 코린트의 40척을 빼고 남은 335척을 우익과 좌익으로 나누기로 했다. 또한 과감히 기존 틀을 깨고 아군의 우익은 적의 우익과, 좌익은 적의 좌익과 맞붙는 전략을 짰다. 우익은 공식적인 총사령관인 스파르타의 에우리비아데스가 맡았다. 그러나 그는 바다에 익숙하지 않고 스파르타 군선은 16척에 불과했다. 실질적으로는 30척을 파견한 아에기나의 사령관이 우익을 지휘했다. 좌익은 200척의 아테네 군선이 주력이고 지휘는 테미스토클레스 자신이 맡았다.

테미스토클레스가 구상한 전략의 핵심은 우익이 페르시아의 이오니아 해군과 싸우고 있는 동안에 자기가 이끄는 200척이 페니키아의 300척을 둘러싸는 것이었다. 즉, 그리스 해군의 좌익은 가장 복잡하고 대담한 행동을 해내야 하는 막중한 사명을 띠고 있었다. 한마디로 말해 아군의 주력을 적군의 주력과 맞부딪치게 하는 작전이었다. 페르시아의 주력부대를 크세르크세스가 보는 앞에서 괴멸시킴으로써 그에게 크나큰 충격을 주겠다는 것이 테미스토클레스의 속마음이었다. 따라서 스파르타와 아에기나에 맡긴 우익이 설사 이오니아 해군의 상당수를 놓친다고 해도 큰 지장이 없었다. 그러나 자신이 지휘하는 좌익은 페니키아 해군에게 절대로 도망갈 길을 내주어서는 안 됐다. 그리스 해군이 압도적인 승리를 거두어야만 크세르크세스가 물러날 것이다. 그래서 모든 전력을 동원해야 했던 테미스토클레스는 갓 귀국한 정적 아리스티데스에게도 중요한 임무를 맡겼다.

살라미스 섬과 아테네가 있는 본토 사이에 푸시탈리아(Psyttaleia)라는 조그만 섬이 있는데, 이 섬은 테미스토클레스의 전략에서 중요한 위치에 있었다. 적군의 우익과 좌익이 이 섬의 양편을 통해 좁은 살라미스 만의 안쪽으로 들어오지 않는 한 테미스토클레스의 작전은 수포로 돌아갈 것이 분명했다. 이 섬은 페르시아 해군이 팔레론에 집결한 이후

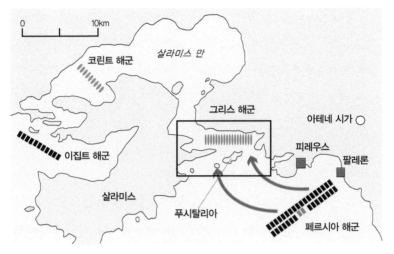

<그림 8> 살라미스 해전이 시작될 무렵의 형세

적군이 점령하고 있었다. 아리스티데스가 맡은 일은 이 섬에서 페르시아 병사들을 몰아내는 것이었다. 이는 심리적인 효과도 노린 절묘한 책략이었다. 이 작은 섬을 그리스군에게 뺏긴 것을 페르시아군이 알게 되면 그들은 손실을 만회하고자 푸시탈리아 양편을 통해 살라미스만에 들어올 것이 분명했다. 푸시탈리아 탈환 작전은 페르시아 해군을 살라미스만으로 끌어들이기 위한 책략이었다. 그리고 이 작전은 멋지게 성공한다.

기원전 480년 9월 23일 아침, 팔레론을 떠난 페르시아 선단 800척은 좌익과 우익으로 갈라져 작은 섬 푸시탈리아의 동쪽과 서쪽을 지나 살라미스만을 향해 북상했다. 좌익·우익 모두 삼열 종대였다. 그리스 해군도 살라미스의 항구를 떠났다. 그리스 해군은 좌·우익 이열 종대였다. 고대 그리스의 비극 작가 아이스킬로스(Aeschylus)는 그리스 해군의 수병들이 싸움터에 나가면서 아래와 같은 노래를 불렀다고 기록했다.

> 너희 아이들을 구하라.
> 너희 아내들을,
> 너희 아버지들이 만든 신상(神像)들을,
> 그리고 너희 조상들의 무덤을.[8]

그리스 해군은 우익이 먼저 가고 좌익은 그 뒤를 따랐다. 적군의 해군이 푸시탈리아를 통과할 즈음, 페르시아 해군의 전투 개시 명령이 떨어졌다. 그런데 앞장서서 오던 그리스 해군의 우익은 접근해 오는 페르시아 해군과 맞서 싸울 생각은 않고 오히려 방향을 바꿔 살라미스만의 안쪽으로 향한다. 이 광경을 본 페르시아 해군 우익은 그리스 해군이 도망간다고 생각했는지 그 뒤를 쫓아갔다. 그리스 해군 우익이 오른쪽 방향으로 돌기 시작한 것을 페르시아 해군은 눈치채지 못했다.

테미스토클레스가 탄 기함(旗艦)이 선두에 선 그리스 해군의 좌익도 처음에는 앞에 가는 아군의 우익과 마찬가지로 방향을 틀어 살라미스만으로 후퇴하는 척했다. 그러나 그다음에는 우익보다는 더 복잡한 움직임을 보였다. 페르시아 해군을 살라미스만 속으로 유인하는 것까지는 좌익과 우익의 임무가 똑같지만, 좌익은 바로 이어서 진짜 어려운 일을 해내야 했다. 즉, 오른쪽으로 계속 방향을 트는 우익과는 달리 좌익은 왔던 길을 거의 유턴이라도 하듯 왼쪽으로 크게 꺾으면서 꾀임에

---

8 "Free your children, your wives, the images of your fathers' gods and the tombs of your ancestors."

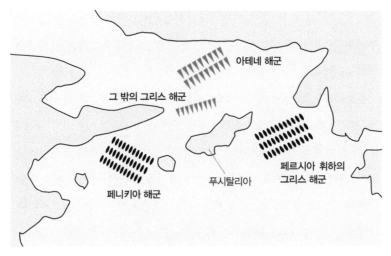

<그림 9> 적군을 살라미스만 안쪽으로 유인하는 그리스 해군

넘어간 적군을 둘러싸야 했다. 아테네의 하층 시민으로 이루어진 수병들은 테미스토클레스가 맡긴 이 힘든 임무를 훌륭하게 완수했다. 이리하여 아테네 해군 200척은 페니키아 군선 300척을 살라미스만 안쪽으로 깊숙이 끌어들이고 포위하는데 성공하다. 이런 상황을 보자마자 테미스토클레스는 다음 작전의 개시를 알리는 신호를 보냈다. 온 힘을 다해 노를 저어 대형 페니키아 군선과 세게 부딪치라는 신호였다.

페니키아 해군 300척은 순식간에 극도의 혼란에 빠졌다. 그들의 배는 원래 작은 회전 반경으로는 잘 돌지 못했다. 즉, 좌우로 작게 도는 것이 쉽지 않다. 게다가 좁은 해역에 너무 많은 군선이 삼열 종대로 몰려 있다 보니, 아테네 배와 부딪치지 않아도 뒤에서 오는 아군과 충돌해서 가라앉는 배가 속출했다. 반대로 아테네의 군선은 작게 도는 것이 쉬워서 움직일 수 없게 된 페니키아 배들 사이를 마음대로 돌아다니면서 차례차례 적의 군선과 계속해서 부딪쳤다. 마치 통통하게 살찐 한 무리의 소가 그 주변을 둘러싼 이리 떼에게 하나씩 죽어가는 비참한 풍경과 비슷했다.

그렇다 하더라도 135척의 배로 500척 규모의 페르시아 해군과 싸우는 그리스 해군의 우익이 싸움에서 밀리면 테미스토클레스의 전략전술은 힘을 발휘할 수 없게 된다. 왜냐하면 그리스 해군 우익의 포위망을 뚫은 페르시아 해군 우익이 페니키아 해군을 둘러싼 아테네 해군을 바깥쪽에서 포위할지도 모르기 때문이다. 그러나 그런 사태는 일어나지 않았다. 그 까닭은 다음 두 가지다.

첫째, 그리스 해군 우익의 실질적인 주력은 해운 강국 아에기나가 보낸 30척이었다. 아에기나의 군선들은 그야말로 눈부시게 활약해서 페르시아 배가 한 척도 아테네 해군의 배후에 가지 못하도록 했다. 둘째,

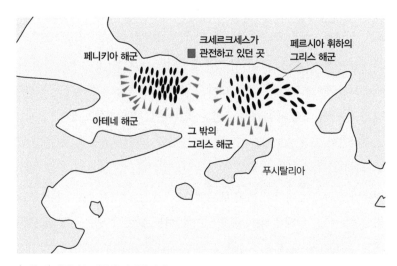

〈그림 10〉 살라미스 해전의 마지막 단계

그리스 해군 우익이 상대하는 페르시아 해군의 우익은 실은 배도 사람도 모두 그리스가 원산(原産)이었다. 제1차 페르시아 전쟁의 결과로 페르시아의 지배를 받게 된 이오니아 지방, 그리스 북부, 에게해의 여러 섬 등에서 끌려온 이들로 원래부터 페르시아에 별 충성심이 없었다. 그들이 페르시아의 영향권에 들어간 지도 10년밖에 안 됐다. 그런 사람들이 그리스 동포인 아테네 해군을 상대로 목숨 걸고 싸울 리 만무했다.

이렇게 페르시아 해군이 예상을 완전히 뒤엎고 참패하는 꼴을 아이갈레오스 산꼭대기에서 바라보는 크세르크세스의 심정은 어땠을까? 아마 엄청난 분노와 깊은 절망감이 뒤섞인 복잡한 심경 아니었을까? 후세의 역사가들이 추측하는 살라미스 해전의 결과는 다음과 같다.

페르시아군: 침몰하거나 불타버린 군선 300~400척
그리스군: 침몰하거나 손상이 커서 다른 그리스 배가 끌어서 항구에 돌아간 군선 40척

전사자나 부상자의 숫자는 양쪽 모두 분명하지 않은데, 앞에서 인용한 핸슨은 이렇게 추측했다.

"아마도 8만 명 이상의 페르시아 제국 수병들이 죽거나, 다치거나, 행방불명되었거나, 또는 뿔뿔이 흩어졌을 것이다."[9]

사령관급 손실에서도 명암이 극명하게 갈렸다. 그리스 해군의 사령관들은 모두 끝까지 잘 싸웠고 전원이 살아남았다. 반면 페르시아 해군

---

9 Hanson (2013), p.32.

총사령관으로서 페니키아 해군의 기함에 타고 있던 크세르크세스의 아우는 전사했다. 살라미스 해전은 이렇게 하여 그리스의 압승으로 끝났다. 그리스는 병력은 열세였지만 뛰어난 전략과 지도력, 그리고 강한 정신력으로 세계 최대 제국의 해군을 꺾었다.

그러면 여기서 테미스토클레스가 그리스 해군을 승리로 이끈 요인을 분석해보자. 나는 한마디로 말해 테미스토클레스가 병법의 기본 원리에 충실했기 때문에 이길 수 있었다고 본다. 《손자병법》에는 승리의 요건이라고 부를 수 있는 다음과 같은 말들이 나온다.

1. 적을 알고 나를 알면 백 번 싸워도 위태하지 않다.
2. 적이 달려가지 않는 곳에 나가고, 적이 뜻하지 않은 곳으로 달려가야 한다. 적의 허를 찌르면 아군이 진격할 때 적이 우리를 막을 수 없다.
3. 적의 배치 상황을 파악할 수 있고, 반면에 아군의 배치 상황을 숨길 수 있다면, 아군은 집중하여 하나가 되고 적군은 분산되어 열이 되므로, 이는 열로써 적의 하나를 공격하는 것이 된다.

첫 번째 원칙은 너무나도 잘 알려져 있기 때문에 여기에서 다시 언급하는 것이 민망할 정도다. 그러나 전쟁에서, 또 기업 경영에서 정확한 정보의 중요성은 아무리 강조해도 지나치지 않다.

테미스토클레스 역시 페르시아의 강점과 약점을 파악하기 위한 노력을 게을리하지 않았다. 그 결과, 그는 막강해 보이는 페르시아군이 실은 다음과 같은 많은 약점이 있다고 결론을 내렸다.

- 집을 떠나 멀리 그리스까지 온 수십만 명의 페르시아 병사들은 나날이 소아시아와 북부 그리스에 있는 보급기지에서 멀어지고 있다.
- 페르시아군은 또 점령지가 많아질수록 더 많은 점령군을 후방에 남겨놓아야 한다.
- 페르시아 군대는 여러 민족으로 이루어져 있고, 그중에는 페르시아를 싫어하는 그리스계 병사도 많이 있다. 즉 적군의 내부 결속력은 생각보다 강하지 않다.
- 페르시아 군대는 벌써 몇 달째 야영하고 있다. 병사들은 피로가 쌓이고, 인내심이 한계에 다다른 상태다.
- 가을에는 폭풍이 오는데 페르시아 해군은 영구적인 항구가 없다.
- 9월 하순에 에게해에서 노를 저을 때는 앞을 내다볼 수 없다. 험한 바다는 펠로폰네소스 반도 남쪽에 몇 개의 모항(母港)이 있는 그리스 해군보다 페르시아 해군에게 더 위험하다.

이런 여러 정황을 검토한 끝에 테미스토클레스는 살라미스에서 싸우면 승산이 있다고 확신했다. 또한 살라미스에서 싸운다면 그리스 해군은 그곳의 조류, 조수, 바람 등을 적군보다 훨씬 더 잘 알기 때문에 유리했다.

앞에서 이야기한 《손자병법》의 두 번째, 세 번째 기본 원칙을 현대적으로 풀어쓰면 다음과 같다.

- 가능한 한 상대방이 경쟁우위를 갖고 있는 부문이 아닌 다른 부문에

서 경쟁우위를 갖추고, 상대방의 경쟁우위가 없는 곳을 쳐라.

- 상대방이 쉽게 반격하기 어려운 곳을 쳐라.
- 반드시 뚜렷한 경쟁우위를 갖춘 다음에 공격하라.

이것이 바로 현대의 경영전략론에서 이야기하는 공격할 때의 기본 지침이다. 테미스토클레스도 살라미스 해전에서 이 원칙을 충실히 지켰다.

첫째, 작고 무거운 아테네의 삼단노 군선이 위력을 발휘할 수 있고 적군의 군선이 크고 많은 점이 큰 약점으로 바뀌는 살라미스라는 기가 막힌 곳을 해전 장소로 선택했다.

둘째, 그곳은 해역이 좁아서 삼열 종대로 몰려 있는 수많은 페르시아 군선들이 쉽게 반격하기 어려웠다.

셋째, 아래와 같은 아테네 해군의 뚜렷한 경쟁우위를 마음껏 활용했다.

- 현지의 조류·조수·바람에 관한 깊은 지식
- 조류의 흐름에 크게 좌우되지 않고 좁은 곳에서도 쉽게 돌 수 있는 군선
- 총사령관의 뛰어난 지도력과 전략
- 조국과 가족을 지키겠다는 의지로 가득 찬 장병들

전략가로서의 테미스토클레스는 이순신 장군과 아주 비슷하며, 또한 그가 살라미스에서 이긴 방식은 이순신 장군이 울돌목에서 왜군을 꺾은 전략과 거의 똑같다. 그 내용을 살펴보자.

이순신은 정보의 수집과 축적, 그리고 활용에 많은 힘을 기울였다. 꼼꼼한 현장답사를 통해 남해안의 복잡한 지형과 조류를 훤히 꿰뚫고 있었으며 전쟁이 난 다음에는 피난민, 포로, 척후병, 정탐선 등을 통해 적의 규모와 동향, 이동 경로 등을 세밀히 파악했다.

잘 알려져 있다시피 명량해전에서 일본의 함대 세력은 조선 수군의 10배가 넘었으며, 배에 타고 있는 병력 수는 50배 차이가 났다. 이런 불리한 상황 속에서 이순신의 수군은 적의 함정 31척을 침몰시켰으며, 나머지 92척에 돌이킬 수 없을 정도로 큰 피해를 입혔다. 또한 2만 명 가까운 적군 병사를 수장시켰다. 그러면 큰 열세였던 이순신의 함대는 어떻게 이토록 빛나는 승리를 거둘 수 있었을까?

먼저, 해전 장소를 주도적으로 선택했다. 이순신은 한산해전에서 좁은 견내량에 정박해 있는 일본 함대를 한산도 앞 넓은 바다로 유인해 모조리 격파했다. 그곳이 조선의 판옥선(板屋船)이 활동하기에 좋고 일본 수군 병사들이 육지로 헤엄쳐 도망칠 수 없었기 때문이다. 노량해전에서는 노량의 물목을 해전 장소로 골랐다. 이순신 장군은 해상을 봉쇄하고 있던 일본의 고니시(小西行長)의 부대를 구원하기 위해 일본의 수군이 총출동한 것을 역이용한다. 계속 해상봉쇄를 하고 있으면 앞은 고니시의 부대에게, 뒤는 구원하러 오는 일본 함대에게 협공당할 우려가 있다. 그래서 이순신은 일본 구원 부대의 움직임을 듣자마자 봉쇄를 풀고 노량으로 향했다. 명량해전에서는 명량의 물목(울돌목)을 싸움터로 택했는데 그 이유를 이순신은 《난중일기》에 다음과 같이 밝혔다.

"한 사람이 길목을 지키면 1000명도 두렵게 할 수 있다."

적군이 아무리 많더라도 외나무다리를 건너오는 자는 한 명일 수밖에 없다. 즉, 이순신은 수적으로 열세인 조선 수군에게는 가장 유리한 그리고 수적으로 우세한 일본 수군에게는 가장 불리한 좁은 물목을 해전의 무대로 삼은 것이다.

또한 명량해협의 서북쪽은 조수가 대단히 빠르게 흘렀다. 그 최대 유속이 시속 40킬로미터 이상으로 일본 함대나 이순신 함대의 함선 속도보다 빨랐다. 그리고 밀물과 썰물이 약 여섯 시간마다 바뀌어 물이 동에서 서로, 서에서 동으로 바뀌어 흘렀는데, 물이 바뀔 때는 물의 흐름이 잠시 멈추지만 그 후 30분마다 유속이 10킬로미터씩 늘어난다. 따라서 물이 바뀌고 나서 두 시간이 지나면 다시 유속이 40킬로미터가 되는데, 이러한 과정이 하루에 네 번 반복되는 특수한 조건을 가진 곳이 바로 울돌목 근처의 바다였다. 밀물과 썰물 사이 유속이 10킬로미터 이하인 시간은 한 시간 남짓한데, 이 시간에는 배를 어느 정도 통제할 수 있지만 나머지 시간에는 배가 빠른 조수에 밀려가게 마련이었다. 이순신은 이러한 조건을 잘 활용하면 적의 공격을 막아내고, 역이용하면 효과적으로 공격할 수 있다고 보았다.

다음으로, 적이 반격하기 어려운 곳을 골랐다. 울돌목의 빠른 조수와 좁은 물목 때문에 일본 수군은 어란포에 집결한 300여 척의 함선 가운데 133척밖에 투입하지 못했는데, 이들은 조수가 바뀌면서 큰 혼란에 빠졌다. 울돌목이 좁고 험하기 때문에 서로 부딪혀서 부서졌는데, 이때 조선 수군의 거북선과 판옥선이 적을 맹공격했다. 이렇게 하여 아군은 앞에서 기술한 바와 같은 큰 승리를 거뒀다.

여기서의 결정적인 승전 요인은 명량해협의 조류가 역류에서 순류로 바뀔 때까지의 약 한 시간 동안 조선 수군이 울돌목을 사수한 것이다.

이러한 점을 미리 예상한 이순신은 작전 전야 지휘관 회의에서 그 유명한 "죽기를 각오하고 싸우면 살고, 살려고 꾀를 내고 싸우면 죽는다 (必死即生 必生即死)"라는 병법의 구절을 인용했다.[10] 적의 압도적인 병력에 겁먹은 장병들에게 결사항쟁의 의지를 심어주기 위함이었다. 또한 그 자신이 선두에 서서 단호하게 싸우는 모범적인 자세를 보여준 것은 말할 것도 없다.《난중일기》에 나오는 그의 이러한 모습을 보자.

> 나는 노를 바삐 저어 지자(地字), 현자(玄字)등 각종 총통을 마구 쏘니 탄환은 폭풍우같이 쏟아지고 군관들이 배 위에 총총히 들어서서 화살을 빗발처럼 쏘니 적의 무리가 감히 대들지 못하고 나왔다 물러갔다 하였다.[11]

가장 힘들었던 순간에 솔선수범의 지도력을 발휘함으로써 이순신은 부하들이 죽을 힘을 다해 싸울 수 있게 했다. 결론적으로 말해 이순신은 명량해전에서 정확한 정보를 바탕으로 치밀한 작전계획을 세웠으며, 뚜렷한 경쟁우위(조류에 관한 지식, 유리한 해전 장소, 힘의 집중)를 갖고, 적이 반격하기 어려운 곳(좁은 물목, 조류의 바뀜)을 친 것이다. 즉, 병법의 기본원칙을 충실히 지킨 것이다. 이렇게 이순신은 그가 치른 모든 전투에서 '정보 수집 → 인위적으로 유리한 상황을 조성 → 아군의 역량을 총동원 → 집중적으로 적의 허점을 공략'이라는 일관된 순서를 보여주었다.

---

10 정유년 9월15일자 《난중일기》

11 정유년 9월16일자 《난중일기》

살라미스에서 참담한 패배를 당하고 황망히 팔레론으로 돌아온 크세르크세스는 앞으로 어찌해야 할지 갈피를 잡지 못했다. 해군의 정예 부대인 페니키아 선단은 전멸했다. 그리스 해군 우익의 맹공격을 받고 도망쳐 온 페르시아 해군은 피지배층인 그리스 사람들이 대다수라 믿을 수 없었다. 더구나 전쟁하기에는 적합지 않은 겨울이 다가오고 있었다. 하루빨리 그리스를 떠나고 싶었을 것이다. 그러나 왕중왕을 자처하는 그가 꽁무니를 빼고 도망치는 듯한 모습을 보일 수도 없었다. 이러지도 저러지도 못하는 크세르크세스에게 중신 마르도니우스(Mardonius)가 진언했다.

"해전에서는 우리가 졌지만 지상군은 아직 건재합니다. 저에게 육군을 맡겨주십시오. 페르시아가 지배하고 있는 테살리아 지방에서 겨울을 나고 내년 일찍 지상에서 이번의 패배를 반드시 설욕하겠습니다."

이 말을 들은 크세르크세스는 매우 기뻐하며 그의 건의를 받아들였다. 이리하여 크세르크세스는 그리스를 떠날 채비를 하기 시작했다. 한편 정찰병을 통해 페르시아 진영의 동정을 수시로 파악하고 있던 테미스토클레스는 페르시아 왕을 상대로 또 한 번 반간계를 쓴다. 살라미스 해전에서 그리스 해군이 잡은 포로들 가운데는 이 전투에서 전사한 크세르크세스의 동생의 시중을 들던 시종이 있었다. 테미스토클레스는 그에게 편지 한 통을 주면서 석방했다. 그에게 편지를 임금님께 직접 갖다 드리라고 엄명을 내린 것은 말할 것도 없다. 편지에는 이렇게 쓰여 있었다.

그리스 해군 사령관들 사이에서는 이번 기회에 해군을 이끌고 북상하여 헬레스폰토스 해협에 적군이 설치한 배다리(pontoon bridge, 船橋)의 배들을 연결하는 밧줄을 끊어버리자는 의견이 지배적입니다. 저희 아테네는 그것에 반대하고 있습니다만, 어떤 결과가 나올지는 아무도 모른다는 말씀만은 폐하에게 드리는 바입니다.

크세르크세스는 테미스토클레스가 놓은 덫에 또 다시 걸려든다. 불안해진 페르시아 왕은 이제 체면이고 뭐고 차릴 수 없었다. 테살리아까지는 마르도니우스가 지휘하는 육군의 보호를 받으며 갔지만, 그곳에서 겨울을 나는 페르시아 지상군과 헤어진 후에는 경호에 필요한 최소한의 인원만 데리고 그야말로 허둥지둥 마케도니아·트라키아를 거쳐 헬레스폰토스까지 한 걸음에 달려갔던 것이다. 팔레론에서 그곳까지 오는데 45일밖에 걸리지 않았다고 하니 대제국의 우두머리로서는 "쏜살같이 그리스를 빠져나갔다"고 해도 지나친 말이 아니다.

크세르크세스 자신은 그리스를 떠났지만 그렇다고 해서 페르시아로부터의 위협이 완전히 사라진 것은 아니었다. 20만 명에 달하는 페르시아 육군은 중부 그리스의 북쪽 절반을 차지하는 테살리아에서 겨울을 보내고 있었다. 테살리아와 아테네가 있는 아티카 사이에 있는 강국 테베는 테르모필레 전투 이후 페르시아 편이 됐다. 페르시아군이 언제 테베군을 앞장세우고 밀려올지 알 수 없었다. 이런 상황에서 페르시아가 잿더미로 만들어놓은 아테네 시내로 시민들을 불러들일 수는 없었다. 그래서 도시국가 아테네의 기능도 당분간은 계속 살라미스 섬에서 수행되어야 했다.

이런 가운데 '수석 스트라테고스' 테미스토클레스의 임기는 끝나가고 있었다. 그에게는 임기 중에 꼭 해결해야 하는 중차대한 과제가 두 가지 있었다.

첫째는 다음 해, 즉 기원전 479년에 있을 것으로 예상되는 마르도니우스 지휘하의 페르시아군의 침공을 어떤 전략으로 막아낼 것인가를 결정하는 일이었다. 이 문제를 논의하기 위해 20곳이 넘는 그리스 도시국가의 대표들이 또 이스미아에 모였다. 이 자리에 모인 그리스 지도자들은 이번에는 테미스토클레스가 제안한 전략에 모두 찬동했다. 그것은 지상에서 결전을 벌이는 것 외에 해군을 써서 멀리 에게해 건너편에 있는 미칼레(Mycale)곶을 공격하자는 것이었다. 미칼레곶은 사모스 섬과 가깝다. 따라서 만일 그리스가 이곳을 공략한다면 페르시아 해군이 그리스를 침공할 때마다 집결지로 쓰는 사모스 섬 자체도 다시 뺏을 수 있는 가능성이 생긴다. 그렇게 되면, 에게해에서 페르시아 세력을 몰아내는 것도 꿈이 아닌 현실로 다가올 게 분명했다.

다가오는 지상전에 대비해서 각국이 병력을 얼마만큼 파견할 것인가도 결정했다. 테르모필레에는 300명밖에 보내지 않은 스파르타가 이번에는 5,000명을 보내겠다고 했다. 또 테르모필레에 한 명도 보내지 않은 코린트도 5,000명을 보내기로 했다. 해군에 집중하느라 테르모필레에는 병력을 보낼 수 없었던 아테네도 중무장 보병 8,000명을 보내기로 했다. 평소에는 서로 싸움박질만 하던 그리스 국가들이 외적의 침입을 계기로 단결하게 됐다.

두 번째 과제는 수석 스트라테고스로서의 테미스토클레스의 임기와 관련된 문제였다. 막강한 권력을 갖고 있는 수석 스트라테고스의 임기는 1년인데, 페르시아군은 내년에 다시 올 것으로 예상됐다. 즉 테미스토클레스가 총사령관 자리에 있지 않은 상황에서 아테네는 결전을 치러야 하는 것이다.

그래서 테미스토클레스는 우선 다음 해 담당 스트라테고스 10명을 뽑을 때 2명을 추천하여 그들이 당선되도록 했다. 그 둘은 아리스티데스와 크산티푸스인데, 둘 다 테미스토클레스의 정적으로 그가 도편 추방으로 나라 밖으로 쫓아낸 적이 있었다. 하지만 국가존망의 위기를 맞

〈그림 11〉 에게해와 이오니아 지방

아 그들을 다시 불러들인 이도 역시 테미스토클레스다. 그는 아리스티데스가 다음 해에 아테네군의 총지휘를 맡고, 바다에서는 크산티푸스가 미칼레를 공략하게 했다. 테미스토클레스 자신은 다음 해에 싸움터에 나가지는 않지만, 자기 임기가 아직 남아 있는 동안에 전략의 기본 틀을 미리 짜놓았다고 말할 수 있다. 그것이 가능했던 것은 그가 살라미스에서 큰 승리를 거두었고, 그래서 그의 인기와 권위가 거의 절정에 달해 있었기 때문이다.

테미스토클레스에게, 그리고 아테네에게도, 아니 그리스 세계 전체에도 유례없는 격동의 한 해였던 기원전 480년이 이렇게 저물어갔다.

살라미스 해전 그 후

테살리아에서 겨울을 나며 그리스 연합군과의 큰 싸움을 준비하던 페르시아의 마르도니우스에게 한 가지 생각이 번뜩 떠올랐다. 그것은 그에게 대단한 묘책처럼 보였다. 10년 전인 기원전 490년에는 마라톤에서 아테네군이 스파르타의 도움 없이 싸웠고, 또 살라미스 해전 직전에 아테네가 단독 강화의 가능성을 내비친 적이 있다. '그렇다면 아테네에 이번에는 우리가 단독 강화를 하자고 하면 어떨까'

마르도니우스는 페르시아의 속국이 되기는 했지만 아테네와도 사이가 그다지 나쁘지 않은 마케도니아를 통해 자신의 뜻을 아직 살라미스에 있는 아테네 정부에 전했다. 테미스토클레스 · 아리스티데스 · 크산티푸스를 포함한 10명의 스트라테고스에게 제시된 마르도니우스의 제안은 다음과 같았다.

- 페르시아 왕에 대하여 (그리스가) 했던 갖가지 모욕적인 행위에 대한 책임을 아무에게도 묻지 않는다.
- 전쟁이 시작된 후에 아테네가 잃은 모든 영토와 권익을 돌려준다.
- 페르시아는 앞으로 도시국가 아테네의 완전한 독립과 자치를 인정한다.
- 페르시아군이 불태워버린 모든 신전의 복구 비용을 페르시아가 부담한다.
- 강화가 성립되면 페르시아와 아테네의 관계는 두 나라가 자유롭고 평등한 처지에 서서 서로 제휴하는 관계가 될 것이다.

원래 적의 분열을 꾀하는 책략은 패배를 안겨준 전투가 끝난 후에 쓰는 것이 아니다. 상대방이 받아줄 리 없기 때문이다. 스파르타와 아테네를 이간질하려는 마르도니우스의 술수를 모를 리 없는 아테네 지도자들은 대부분 거부하는 회신을 보내자고 했다. 그러나 테미스토클레스는 역시 조금 다르다. 그는 이렇게 말한다.

"생각해본 후에 회답하겠습니다."

그는 페르시아의 제안을 스파르타에 영향을 주기 위한 카드로 쓰고자 했다. 마르도니우스가 단독 강화를 하자고 요청했다는 사실을 동맹국인 스파르타에도 알리자고 테미스토클레스는 말한다. 평소에 결단이 느리고 또 행동에 옮기는 것도 느린 스파르타에 자극을 주어 빨리 움직이도록 하고 싶은 것이 그의 속마음이었다. 그리고 스파르타는 그가 의도했던 대로 움직였다.

생각해보고 회신한다는 아테네의 응답을 들은 마르도니우스는 긍정적인 회신이 올 것이라고 믿었는지 전쟁을 서두르게 된다. 봄이 오자마자 대군을 이끌고 남하하여 순식간에 아테네를 다시 점령한 것이다. 그러나 정부와 주민 대다수가 아직 살라미스 섬에 있는 아테네는 꿈쩍도 하지 않았다. 바로 이때 행동을 개시한 나라가 스파르타다. 앞에서 언급했듯이 살라미스 해전이 끝난 후에 이스미아에서 열린 회의 석상에서 스파르타는 중장비 보병 5,000명을 보내겠다고 약속한 바 있다. 그것에 추가하여 5,000명을 더 파견하기로 결정한다. 다만 이 두 번째 5,000명은 스파르타 시민권이 없는 자유민, 즉 페리오이코이(Perioikoi)로 이루어졌다. 이렇게 중무장 보병을 1만 명이나 보내겠다는 것은 다가오는 큰 싸움에서는 반드시 스파르타의 힘으로 이기겠다는 강한 의지의 표시로 볼 수 있었다.

스파르타는 대군의 지휘권을 서른네 살의 젊은 왕족 파우사니아스(Pausanias)에게 맡기기로 한다. 테르모필레에서 장렬하게 전사한 스파르타 왕 레오니다스의 조카이기도 한 그는 지휘관으로서의 역량이 아직 증명된 바 없었다. 하지만 그는 스파르타군을 포함한 그리스 연합군 4만 명의 총사령관으로서 다음 두 가지는 확실히 알고 있었다.

첫째, 무슨 일이 있더라도 이번에는 꼭 이겨야 한다. 둘째, 기존 사고의 틀에 얽매여 있는 한 페르시아군을 꺾을 수 없다.

한편 폐허가 된 아테네에서 아테네 정부의 확답을 기다리고 있던 마르도니우스는 스파르타와 아테네를 주축으로 한 스무 나라 이상의 그리스 도시국가가 힘을 합쳐 연합군을 결성했다는 소식을 듣게 된다. 그제야 자신이 우롱당하고 있다는 것을 깨달은 마르도니우스는 아테네 시내에서 군대를 철수시키고 그리스 중부로 향했다. 페르시아군은 10 킬로미터 북쪽에 있는 테베로부터 보급 받을 수 있고 강이 있어 물 걱정이 없다는 것 등 몇 가지 이유로 중부 지방의 플라타이아이(Plataea) 평원을 결전장으로 택했다.

　때는 기원전 479년 8월, 먼저 현지에 도착한 마르도니우스는 그리스 연합군이 아직 전투 태세를 갖추지 못했을 때 결판을 내는 편이 더 낫다고 판단했다. 그래서 그리스군이 진을 치기 시작한 지 얼마 안 되어 첫 번째 총공격을 감행했다. 페르시아가 자랑하는 기병 1만 명을 모두 투입함으로써 그야말로 힘으로 밀어붙이려고 했다. 그러나 실패하고 만다. 그리스 병사들이 뛰어난 순발력을 발휘했고, 페르시아의 기병 단장이 전사했기 때문이다. 그러자 마르도니우스는 전술을 바꿨다. 페르시아군은 배후에 테베라는 확실한 보급기지가 있었지만 그리스군은 그러한 혜택을 누리지 못하고 여러 도시국가에서 조금씩 띄엄띄엄 보급을 받고 있었다. 이 점에 착안한 마르도니우스는 적군의 보급품을 나르는 사람과 말을 습격하는 등의 방법으로 그리스군의 보급망을 교란했다. 이로 인해 그리스군은 상당한 혼란에 빠졌다. 그래서 파우사니아스 휘하의 그리스 연합군은 보급로에 더 가까운 언덕으로 옮겨가기 위한 작업을 시작했다. 그리스군 진영이 어수선해지는 것을 본 마르도니우스는 지금이야말로 총공격을 하기 좋은 시점이라고 판단하고 10만 명이 넘는 전군에게 공격을 위한 포진을 하도록 명했다.

　이에 맞서는 파우사니아스는 그리스의 중무장 보병 무장이 적군의 무장보다 훨씬 우수해서 방어할 때나 공격할 때나 더 유리하다는 점에 주목했다. 그리스군의 긴 창은 길이가 사람 키의 갑절 이상이고, 방패도 더 클 뿐 아니라 더 튼튼하다. 그래서 파우사니아스가 생각해낸 전략은 '전략적 후퇴'였다. 평지가 끝나고 언덕이 시작되는 지점에 병사들을 배치함으로써 돌격해오는 적군을 끌어들일 수 있는 만큼 끌어들인 다음 일제히 퇴각했다.

페르시아군 기병이 언덕에 들어와서 움직임이 둔해지는 순간 먼저 긴 창으로 말을 찌른다. 그러면 적의 기병은 졸지에 보병이 된다. 일단 그렇게 되면 승부는 보나마나다. 적군 병사와 떨어져 있으면 긴 창으로, 접근전이 되면 칼과 방어력이 훌륭한 방패로 싸운다.

기원전 479년 8월 28일 이른 아침, 마르도니우스는 총공격 명령을 내렸다. 〈그림 12〉에서 보다시피 이날 '플라타이아이 전투'는 세 군데서 벌어지는데, 가장 중요한 싸움터는 역시 페르시아군 주력 부대와 스파르타군이 맞붙어 싸운 곳이다. 전투는 파우사니아스가 생각했던 바로 그대로 시작되었고, 진행되었고, 끝났다. 전투가 그리스군에게 유리한 방향으로 한창 전개되고 있을 때 마르도니우스가 전사했다. 이 소식이 순식간에 병사들 사이에 퍼지자 페르시아군은 완전히 전의(戰意)를 상실하고 달아나기 시작했다. 그 뒤를 쫓는 그리스군 병사들은 닥치는 대로 적군 병사들을 죽였다. 전투라기보다는 오히려 살육에 가까운 끔찍한 장면이었다.

이날 후방에서 진을 치고 전투에 참가하지 않았던 페르시아군 4만 명은 총사령관의 전사 소식을 듣자마자 허겁지겁 도주했다. 이와 관련, 헤로도토스는 3,000명 정도가 싸움터에서 살아남았다고 썼다. 후방 병력 4만 명을 뺀 페르시아군의 숫자는 8만 명 안팎이었을 것으로 추정되므로 플라타이아이 전투에서 페르시아군은 7만 명 이상 전사한 것으로

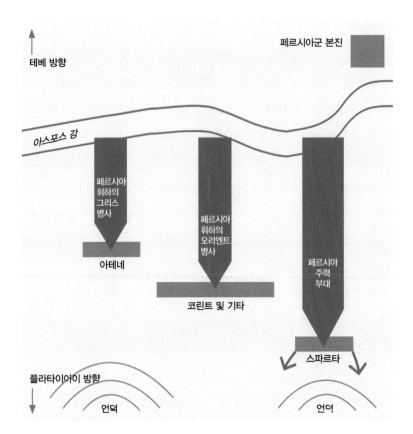

페르시아군 본진

테베 방향

아스포스 강

페르시아
휘하의
그리스
병사

아테네

페르시아
휘하의
오리엔트
병사

코린트 및 기타

페르시아
주력
부대

스파르타

플라타이아이 방향

언덕

언덕

〈그림 12〉 플라타이아이 전투의 전개

보인다. 육군 대국 페르시아로서는 돌이킬 수 없는 치욕적인 큰 패배였다. 헤로도토스에 따르면 그리스군 전사자는 아래와 같다.

우익 (스파르타군): 91명

중앙 (코린트와 기타): 16명

좌익 (아테네군이 주력): 52명

합계: 159명

이것은 아마도 중무장 보병 전사자의 수일 것이다. 훨씬 후대 사람인 플루타르코스는 경무장 보병 전사자 등을 모두 합하면 그리스군은 이 날 이 수치의 열 배 가까운 1,360명을 잃었다고 썼다. 어쨌든 그리스가 플라타이아이에서 압승을 거둔 것은 사실이다.

한편 미칼레 공략 작전에 나섰던 그리스 연합해군도 임무를 멋지게 완수했다. 헤로도토스에 따르면 미칼레 전투 승리의 소식과 플라타이아이로부터의 승전보는 같은 날 전해졌다고 한다. 기원전 479년 8월 말이었다. 아직도 살라미스 섬에 있는 아테네 정부는 이 두 기쁜 소식을 거의 동시에 접했다.

에게해를 가로질러 궁극적으로 페르시아 해군의 기지를 직격한다는 것은 참으로 대담무쌍한 발상이다. 테미스토클레스가 이런 과감한 구상을 할 수 있었던 것은 바로 그 전해 가을에 그리스가 살라미스 해전에서 크게 이겼기 때문이다. 그 결과 페르시아의 요구에 굴복해서 그들의 지배하에 있던 에게해 남쪽의 여러 섬들이 살라미스 전투 이후에는 다시 그리스 편에 섰고, 그래서 이 작전에 협조하게 된다. 실제로 그리스 해군은 지난 10년간 페르시아가 지배했던 안드로스(Andros) 섬에서 살라미스 해전 직후에 겨울을 날 수 있었다.

그리스 해군은 미칼레에서 승리한 후 그 여세를 몰아 5킬로미터밖에 떨어져 있지 않는 사모스 섬을 공격한다. 그곳에는 페르시아 해군기지가 있었다. 아테네 해군 사령관 크산티푸스는 사모스에 밀사를 파견해서 그곳의 그리스인 주민들에게 반란을 일으킬 것을 종용했다. 그리하여 실로 20년 만에 페르시아군을 몰아내기 위해 봉기가 일어났고, 사모스에 정박해 있던 페르시아 해군은 삼단노 군선 250척으로 구성된 그리스 해군의 맹공격을 받고 전멸했다.

이렇게 그리스 해군이 미칼레를 공략하고 사모스를 탈환하자 미칼레의 동남쪽 50킬로미터 지점에 있는 이오니아 지방의 큰 도시 밀레토스, 그리고 바닷길로 50킬로미터 정도 북쪽에 있는 항구도시 에페소스도 그리스의 품으로 돌아왔다. 에게해 북쪽에 있는 렘노스, 레스보스, 키오스 등 주요 섬들도 이제 그리스 편이 됐다. 테미스토클레스는 이러한 파급 효과까지 고려해 미칼레 공략 작전을 제안했던 것이다. 우리말에 "떡 본 김에 제사 지낸다"라는 말이 있다. 크산티푸스는 장병들의 사기가 드높고 계절도 9월이 막 시작돼 이때를 놓치면 안 되다고 생각했다. 그래서 그는 아테네 해군을 이끌고 페르시아가 그리스를 침공할 때 그 길목이 되는 헬레스폰토스를 공격하기 위해 북으로 향했다.

헬레스폰토스 해협의 서쪽은 세스토스(Sestus), 소아시아가 있는 동쪽은 아비도스(Abydos)다. 세스토스와 아비도스는 크세르크세스가 명령하여 만든 두 개의 배다리로 이어져 있었다. 당연히 페르시아군은 세스토스를 철저히 방어했다. 크산티푸스가 이끄는 그리스군은 두 달간의 힘겨운 싸움 끝에 드디어 기원전 479년 12월 세스토스에 입성하고 배다리를 이루는 선박들을 연결하는 밧줄을 끊었다. 이리하여 제2차 페르시아 전쟁도 그리스의 완전한 승리로 끝났다. 플라타이아이에서 그리스군이 이긴 후에는 아테네 주민들이 살라미스를 비롯한 여러 곳에서 다시 아테네로 돌아오기 시작했으므로 도시는 활기를 띠기 시작했다. 뿐만 아니라 세스토스를 탈환한 후에는 북부 그리스의 트라키아, 서쪽의 마케도니아, 마케도니아 남쪽의 테살리아도 그리스 세계의 일원이 됐다. 제2차 페르시아 전쟁의 결과로 에게해가 다시 그리스인들의 바다가 되었을 뿐만 아니라, 그리스 본토 전체가 그리스인들의 땅이 된 것이다. 양을 앞세운 동방의 대제국에 그리스인들은 전략과 질로 맞섰고 결국 승리했다.

국가 대개조와 뜻밖의 추방

살라미스 해전이 끝난 이후 테미스토클레스는 플라타이아이 평원에서 벌어진 지상전에도, 그리고 에게해를 무대로 한 일련의 전투에도 참가하지 않았다. 그러나 플라타이아이에서 세스토스에 이르기까지 육지와 바다에서 펼쳐진 그리스군, 특히 아테네군의 맹활약은 어디까지나 테미스토클레스의 치밀하고 과감한 전략에 바탕을 두고 있었다고 보아야 한다. 그는 싸움터에 직접 나가지 않는 대신 후방에서 아테네의 안보를 획기적으로 강화할 수 있는 전략을 구상했다.

먼저 그는 앞으로 외적이 침입했을 때 아테네 시민들에게 또 다시 도시를 비워달라고 호소하기는 힘들 것이라고 생각했다. 그렇다고 해서 시가지를 높고 견고한 성벽으로 둘러싸는 방안은 아예 고려하지도 않았다. 도시를 포위한 적군이 식량 보급로를 끊으면 그리스 최대 인구를 자랑하는 아테네는 버틸 수가 없기 때문이다. 이제 아테네의 가장 귀하고 믿음직한 전략적 자산은 막강한 해군이었다. 해군을 활용하면 해외에서 얼마든지 식량과 기타 필수품을 들여올 수 있다. 그러나 아테네 자체는 항구 도시가 아니다. 하지만 7.5킬로미터 떨어진 곳에 외항 피레우스(Piraeus)가 있었다. 그렇다면 아테네와 피레우스를 이전보다 더 단단하고 튼튼한 성벽으로 보호하는 동시에 두 도시를 연결하는 직선 도로 양쪽에 방벽을 세워 수비하는 것은 어떨까? 여기까지 생각이 미친 테미스토클레스는 자신의 독창적인 전략을 반드시 실행하기로 굳게 결심한다.

시민집회에서 시민들은 이 엄청난 공공사업 프로젝트에 찬성표를 던지지만 아리스티데스와 그가 이끄는 온건파는 반대했다. 그들이 내세우는 반대 이유도 일리는 있었다. 페르시아에 함께 대항하면서 아테네와 스파르타는 사이가 많이 좋아졌는데, 지상군의 공격에 대비해서 추진하는 아테네, 피레우스 일체화 사업은 육군 강국인 스파르타를 자극할지도 모른다는 것이다. 그러나 반대파는 어디까지나 소수였으므로 테미스토클레스가 원하는 대로 공사는 착공된다. 그런데 아니나 다를까 스파르타가 강력한 항의 서한을 보내왔다.

우리나라를 가상 적국으로 보는 공사이므로 즉각 중지해주시기 바랍니다.

스파르타와 우호 관계에 있는 아테네에 이번 항의는 그냥 넘어갈 수 없는 중요한 외교 문제였다. 그래서 테미스토클레스는 아리스티데스와 함께 스파르타를 방문하기로 한다. 현지에서 그는 스파르타 지도자들에게 "그것은 스파르타가 아닌 페르시아를 염두에 두고 하는 공사입니다"라고 아무리 말해도 소용이 없었다. 그러자 테미스토클레스는 뜻밖의 제안을 한다. 스파르타를 실질적으로 다스리는 집단은 매년 시민집회에서 5명씩 뽑는 '에포로스'들인데, 그들에게 테미스토클레스는 이렇게 말한다. "제가 여기에 볼모로 잡혀 있을 터이니, 아테네에 가서 직접 두 눈으로 확인하시죠."

이리하여 에포로스들은 아리스티데스와 같이 아테네로 향한다. 그러나 테미스토클레스는 단수가 높았다. 그는 그들 몰래 시자(侍者)를 아테네에 보내서 자신의 명령을 전달했다.

"스파르타 손님들이 오면 그들이 최대한 아테네 시내에 머무르도록 시간을 질질 끌어라. 그리고 더 이상 끌 수 없다는 생각이 들 때 그들을 현장에 안내하라."

아테네 사람들이 이 명령을 잘 이행한 것은 두 말할 것도 없다. 그 결과 아테네에서 5명의 에포로스는 시간이 한참 지난 다음에야 공사 현장에 갈 수 있었다. 가보니 연결도로와 방벽은 거의 완성 단계였다. 화가 머리끝까지 나서 스파르타에 돌아온 그들은 테미스토클레스에게 분통을 터뜨렸다. 그제야 본색을 드러낸 그는 스파르타 시민들 앞에서 연설할 기회를 달라고 요청했다. 이른바 정면돌파의 길을 택한 것이다. 테미스토클레스는 에포로스들을 포함한 스파르타 시민들에게 당당하게 자신의 소신을 말했다.

"아테네와 피레우스를 잇는 통로와 방벽 건설은 우리가 지난번에 아테네를 비워야 했던 뼈아픈 경험에서 배운 교훈에 바탕을 둔 것입니다. 다시는 그런 일을 되풀이하지 않으려는 아테네의 의지의 발로입니다. 그런데 우리가 페르시아에 맞서서 함께 싸울 때 잘 알게 되었다시피 아테네의 안보는 그리스 전체의 안전보장과 깊이 관련되어 있습니다. 즉, 이 공사는 아테네의 방위를 위한 것인 동시에 스파르타를 포함한 모든 그리스 도시국가를 지키기 위한 공사이기도 합니다. 이것이 앞으로 도시국가 사이에서 문제가 되면, 그때 아테네는 완벽하게 서로 평등한 처지에서 대화로 문제를 해결할 것임을 맹세합니다."

스파르타 시민들은 테미스토클레스의 솔직한 연설을 받아들였다. 해운 대국으로 떠오르는 아테네와의 관계를 굳이 악화시킬 필요가 없다고 그들도 생각했을 것이다. 이미 공사가 거의 끝난 마당에, 즉 기정사실화된 현실 앞에서 이를 뒤집으려면 아주 설득력 있는 논거가 있어야 했다. 그렇지 않으면 상대방의 주장을 마음속으로 더 쉽게 믿게 되는 경향이 있다. 테미스토클레스는 이러한 사람의 심리를 꿰뚫어보고 과감하게 정면돌파를 시도한 것이다.

이렇게 해서 테미스토클레스는 스파르타의 기분을 상하지 않게 하면서도 아테네와 피레우스를 한몸으로 만드는 거대 프로젝트를 완성한다. 후세의 아테네 지도자 페리클레스가 크게 개수하는 이 사회간접자본 덕분에 아테네는 에게해 통상의 중심지가 되었을 뿐만 아니라, 나중에는 동지중해 전역을 아우르는 거대한 통상 중심지로 떠오른다

그러나 기원전 471년 테미스토클레스는 도편 추방에 의해 나라 밖으로 쫓겨난다. 살라미스 해전이 벌어지고 나서 9년 만의 일이다. 아리스티데스와 그 일파가 공모해 나라의 영웅을 몰아낸 것이다. 그들은 마라톤 전투의 영웅 밀티아데스의 아들이자 델로스 동맹[12]의 동맹해군 총사령관으로서 아테네 시민들의 인기를 모으고 있던 차세대 지도자 키

---

12 페르시아 전쟁이 끝난 후인 기원전 477년 봄 아테네를 맹주로 결성된 집단방위 시스템. 에게해역의 안전보장을 목적으로 하는 이 동맹에는 그리스 본토, 에게해, 이오니아 등에 있는 300여 개의 도시국가가 가맹하였으며, 아폴로 신앙으로 널리 알려져 있는 델로스 섬에 본부를 두었다.

몬(Cimon)을 내세웠다. 기원전 471년 도편 추방을 목적으로 열린 시민 집회에서 당시 서른아홉 살의 키몬은 테미스토클레스를 도편 추방해야 한다고 주장했다. 다만 투키디데스를 위시하여 어떤 역사가도 테미스토클레스가 추방된 이유를 명확히 기록으로 남기지 않았다.

그런데 현대에 들어서 학자들이 아크로폴리스에서 발굴된 도자기 조각들을 자세히 조사해보았더니 뜻밖의 결과가 나왔다. "네오클레스(Neocles)의 아들 테미스토클레스"라고 새겨넣은 도자기 조각들 가운데 상당수가 같은 사람의 작품이었던 것이다. 글자체가 같을 뿐 아니라 틀린 곳도 똑같았다. 고대 아테네에도 글자를 쓰지도 읽지도 못하는 문맹자들이 있었다. 그들에게 미리 '네오클레스의 아들 테미스토클레스'라고 새긴 도자기 조각을 주면서 누구의 이름이 쓰여 있다고는 말하지 않고 그것을 투표함에 넣어달라고 부탁했을지도 모른다. 그렇다면 그 시대에도 부정투표가 있었다는 말이 된다.

어쨌든 이렇게 해서 아테네를 떠나야 했던 테미스토클레스는 먼저 가족과 함께 아르고스(Argos)로 이주한다. 아르고스는 펠로폰네소스 반도 동부에 있는 나라인데 남쪽 국경은 스파르타가 있는 라코니아(Laconia) 지방과 접하고 있다. 스파르타와는 전통적으로 사이가 좋지 않은 나라였다. 스파르타의 실질적인 지배자 에포로스들은 플라타이아이 전투의 영웅 파우사니아스를 시기·질투한 나머지 누명을 씌워 그를 죽음으로 몰고 갔다. 그들이 뒤집어씌운 엉터리 죄목 중 하나는 "파우사니아스가 국내의 농노들을 선동해 그들이 반란을 일으키도록 사주했다"는 것이었다. 스파르타는 아테네에 특사를 보내 정식으로 요청했다. 이웃나라 아르고스에 있는 테미스토클레스가 이런 사실을 몰랐을

리 없으니 그를 조사해서 재판에 회부해달라는 것이다. 테미스토클레스를 영원히 제거하고 싶어 했던 아리스티데스는 이를 좋은 기회로 보고 그에게 즉시 귀국하라는 명령을 내렸다. 그를 심문한 다음에 재판을 받게 하려는 속셈이었음은 말할 것도 없다.

아리스티데스의 음흉한 속마음을 꿰뚫어본 테미스토클레스가 출두명령에 응할 리 없었다. 그러자 아테네 정부도 스파르타 정부도 체포명령을 내렸다. 졸지에 국제 지명수배자가 된 테미스토클레스는 배를 타고 이오니아해로 북상해 도민 전체가 자신을 환영하는 코르후(Corfu) 섬에 망명한다. 그러자 아테네와 스파르타는 코르후의 임금에게 테미스토클레스를 내놓지 않으면 섬을 공격하겠다고 협박했다.

임금의 곤란한 처지를 알게 된 테미스토클레스는 자진해서 코르후를 떠나 가까이에 있는 섬 에피루스(Epirus)로 갔다. 그러나 그곳에서도 똑같은 일이 벌어지고, 할 수 없이 마케도니아로 피신한다. 마케도니아 왕은 그에게 살 집을 마련해주는 등 호의를 베풀었으나 결국 그곳에서도 떠나야 했다. 이렇게 쫓고 쫓기는 생활을 2년쯤 하고 나서 테미스토클레스는 그리스 사람 그 누구도 그가 감히 갈 것이라고는 전혀 생각하지 않았을 곳으로 간다. 바로 이오니아 지방의 주요 도시 중 하나인 에페소스(Ephesus)였다. 가까이에는 아테네 해군기지가 있고, 미칼레와 밀레토스도 멀지 않은 곳이었다. 그리스 사람들이 득실득실하는 지역이었다. 그런 곳에 테미스토클레스가 숨어들 것이라고는 상상하기는 힘들었다. 그는 그곳에서 여러 사람들의 도움을 받으며 가족과 함께 4년 동안이나 유유자적했다. 오랫동안 아테네 정부는 그가 에페소스에 있는 것을 몰랐으니, 테미스토클레스와 그의 후원자들은 나름대로 보안

유지에 상당히 신경을 썼음에 틀림없다.

어느새 예순 살이 된 테미스토클레스는 이즈음 매우 뜻밖의 행동을 한다. 아테네 또는 그리스의 관점에서 보면 황당하고 괘씸하기 짝이 없는 행동을. 그는 자신에게 집을 제공해 준 그리스인 후원자에게 크세르크세스가 죽은 후에 새로 페르시아 왕이 된 아르타크세르크세스를 만나게 해달라고 부탁한다. 페르시아 상류사회와 폭넓게 교제하고 있었던 것으로 보이는 후원자는 백방으로 노력한 끝에 두 사람을 만나게 하는 데 성공한다. 서른한 살의 젊은 임금 아르타크세르크세스는 페르시아의 원수 테미스토클레스가 자진해서 자기 밑으로 오겠다는 이야기를 듣고 얼마나 기뻤는지 이렇게 외쳤다고 한다.

> 아테네인 테미스토클레스는 이제 내 사람이다!
> 아테네인 테미스토클레스는 이제 내 사람이다!
> 아테네인 테미스토클레스는 이제 내 사람이다!

페르시아의 새 임금은 테미스토클레스를 소아시아 서쪽 끝에 있는 도시 마그네시아 및 다른 두 지방의 장관으로 임명했다. 세 군데서 나오는 수입으로 그가 편안하게 살 수 있도록 배려한 것이다. 마그네시아는 에페소스에서 30킬로미터, 사모스 섬에서는 60킬로미터, 밀레토스에서는 40킬로미터밖에 떨어져 있지 않았다. 아르타크세르크세스가 이렇게 그리스 영토인 이오니아 지방에서 가까우면서 엄연히 페르시아 땅인 마그네시아의 우두머리로 테미스토클레스를 앉힌 까닭은 무엇일까? 아테네를 비롯한 그리스 세계 주민들에게 이런 짓궂은 메시지를 던진 것은 아닐까?

"너희들의 영웅이면서 지금은 너희들이 잡으려고 혈안이 되어 있는 테미스토클레스는 이제 나의 충실한 부하로 잘 살고 있다. 그러니 그를 건드릴 생각은 아예 하지도 말아라."

얼마 지나지 않아 아르타크세르크세스와 테미스토클레스는 함께 사냥을 나가는 사이가 됐다. 임금은 사냥할 때마다 테미스토클레스에게 이것저것을 물었다. 그의 지혜와 경륜을 높이 산 것임에 틀림없다. 테미스토클레스는 그때마다 적절한 해결책을 제시하기도 하고 충고와 도움말을 주기도 했다. 페르시아 수도 수자(Susa)에서는 그를 "임금에게 가장 큰 영향력을 갖고 있는 그리스 사람"이라고 불렀다.

그러던 기원전 459년, 테미스토클레스는 마그네시아의 자택에서 숨을 거둔다. 65년에 걸친 참으로 파란만장한 삶이었다. 그리스에서는 그가 자살했다는 소문이 자자했다. 실제로 당시에 아테네는 앞에서 언급한 키몬이라는 뛰어난 군 지휘관을 앞세워서 페르시아에 대해 상당히 공격적인 태도를 취하고 있었는데, 아르타크세르크세스가 테미스토클레스에게 그가 자신에게 했던 약속을 상기시키면서 그리스 문제를 처리하라고 명령했다는 것이다. 이 명령을 받은 후 테미스토클레스의 처신을 플루타르코스는 이렇게 묘사했다.

그는 무엇보다도 자신이 과거에 이룩한 업적의 영광과 그것이 가져온 많은 우승배(trophies)가 더러워질 것을 부끄럽게 여겨 가장 적합한 방법으로 자신의 삶을 마감하기로 했다.[13]

---

13 Plutarch (1971), p.101.

그러나 투키디데스는 그러한 소문이 있기는 하지만 테미스토클레스는 병사했다고 단언했다. 이렇게 죽음의 원인이 불분명하기는 하지만 어쨌든 영광과 치욕으로 얼룩진 그의 삶은 고대 서양사에 크나큰 영향을 미쳤다. 테미스토클레스는 예순다섯에 죽었으니 당시로서는 천수를 누렸다고 볼 수 있다.

테미스토클레스의 아버지 네오클레스는 어린 아들에게 물가에 있는 옛날 삼단노 군선들의 잔해를 보여주면서 아테네 민주정치의 변덕스러움에 대해 경고했다고 한다. 그 잔해들은 한때의 전쟁영웅들이, 나라가 그들을 더 이상 필요로 하지 않을 때 어떤 취급을 받는가를 보여주는 상징이었다. 자신의 신변 안전을 위해 적국의 임금에게 몸을 의탁했고 또 그 덕분에 말년에 안락한 삶을 누렸지만 끝내 고향에 돌아가지 못하고 이국 땅에서 죽어야 했던 테미스토클레스는 아마 마지막 날까지 아버지의 경고가 기억에 생생했을 것이다.

왜 아테네는 혁신가를 배반했는가

바람 앞의 등불 같은 나라를 건진 불출세의 애국자 테미스토클레스를 아테네 정계의 주역들은 왜 그토록 집요하게 못살게 굴고 끝내는 제거하려 했을까? 그것은 민주국가 아테네가 지향해야 할 이상적인 정치 체제에 대해서 양쪽이 매우 다른 견해를 갖고 있었기 때문이다. 평등주의자 테미스토클레스는 더 많은 대중이 국정과 국방에 더 적극적으로 참여해야 한다고 믿었고, 그들이 그렇게 할 수 있는 방향으로 정책을 밀고 나갔다.

군선을 지으려면 노동자들을 고용하고 그들에게 임금을 주어야 한다. 또 배를 움직이려면 가난한 서민들이 노를 저어야 한다. 성벽을 쌓는 등 토목공사도 마찬가지다. 이렇게 해군을 육성하고 아테네의 방위를 강화할수록 더 많은 서민들이 일자리를 얻고 그들의 소득이 늘어난다. 또한 자신들도 국방의 일익을 맡고 있다는 자부심이 솟구치게 마련이다. 이렇게 수많은 대중이 지켜야 할 자신들의 재산이 있고 그래서 더 열정적으로 나라 지키는 일에 나선다면, 아테네의 안보는 더 튼튼해지고 진정한 의미의 민주주의가 실현될 것이라고 테미스토클레스는 확신했다.

그러나 아리스티데스를 중심으로 하는 귀족 세력은 생각이 달랐다. 그들은 대체로 경작지가 있고 땅에서 나오는 수입으로 갑옷, 투구, 무기를 장만할 수 있었다. 아테네 군대의 근간인 중무장 보병은 모두 그들이 배출했다. 이들은 중무장 할 수 있는 자신들이 아테네의 방어를 책임져야 한다고 믿었다. 또한 자신들이 국방을 맡고 있으니 당연히 나라도 다스려야 한다고 보았다.

살라미스 해전에서 테미스토클레스가 이끄는 그리스 연합해군이 크게 이기자 자연히 그의 인기는 치솟고 권위는 확고해졌다. 그를 지지하는 서민층의 목소리는 커다란 승리로 말미암아 더 커졌다. 모든 것이 귀족층에게는 불쾌하기 짝이 없는 일이었다. 그런데 엎친 데 덮친다고 테미스토클레스는 살라미스 해전 이후에 아테네와 그 외항 피레우스의 성벽을 더 튼튼히 하고 두 도시를 잇는 대규모 토목공사를 시작했다.

해군의 규모도 계속해서 더 키웠다.

해군이 강해질수록 보병의 중요성은 줄어들고 공공사업을 통해 나랏돈이 풀리면 서민들의 경제력은 더 커진다. 뿐만 아니라 도시가 요새화되면 방벽 바깥에 농지를 갖고 있는 기존 토지 계급은 영향력이 약해지기 마련이다. 전쟁이 났을 때, 자신들의 땅을 지키기 위해 시내의 서민들을 동원하기 어렵고, 여차하면 공공의 이익을 위해 그 애지중지하는 농토를 버리고 성벽 안으로 들어와야 하기 때문이다. 이렇게 아테네의 전통적인 지배층은 테미스토클레스가 정국을 주도하기 시작한 이후 자신들의 힘이 꾸준히 약해지고 하층민들의 정치력과 경제력은 나날이 커지는 것을 뼈저리게 느껴왔다. 훨씬 후대의 고대 그리스 보수 철학자이며 철인(哲人) 독재를 주창했던 플라톤(Plato)은 테미스토클레스에 대해 불만을 표현한 바 있다.

"그는 먼저 시민들의 창과 방패를 빼앗았고, 이어서 아테네 사람들을 노와 그것을 젓는 사람이 앉는 방석이 있는 곳으로 데리고 갔다."[14]

플루타르코스는 《영웅전》에서 테미스토클레스에 대해 이렇게 결론을 내렸다.

"테미스토클레스는 귀족들에 대한 서민들의 힘이 더 강해지도록 했다. 그리고 일단 선장, 선원, 갑판장들이 나라의 주도권을 쥐게 되자, 그들은 무모함으로 가득 찬 사람들이 됐다."[15]

그러나 귀족들이 아무리 테미스토클레스를 싫어해도 그의 영향력이 막강할 때는 그를 칠 수 없었다. 제2차 페르시아 전쟁이 그리스의 승리

---

14   Plato (1982), Laws, p.1298.

15   Plutarch (1971), p.96.

로 끝난 직후에는 감히 공격할 엄두도 내지 못했다. 그러나 세월이 지나면서 화려한 업적에 대한 기억도 차츰 희미지게 마련이다. 키몬 같은 새로운 시대의 영웅이 나타나면서 그들은 이제 때가 되었다고 생각했을지도 모른다. 어쨌든 살라미스 해전이 끝나고 9년이 지난 후에 테미스토클레스는 억울하게 쫓겨났고 결국은 조국에 돌아오지 못한 채 적국에서 눈을 감는 얄궂은 운명의 사나이가 된다.

개혁가로서의 테미스토클레스의 삶은 고려 말기 개혁 정치의 선봉장이었던 승려 신돈(辛旽)의 인생행로와 비슷한 면이 있다.

고려 제31대 왕 공민왕은 많은 과제를 안고 있었다. 바깥으로는 원나라의 내정 간섭에서 벗어나고, 안으로는 기득권 세력의 횡포를 막으려했다. 특히 왕실 전통에 따라 불교를 숭상하면서도 승려들이 누리는 특권을 제한하고자 했다. 이 과정에서 보우(普愚, 호는 태고 太古)와 나옹(懶翁)을 발탁해 불교개혁을 시도했으나 큰 성과를 올리지 못했다. 그러던 중 공민왕은 자신과 가까운 김원명의 소개로 신돈을 알게 되고 그에게 힘을 실어주기로 결정한다. 그가 임금이 된 지 열네 해 되던 해인 1365년 5월의 일이다. 공민왕이 출신이 미천한 신돈에게 나랏일을 맡긴 것은 자신의 정책에 반대만 하는 세력을 그가 제거해주기를 바랐기 때문이다. 조선시대의 실학자 안정복은 그의 저서 《동사강목》에서 공민왕이 신돈을 발탁한 배경을 다음과 같이 설명했다.

세상을 떠나 우뚝 홀로 서 있는 사람을 얻어 인습으로 굳어진 폐단을 개혁하려고 했다. 그러던 즈음 신돈을 보고 나서, '그는 도를 얻어 욕심이 적으며 또 미천한 출신인 데다가 일가친척이 없으므로 일을 맡기면

마음 내키는 대로 하여 눈치를 살피거나 거리낄 것이 없으리라'고 생각했다.

신돈은 말솜씨가 좋았고 용모도 빼어났다. 어쨌든 그에게는 임금을 비롯한 사람들의 마음을 휘어잡는 힘이 있었다. 공민왕의 두터운 신임을 얻은 신돈은 먼저 기성 세력의 우두머리인 최영을 조정에서 쫓아버린다. 집권 석 달 만에 공민왕이 늘 껄끄럽게 생각하던 대신들을 거의 파면, 축출하고 최영을 떠받들던 무신(武臣)들마저 조정에서 내보낸다. 당연히 원로대신 이제현이나 재상 임군보 등 기성 세력은 신돈을 가리켜 요승이라고 손가락질하면서 그를 철저히 매도한다. 반면에 아래 벼슬아치들은 신돈의 곁으로 몰려들었다. 그의 행동은 신속했고 인사 처리는 일사불란했다. 어느 날 유생 출신 이존오는 용감하게도 공민왕에게 이렇게 외친다.

"전하께서 이 사람을 공경하고 백성에게 재앙이 없게 하려면 그의 머리를 깎이고[16] 승복을 입힌 뒤 관직을 빼앗아 절로 보내야 합니다."

그러자 공민왕은 곧바로 이존오를 감옥에 가두었다가 시골로 쫓아냈다. 이런 일이 있은 뒤 한동안 아무도 나서서 신돈을 비난하지는 못했다.

신돈이 권력을 휘두르기 시작하고 나서 1년이 지난 1366년 5월, 그는 전민변정도감(田民辨整都監)을 설치한다. '전민'은 토지와 이에 딸린 노비 등 일꾼을 뜻한다. 이 새로운 부서의 기능은 한마디로 말해 토지

---

16 신돈은 조정에 나올 적에는 관복을 입고 머리를 길렀다. 해당언급에 대해선 《고려사 열전》〈이존오〉편을 참고하라.

와 관련된 각종 비리를 모조리 없애는 것이었다. 신돈과 그의 측근들은 힘 있는 개인이나 기관이 불법 점거한 토지, 농장에 불법으로 소속된 노비, 부역을 피해 도피한 양민 등을 찾아내 정리하는 작업을 매우 정력적으로 처리해 나갔다. 많은 농장주가 지레 겁을 먹고 빼앗은 토지와 양민을 본래 주인에게 돌려줄 정도였다. 좋아 날뛰는 사람이 있는가 하면 속이 부글부글 끓는 사람도 있었을 것이다. 귀족과 토호 출신 농장주들은 벌벌 떨면서 그 귀추에 신경을 곤두세웠다. 한편 땅을 빼앗겼던 소지주들은 자기 것을 되찾는다는 희망에, 농장에 강제로 투입되었던 노비들은 자유민이 된다는 기대에 가슴이 부풀었다.

신돈의 인기와 권위는 절정에 다다랐다. 많은 천민과 노비들이 신돈을 직접 찾아와 양인이 되게 해달라고 간청했다. 신돈은 이들의 요구를 거의 다 들어주었다. 그는 강제로 노비가 된 자 이외에 본래 노비였던 사람들도 양인으로 만들어 주었다. 부녀자들도 억울한 일이 있어서 신돈을 찾아가 호소하면 반드시 해결해주었다. 그래서 부녀자들이 신돈을 만나기 위해 끊임없이 그의 집 앞으로 몰려들었다. 이 단계에서 신돈은 이미 권력의 달콤한 맛에 취하기 시작했고, 여인들과 지나치게 가까워졌다.

신돈은 불교 개혁에도 손을 댔다. 그의 추천으로 공민왕은 화엄종 출신의 천희(千禧)를 국사로, 선현(禪顯)을 왕사로 모셨다. 신돈은 화엄종 승려들을 내세워 불교계를 개혁하려고 했으나 그 과정에서 보우와 나옹을 추종하는 선종(禪宗) 세력의 반발을 샀다.

신돈은 또 신진 유학 세력을 등용하고 과거제도를 개선하는 정책을 추진했다. 몽골군 침입 때 불탄 성균관 건물을 복구하고 100명의 유생을 두었다. 성리학 진흥과 개혁정치는 맞물려 돌아가야 실질적 성과가 있을 것이라고 믿은 듯하다. 이를 위해 이색을 성균관의 총책임자로, 정몽주를 교육 담당자로, 이숭인을 학생지도 책임자로 앉혔다. 모두 온건한 유학자인 이들은 성균관을 이끌면서 새로운 학문 기풍을 진작시키고 유생들에게 성리학을 체계적으로 가르침으로써 다음 세대를 이끌 지도자로 성장할 수 있도록 하였다.

또한 벼슬아치가 승진하는 데 있어 순자(循資)라는 일정한 원칙을 적용했다. 이것은 오래 근무한 사람의 연공을 인정해주고 시험을 보게 하여 먼저 승진할 수 있도록 해주는 제도였다. 관리 승진에 일정한 준칙을 세웠다는 것은 당시로선 인사관리 방식의 획기적인 진전이었다. 신돈은 또 지금까지 진사과(進士科) 명경과(明經科)로 나누어 보던 과거제도를 바꿔서 향시(鄕試), 회시(會試), 전시(殿試) 세 단계 시험을 치르게 했다. 향시를 통과한 응시자들을 대상으로 임금이 직접 시험관으로 참여하여 답안 내용을 검토하고 합격자를 뽑았다. 그동안에는 시험 담당 관리들이 감독관으로 나가서 응시자를 자신의 입맛대로 합격시키기 일쑤였다. 신돈은 또 힘 있는 집안 자제들에게 베풀던 음서(蔭敍)라는 벼슬길 특혜를 없앴다. 과거제도 개혁은 기득권 세력의 팔다리를 자르는 조치였기 때문에 기득권 세력의 거센 반발을 샀으나, 이는 한편으로는 신진사대부들이 다음 시대의 지도자로 자리매김할 수 있게 도와주었다.

이렇게 신돈은 6년 동안 여러 분야에 걸쳐 과감하게 개혁 정책을 밀고 나갔으나 여자를 너무 좋아하고 처음과 달리 뇌물을 축재하게 된다. 그의 이런 행실이 공민왕의 귀에 들어가지 않을 리 없었다. 신돈의 충실한 부하였던 이인이 그가 반역을 꾀한다는 글을 올리자, 공민왕은 신돈과 그의 도당을 신속하게 잡아들였다. 신돈은 사건의 진상이 제대로 밝혀지기도 전에 수원에 유배되었고, 그곳에서 곧 처참하게 죽었다.

신돈을 화려하게 조정에 등장시켰던 공민왕이 왜 그를 죽였을까?

첫째, 공민왕은 신돈의 개혁 정책으로 권력과 경제 기반을 잃은 기존 귀족 세력의 빗발치는 반대를 더 이상 막을 힘이 없었다. 자칫 잘못하면 왕권의 기반마저 흔들릴 위험이 있었다.

둘째, 신돈이 키운 신진유학자들이 성장해서 그들이 임금에게 친히 나라를 다스릴 것을 요구한 것이 직접적인 계기였다. 그들의 눈으로 볼 때 신돈은 어디까지나 불교 세력이었다.

셋째, 화엄종 승려들을 기반으로 그가 추진했던 불교 개혁은 선종의 지원을 받기는커녕 선종을 반대 세력으로 만들었다. 가장 큰 명망을 누렸던 보우와 그의 제자들을 반대파로 만든 것이다.

넷째, 그의 지지 기반이었던 노비와 여성들은 경제력이 없었으며, 정치적으로 그를 지켜줄 힘도 없었다.

신돈 자신의 처세에 문제가 있었던 것은 사실이지만, 그도 궁극적으로는 역시 테미스토클레스와 마찬가지로 개혁으로 말미암아 타격을 받은 기존 귀족 세력의 반대를 이기지 못했다.

신돈이 제거된 뒤 토지 제도는 다시 문란해지고, 고리대가 횡행했으며, 천민과 노비들의 사회적 지위도 격하됐다. 하지만 신돈의 토지 및 노비 정책은 뒷날 전면적 토지 개혁이 단행될 때 하나의 모델이 되었다. 또한 노비의 대우가 개선되는 결정적 단초가 된다. 그가 도입한 순자라는 승진 원칙과 개혁된 과거제도는 조선시대에 들어서도 그대로 유지됐다. 더욱이 정치의 중심인물이 되어 강력한 개혁을 이루고 민중의 고통을 덜어주려고 한 실천적 승려는 우리 역사에서는 신돈을 빼고 별로 찾아볼 수 없다.

신돈은 나름대로 불교의 자비 사상 또는 중생 구제의 가르침과 유학의 정치 원리를 접목시키려고 한 개혁가로 보아도 무방하다.[17] 테미스토클레스와 신돈의 이야기는 일반 대중에게 혜택이 가는 개혁을 추진하는 것이 얼마나 어렵고, 대중지향적인 개혁가는 어떤 지도력을 갖추고 또 어떤 위험을 감수해야 하는가를 잘 보여준다.

앞을 내다보는 힘

이 글의 첫머리에서 인용한 바와 같이 투키디데스는 테미스토클레스의 '앞을 내다보는 힘'을 높이 평가했다. 그의 뛰어난 선견지명은 아래의 세 가지 전략적 의사결정에서 결정적인 진가를 발휘했다.

해군 선단의 육성. 마라톤에서 막강한 페르시아 육군을 꺾었고 페르시아의 위협이 아직 피부에 와 닿지 않는 상황에서 삼단노 군선 200척을 지어야 한다는 테미스토클레스의 주장을 아테네 시민들이 받아들이기는 무척 어려웠을 것이다. 그는 자신의 뜻을 관철시키기 위해 도편 추방이라는 비상수단을 활용하기도 하고, 아테네와 지리적으로 가까운 적국 아에기나를 공격하기도 한다. 그러나 그는 무엇보다도 기원

---

17   이이화 (2019), p.152.

전 483년 라우리움에서 발견된 은광석의 수익금을 군선 건조에 쓰도록 시민들을 설득하는 데 성공한다. 이 자금을 해군 선단 육성에 투자하지 않았더라면 그리스가 살라미스에서 이길 가능성은 없었다고 보아야 한다.

아테네 철수. 기원전 480년 여름에 테미스토클레스가 아테네와 그 주변의 아티카 지방에서 철수하자고 시민들에게 호소하지 않았으면 어떻게 되었을까? 중장비 보병들은 테르모필레에서 그리스군이 당했던 것처럼 아마 몰살당했을 것이다. 보병을 잃은 아테네 해군 선단은 남쪽이나 서쪽으로 퇴각했을 것이다. 아테네 시민들이 도시를 떠나지 않고 페르시아군에게 포위된 채 시내에서 버텼으면 어떤 사태가 일어났을까? 외부와 완전히 단절되어 식량을 비롯한 모든 필요한 물자가 전혀 들어오지 않으면, 시민들은 굶어 죽거나 끝내는 항복해 페르시아 편을 들도록 강요당했을 것이다.

현대사에 비슷한 사례가 있다. 제2차 세계대전 중 독일군은 당시 소련의 레닌그라드(지금의 상트페테르부르크)를 1941년 9월부터 1944년 1월까지 900일 가까운 기간 동안 거의 완전히 봉쇄한 바 있다. 그 사이에 레닌그라드 시민 300만 가운데 최소한 80만 명이 사망했다.[18]

그리스 역사상 어느 지도자도 '도시를 구하기 위해서 도시를 떠나 적군이 그것을 불태워버리도록 하자'는 과격한 조치를 주창한 적이 없다. 전쟁이 끝난 후에 테미스토클레스는 아테네를 더 요새화하고 그것을 위해 외항 피레우스와 양쪽에 성벽이 있는 직선도로로 연결하는 프로젝트를 추진하였는데, 이것은 기원전 480년에 했던 것처럼 아테네를

---

18 Winkler (2015), p.205.

버리고 피난하는 사태를 다시는 되풀이하지 않겠다는 아테네 사회 전체의 강한 의지의 표현이었다.

결전장으로서의 살라미스. 테미스토클레스가 그리스 남부의 도시국가 대표들에게 왜 그리스 해군이 살라미스에서 싸워야 하는가를 설득하는 것은 무척 어려운 일이었다. 헤로도토스의 기록에 따르면, 테미스토클레스는 그리스 해군 총사령관인 스파르타인 에우리비아데스의 마음을 돌리기 위하여 다음과 같이 말했다.

"총사령관께서 이스미아의 앞바다, 즉 넓은 공해상에서 싸우기로 결정하시면, 우리 해군의 배는 더 무겁고 숫자도 더 적으므로 아주 불리할 수밖에 없습니다. 게다가 우리가 설사 이긴기더라도 우리는 살라미스, 메가라(Megara), 그리고 아에기나를 잃게 됩니다. 뿐만 아니라 적군의 선단이 남쪽으로 오면 그들의 보병도 해군을 따라 함께 내려올 것입니다. 그렇게 되면 적의 지상군을 펠로폰네소스로 끌어들이고 그로 말미암아 그리스 전체를 위험에 빠뜨린 책임을 총사령관 자신께서 지셔야 합니다."[19]

여기서 주목할 것은 테미스토클레스가 에우리비아데스를 포함한 그리스 해군 사령관들을 설복하기 위해 가정법을 썼다는 사실이다. 그는 "만약 이러이러하면 저러저러할 것입니다"라는 형태의 화법이 더 설득력 있을 것이라고 생각했다. 그가 이렇게 열변을 토한 결과, 대부분의 그리스 남부 도시국가들은 그의 말에 대체로 수긍했다. 그럼에도 불구하고 펠로폰네소스 사람들이 자신의 뜻대로 살라미스에서 싸울 것이라는 보장은 없었다. 더구나 이스미아의 대규모 방벽이 거의 완성 단계에

---

19 Herodotus (2013), p.553.

있기 때문에 기댈 언덕이 있다고 그들은 생각, 아니 착각하고 있었다.

그래서 테미스토클레스는 시치누스라는 자신의 심복을 보내 페르시아 임금에게 거짓 정보를 흘리도록 했다. 이 이야기의 진위에 관해서는 논란이 많지만, 어쨌든 크세르크세스가 얼마 안 있어 대규모 선단을 출동시키고 살라미스 근방의 모든 해협과 수로를 막으라고 명령한 것은 사실이다. 또 이런 중요한 순간에 그의 정적 아리스티데스가 나타나서 그에게 힘을 실어주었다. 그제야 그리스 해군 사령관들은 이제 이스미아 앞바다로 후퇴할 수도 없고, 남은 대안은 오로지 살라미스에서 즉각 싸우느냐 아니면 항복하느냐뿐이라는 것을 깨달았다.

살라미스 해전에 임할 때 테미스토클레스가 세운 전략의 핵심은 수많은 페르시아 군선들을 좁은 해협 안으로 깊숙이 끌어들여 그들이 양적 우세의 이점을 살리지 못하게 하는 것이다. 그래서 그는 그리스 군선들로 하여금 처음에는 뒤로 노를 젓게 했다. 페르시아 해군은 이 풍경을 보고 자신들이 입수한 정보의 내용대로 그리스 해군이 도망간다고 생각하고 그들을 좇아 살라미스만의 안쪽으로 계속 들어갔다. 그 결과는 앞에서 이미 기술한 바와 같다.

살라미스 해전이 끝난 후에 테미스토클레스가 크세르크세스에게 보냈다는 두 번째의 거짓 메시지도 그 사실 여부에 대해서는 이견이 많다. 메세지의 내용은 그리스군이 헬레스폰토스 해협에 있는 배다리의 밧줄을 끊어버릴지 모르니 빨리 페르시아로 돌아가는 편이 나을 것이라는 것이었다. 어쨌든 살라미스 해전에서 패한 직후 크세르크세스는 허겁지겁 자기 나라로 돌아갔으며, 그로 말미암아 페르시아 육군 병력의 일부가 빠지는 결과를 낳았다. 그것이 이듬해 8월 플라타이아이 벌판에서 벌어진 페르시아 지상군과의 큰 싸움에서 그리스군에게 유리하게 작용했던 것은 두말할 나위도 없다.

이렇게 힘든 과정을 거쳐 테미스토클레스가 살라미스에서 결전을 벌이도록 사태를 끌고 가지 않았더라면, 어떻게 되었을까? 그리스 해군은 이스미아 앞바다에서 압도적으로 병력과 군선이 많은 페르시아 해군에게 대패했을 것이고, 페르시아 육군은 이스미아에서 정면에서 그리고 배후에서 그리스 지상군을 공격해 섬멸시켰을 것이다.

해군 선단의 육성, 아테네 철수, 살라미스만을 결전장으로 선택하기 등은 한결같이 아테네 시민들, 그의 정적들, 다른 그리스 도시국가들이 선뜻 받아들이기 어려운 최고 수준의 전략적 의사결정이었다. 이러한 결단을 내리고, 그것을 상대방이 수락하도록 설득하고, 결국은 멋지게 실천에 옮기기까지 한 테미스토클레스는 고대 서양사에서 가장 걸출한 전략가라고 할 수 있다.

그럼에도 불구하고 고대에는 그의 공적을 깎아내리려는 사람들이 많았다. 주된 이유는 앞에서 자세히 논의한 바와 같이 그의 개혁이 기본적으로 지주 세력을 약화시키고 서민들의 경제력과 지위, 그리고 위신을 높이는 방향으로 추진되었기 때문이다.

끝으로 경영학자의 관점에서 테미스토클레스의 전략에 대한 광범위한 반대를 얼마 전에 세상을 떠난 클레이튼 크리스텐슨(Clayton Christensen)의 이론으로 설명해보겠다. 잘 알려져 있다시피 하버드 경영대학원의 세계적인 경영 사상가 크리스텐슨은 1997년에 《혁신가의 딜레마》라는 명저를 내놓은 바 있다[20] 그 내용은 재무 관리, 연구개발, 신제품 개발,

---

20 Clayton M. Christensen (1997), The Innovator's Dilemma, Boston, Massachusetts: Harvard

투자 등을 고도로 세련된 절차를 통해 결정해 크게 성공한 회사들은 이른바 파괴적인 혁신(disruptive innovation)을 해낸 새로운 도전자의 공격 앞에 맥없이 무너지기 쉽다는 것이다.

아테네를 비롯한 그리스 세계는 기원전 490년 여름, 기존의 육군 위주 전략적 사고에 바탕을 둔 밀티아데스의 뛰어난 작전 덕분에 페르시아군을 물리친 바 있다. 그래서 그들은 더욱더 지상군 위주의 전략을 신봉하게 됐다. 반면에 적군과 아군의 강약점을 면밀히 검토한 끝에 테미스토클레스가 내놓은 전략은 그야말로 '파괴적인 혁신'의 본보기였다. 비주류 출신인 테미스토클레스를 탐탁지 않게 보던 기존 귀족층은 자신들의 사고(思考)의 지평을 훌쩍 뛰어넘는 그의 발상을 받아들이는 것은 고사하고 처음에는 이해하기조차 힘들어 했다.

그러나 크리스텐슨의 책에서 나오는 많은 실패 사례와 달리 테미스토클레스는 아테네에서, 그리고 그리스 세계에서 자신의 혁신적 전략이 받아들여지게 만들었고 그 결과 제2차 페르시아 전쟁이 그리스의 승리로 끝나도록 하는 데 결정적으로 이바지했다. 테미스토클레스 이야기는 고대판 파괴적인 혁신가의 무용담으로도 볼 수 있지 않을까?

Business School Press.

②

끝내 배신당한 명장

악비

"나아감과 물러남의 때를 안다는 것"

억울하게 죽임을 당한 구국의 영웅

중국의 긴 역사 가운데 무인(武人)의 귀감으로 칭송받고 민중이 열렬히 존경하는 인물이 둘 있다. 한 사람은 《삼국지》의 영웅 관우이고 또 한 사람은 송나라의 장군 악비(岳飛)다.

악비가 활약했던 송나라는 건국 이래 문치(文治)에 힘을 쏟으면서 상대적으로 국방은 소홀히 했다. 그 결과, 문화면에서는 훌륭한 성과를 올렸지만, 이민족의 침공에 지속적으로 시달려야만 했다. 그 절정이라고 할 수 있는 사건이 1126년 북방의 금(金)이 송나라 수도 개봉(開封)을 함락시킨 것이다. 이때 송나라의 황제 흠종(欽宗)과 선대의 황제 휘종(徽宗)이 금나라 군대에 끌려감으로써 송나라는 한번 망한다. 그러나 흠종의 아우 고종(高宗)이 남쪽으로 달아나 황제의 자리에 오르면서 오늘날의 항주(杭州)인 임안(臨安)을 수도로 삼아 송나라를 다시 일으킨다. 1127년의 일이다. 그래서 흠종 때까지를 북송(北宋), 고종 이후를 남송(南宋)이라고 부른다.

고종이 일으킨 남송도 군사력 면에서는 북송과 마찬가지로 아주 약한 왕조였다. 건국 초기부터 금나라 군대가 자주 쳐들어오자 남송은 중대한 국면을 맞이한다. 쏟아져 내리는 불똥은 어떻게 해서든지 피해야 한다는 생각에 고종은 국방을 정비하면서도 한편으로는 화해의 길을 모색한다. 이러한 정세 속에서 군사 면의 주역으로 활약한 장수가 바로 악비이다. 악비는 북송 왕조가 무너지려고 하던 무렵에 조정의 의용군에 응모했고 나중에 악가군(岳家軍)이라 불리는 자신의 군대를 조직해 두각을 나타냈다. 남송 건국과 더불어 악비는 방위군의 핵심 인물로 자리매김하게 된다.

그의 군사 경력에서 가장 돋보이는 것은 세 번에 걸친 북방 원정이다. 장강 유역까지 후퇴해서 어쩔 수 없이 방어에 몰두해야 했던 시대에 악비가 이끄는 악가군은 무려 세 번이나 전세를 뒤집기 위한 공세에 나섰다. 한때는 황하 유역까지 진격해 옛 수도 개봉을 탈환할지도 모른다는 생각이 들게 했다. 민중의 기대는 악비와 그의 군대에 집중됐다. 그러나 고종은 애초부터 금나라 군대를 쫓아내고 옛 수도를 되찾으려는 뜻이 약했다. 고종은 현재의 영토를 평안하고 태평하게 하려는 바람이 강했다. 이에 조정에서는 진회(秦檜)를 중심으로 하는 화전파가 힘을 얻었다. 악가군의 반격에 쩔쩔매던 금나라도 화평 공작을 시도했다. 이리하여 남송의 조정은 금나라와 화해하는 쪽으로 기울고, 개봉 근교까지 진군했던 악가군은 후방으로 철수하라는 명령을 받는다. 여기서 그치지 않고 악비는 강화 조약을 서두르는 진회에 의해 억울한 죄를 덮어쓰고 목숨마저 잃게 된다. 진회의 주도로 남송은 금 왕조와 굴욕적인 조약을 맺고, 악비가 모처럼 애써서 쌓아 올린 성과는 물거품이 되고 만다. 후세에 악비가 나라를 건진 영웅으로 칭송될수록 그를 죽인 진회는 더욱더 매국노로 경멸당한 것은 당연한 결과다.

경치 좋기로 이름난 고장 항주의 아름다운 호수 서호(西湖)의 물가에 악비를 기리는 사당, 악왕묘(岳王廟)가 자리하고 있다. 그런데 그 앞에는 무릎 꿇고 있는 진회와 그의 아내의 형상이 설치되어 있다. 지금은 금지되었으나, 한때는 이곳을 찾는 참배객들이 진회의 조각상에 침을 뱉거나 발길질하는 경우가 많았다. 실제로 진회 부부 형상은 사람들이 때려 부숴서 명나라 이후 여섯 번이나 다시 만들어졌다고 한다. 그 정도로 진회의 이름은 중국인들의 뇌리에 깊이 새겨져 지금도 매국노의 대명사로 통한다. 거꾸로 말하면 그만큼 중국 민중은 악비를 깊이 존경하고 사모하며, 그의 비극적인 죽음을 안타까워하고 있다.

악비는 지금의 허난성 탕음현(湯陰縣)에 해당하는 상주(相州)의 탕음에서 1103년에 태어났다. 탕음은 황하를 사이에 두고 수도 개봉에서 북쪽으로 150킬로미터 떨어져 있는 곳으로, 이민족의 침입으로 종종 싸움터가 되는 지역이었다. 그가 태어났을 때 큰 새가 집 위로 날아가 이름을 비(飛, 날아가다), 자(字)를 붕거(鵬擧)라고 했다. 악비의 집안은 대대로 농사를 지었으나 홍수가 잦은 지역이라 생활은 그다지 넉넉하지 않았다. 그런 가정에서 악비는 문(文)과 무(武)를 골고루 익히면서 자라났다. 먼저 문에 대한 그의 소양에 관해서는 이렇게 기록되어 있다.

학문에 힘썼는데 좌씨춘추(左氏春秋)와 손자, 오자의 병법을 가장 좋아했다.

《좌씨춘추》는 《춘추좌씨전(春秋左氏傳)》이라고도 하는데, 춘추시대의 흥망성쇠를 기록한 역사 서적이다. 예부터 특히 중국과 일본에서 청소년들의 기본 교양 서적으로 널리 읽혔던 책이다. 세상을 살아가는데 필요한 실천적 지혜가 담겨 있을 뿐만 아니라, 전술전략의 사례 연구 교재로도 귀하게 여겨지는 책이다. 악비가 손자와 오자의 병법을 애독했다는 것으로 볼 때 어린 시절부터 병법에 관심이 컸음을 알 수 있다.

무(武)의 면에 있어서는 타고난 체력이 상당했다. 악비는 주동(周同)이라는 활의 명인에게서 활 쏘는 법을 배우고 연마해 거침없이 마음대로 좌우로 활을 쏠 수 있었다.

이렇게 문무를 두루 갖춘 악비는 스무 살이 되던 1123년 의용군 모집에 응해 군대에 투신한다. 처음에는 고향인 상주 일대에서 현지의 도둑떼를 토벌하는 작전에 참가했는데, 곧 두각을 나타낸다. 그리고 얼마 아가 강왕(康王) 조구(趙構)의 산하에 들어가 활약하게 된다. 강왕은 남송 왕조를 일으키는 고종이다.

1126년 개봉이 금나라 군대에게 함락되고 송왕조가 무너진다. 강왕은 남쪽으로 도망가서 황제의 자리에 올라 송 왕조를 다시 일으켜 세운다. 그러나 강왕은 금나라와 맞서 싸울 의지가 별로 없었다. 이때 악비는 강왕과 그의 무리에서 이탈해 개봉 주변에 머무르면서 종택(宗澤)의 부하가 된다. 종택은 금나라 군대가 개봉에서 실컷 노략질하고 북쪽으로 물러난 다음에 동경유수(東京留守)의 자격으로 개봉에 머무르고 있었다. 그는 굉장한 기개가 있는 인물이었다. 악비는 종택 밑에서 눈부신 활약을 펼쳤고 곧 종택의 눈에 들게 된다. 장래가 기대되는 청년이라고 생각한 종택은 어느 날 악비를 불렀다.

"자네의 용맹과 지략은 옛날의 훌륭한 장수에 못지않네. 그렇기는 하지만 야전을 좋아하면 만전을 기하는 계책이 있어야 하네."

이렇게 말하며 포진(布陣)이 그려진 그림을 악비에게 건넸다. 종택은 나이가 일흔이 다 된 노장이었다. 노련한 장수가 보기에 악비의 전투 방식은 지나치게 모험적이고 '필부의 만용'처럼 느껴졌는지도 모른다. 종택에게 악비는 이렇게 대답했다.

"진을 치고 나중에 싸우는 것은 병법의 기본입니다. 운용의 묘는 한 마음(일심, 一心)에 있습니다."

중요한 것은 임기응변의 운용이라는 뜻이다. 틀림없이 그렇기는 하지만, 20대 풋내기로선 아주 대담한 말을 했다고 하지 않을 수 없다. 이에 대해 종택은 간결하게 대꾸했다.

"나는 그 말을 받아들인다."

종택은 기개 넘치는 젊은이를 따뜻하게 품어주는 아량과 포용력이 있는 큰 그릇이었다.

젊은 악비는 의욕이 넘쳤다. 이즈음 그는 남쪽으로 도망간 고종에게 수천 자에 달하는 서신을 보냈다. 언제까지나 여기저기 도망쳐 다니지 말고 북쪽으로 돌아와 금나라 군대와 싸우자는 내용이었다. 그러나 적군의 기세에 겁먹은 고종은 북으로 갈 마음이 없었다. 뿐만 아니라 하급 장교의 신분으로 감히 황제에게 서신을 보낸 악비를 괘씸하게 여겨 해임해버린다. 악비는 할 수 없이 종택의 곁을 떠나 하북초토사(河北招

討使) 장소(張所)에게 몸을 의지한다. 고종이 세운 남송은 막 건국했기 때문에 통제력이 없었고, 지방 여기저기에 있던 송 왕조의 군대는 뿔뿔이 흩어져 제각각 움직이는 상황이었다. 덕분에 악비는 상당히 자유롭게 각 군단 사이를 옮겨 다닐 수 있었다. 마치 필요한 곳에 가서 자신의 역량을 파는 용병 같았다. 장소도 종택 못지않게 그릇이 꽤 큰 인물이었다. 그는 악비를 보자마자 보통내기가 아님을 대번에 알아봤다.

"자네는 적군 몇 명 정도를 상대로 싸울 수 있는가?"

악비가 대꾸했다.

"용맹스러움은 족히 믿을 바가 못 됩니다. 용병은 작전 계획을 세우는 것이 먼저입니다."

이 말을 들은 장소는 악비를 하급 장교로 발탁했다. 악비는 장소 밑에서도 눈부시게 활약하여 그의 기대에 부응했다. 그러나 직속 상관과 부딪혀 다시 종택의 밑으로 돌아가게 된다.

20대 전반까지 악비는 이렇게 살아왔다. 각지의 수비군을 전전하며 주목받을 만큼 활약하기는 하지만 좌충우돌하는 신출내기 애송이에 지나지 않았다. 그러나 격동의 시대라는 것은 재미있다. 그런 악비가 그로부터 몇 년 되지도 않아 남송 군대의 핵심 인물로 떠오르게 된다.

리더는 현장을 지킨다

1128년 7월, 악비의 상관인 동경유수 종택이 세상을 떠났다. 개봉에 머무르고 있던 종택은 남쪽으로 달아난 고종에게 가끔 서한을 보내 개봉에 돌아올 것을 권유했는데, 황제가 끝내 말을 듣지 않자 화가 치밀어서 죽었다고 한다. 후임으로는 두충(杜充)이 임명되었다. 두충은 강직한 성품의 종택과 달리 악착같이 개봉을 지키려는 열의가 없었다. 금나라 군대가 쳐들어온다는 정보가 들어오자 일찌감치 개봉을 포기하고 건강(建康, 지금의 난징)으로 철수할 방침을 굳힌다. 이때 과감하게 철수에 반대한 이가 악비였다.

"중원 땅은 한 치도 내주면 안 됩니다. 지금 한번 이 땅에서 물러나면 다시는 우리의 것이 되지 않을 겁니다. 나중에 이 땅을 되찾으려고 해도 수십만의 병력이 없으면 불가능할 겁니다."

그러나 두충은 귀를 기울이지 않고 개봉을 버리고 건양으로 물러났다. 악비도 할 수 없이 따라갔다.

이듬해인 1129년 금나라의 대군이 남하하여 건강에 다가왔다. 겁에 질린 고종은 건강의 방위를 두충에게 맡기고 임안(臨安, 지금의 항저우)으로 달아나버렸다. 그리고 적군이 장강을 건넜다는 소식을 듣자마자 또다시 남쪽 명주(明州, 지금의 닝보)로 도망친다. 그래도 안심이 안 됐는지 황제는 명주에서 배를 타고 해상으로 도주한다. 고종은 굉장히 겁이 많아서 여기저기 도망쳐 다니는 것에 개의치 않았다. 황제 자신이 그런 꼴이니 뒷일을 맡은 두충도 싸울 마음이 전혀 없었다. 그는 금나라 군대가 육박해오자 깨끗이 백기를 내걸었다. 이때 악비는 한 줄기 부대를 이끌고 건강의 제일선에 서 있었다. 건강이 적의 수중에 떨어지자 할 수 없이 후방에 있는 광덕(廣德)으로 철수해 적군의 후방에서 게릴라 활동을 벌였다. 조정과는 연락이 끊어진 상태에서 싸웠던 것이다. 그러나 악비는 엄정한 군기를 유지했고 민중의 지지를 받았으며, 그 덕분에 세력을 키워나갈 수 있었다.

얼마 후 적군이 철수하자 추격하여 전과를 올리고 끝내 건강을 탈환하는 데 성공했다. 또한 난리통에 여기저기서 연달아 일어나는 무장반란을 진압하는 동시에 반란군의 일부를 부하로 받아들여 한층 더 세력을 확대했다. 이제 악비를 따르는 병사의 수는 수만 명에 달했다. 그는 사실상 어엿한 한 군단의 지휘관으로 껑충 뛰어올랐다. 악비가 이끄는 군단은 이즈음부터 '악가군'으로 불리며 엄한 군기와 과감한 전투 방식으로 천하에 널리 알려진다. 금나라 군대가 물러간 후, 남쪽으로 달아났다가 임안에 돌아온 고종은 정충악비(精忠岳飛)라고 크게 쓴 군기를 선물하며 그의 공로에 보답했다.

악비는 나라가 위기에 빠졌을 때, 민간에서 궐기한 여러 지사(志士) 가운데 한 사람에 지나지 않았다. 그런 사람이 이끄는 악가군이 이제는 정부군의 핵심 병력으로서, 가장 믿음직스러운 군단으로서 우뚝 선 것이다. 이때 그의 나이는 갓 서른. 그야말로 새파란 청년 장수였다.

악가군이 우수하고 강한 군대로 칭송받고 정부군의 주력 부대로 떠오른 것은 결코 우연이 아니다. 금나라 군대는 말할 것도 없고 정부군의 상당수도 서로 뒤섞여서 어지럽게 싸우는 와중에 약탈 행위를 벌여 민중의 지지를 잃었는데 반해, 악가군만큼은 악비의 통솔하에 일사불란하고 절도있게 행동했다.

"다만 악비군만 추호도 범하는 바가 없었다."

"군량이 떨어져도 장교와 병사들이 굶주림을 참을지언정, 감히 민간인들에게 폐를 끼치지 않았다."

이렇게 엄격하게 군을 통제했기 때문에 악비의 군대는 민중의 지지를 받고 기대를 모을 수 있었다. 악가군이 엄한 군기를 유지할 수 있었던 것은 우두머리인 악비의 지휘 방침이 전군의 구석구석까지 전달되고 지켜졌기 때문이다. 그러면 악비의 지휘 방침은 도대체 어떤 것이었을까? 다음의 여섯 가지로 간추릴 수 있다.

소수정예주의. 송 왕조의 정부군은 수는 많았지만 노약한 병사들이 대부분이었다. 악비는 군을 편성하면서 "수효보다는 전투력을 중시한다"는 방침을 세우고 억센 병사들만 남겼다.

훈련을 중시한다. 전투 중이라도 잠깐 틈이 있으면 실전 같은 훈련을 실시하여 전투력을 높이는데 힘을 기울였다.

공평한 상. 잘못이 있으면 그것이 크든 작든 반드시 징계했다. 심복이건 가족이건 누구건 상관없이 신상필벌(信賞必罰)의 원칙을 적용했다.

지휘 방침을 명확히 알린다. 자신의 지휘 방침과 명령을 미리 명확히 알리고, 그것을 위반하는 자는 단호하게 처단했다.

엄격한 규율. 장병들의 약탈 행위를 엄금하고, 그것을 위반하는 자는 즉각 참수형에 처했다.

병사들과 고생을 함께 나눈다. 말단 병사들이 먹는 것과 똑같은 것을 먹었으며, 식사가 모든 병사들에게 주어지기까지는 음식에 손을 대려고도 하지 않았다.

이러한 지휘 방침에 의해 엄격한 규율이 유지되었고, 악가군의 명성이 널리 퍼지게 되었던 것이다. 악가군의 좋은 평판이 자자할수록 악비의 명망도 덩달아 올라갔음은 말할 것도 없다.

금나라는 송 왕조를 남쪽으로 쫓아보내고 광대한 황하 유역을 차지했다. 그러나 임안에 터를 잡은 남송을 무력으로 굴복시키기에는 아직 힘이 부족했다. 모처럼 손에 넣은 황하 유역에서도 이민족의 지배에 저항하는 운동이 일어나고 있었다. 자칫 잘못 대응하면 자멸할지도 모르는 상황이었다.

그래서 금나라는 두 가지 대응책을 생각해냈다. 첫째는, 송나라에서 투항해 온 유예(劉豫) 등 꼭두각시를 내세워서 개봉에 제(齊)라는 괴뢰정권을 세웠다. 저항운동의 예봉을 누그러뜨리기 위한 조처였다. 한족이 즐겨 쓰는 "오랑캐로 오랑캐를 견제"하는 책략을 역이용하는 것이다. 둘째, 본국에 억류되어 있는 진회를 송에 돌려보내면서 협상의 뜻을 전하고, 그를 통해 평화 공세에 나섰다. 고종은 원래부터 금 왕조와 화해하고 남쪽의 영토를 잘 보존하면서 그 안에서 평화롭게 살기를 원했기 때문에 즉시 진회를 재상으로 기용했다. 그러나 이때는 조정에서 반대 의견이 강해는 1년 후에 그를 해임하지 않을 수 없었다.

그러나 6년 후인 1138년에 진회는 또 다시 재상으로 임명되고, 황제의 뜻을 받들어 금 왕조와의 강화(講和)를 추진했다. 그리고 주전파인 악비는 진회의 미움을 사서 비극적인 최후를 맞이하게 된다. 결국 진회를 돌려보낸 금(金)의 속셈은 기가 막히게 들어맞았다. 금나라는 남송 조정에 강력한 쐐기를 박아놓은 효과를 거두었다. 그러나 이것은 나중에 일어난 일이므로 잠시 접어두고, 먼저 악비의 활약상을 자세히 알아보자.

송의 마지막 방패이자 창

금은 1133년에 괴뢰정권 제와 함께 대대적인 남송 침공 작전을 펼쳤다. 제나라 군대는 서쪽에서 남하해 등주(鄧州), 당주(唐州), 양주(襄州), 수주(隨州), 영주(郢州) 등을 공략해 남송의 북서부 지방을 크게 위협하기에 이르렀다. 이것을 본 악비는 고종에게 반격에 나서게 해달라고 건의했다. 항전에 소극적인 고종조차 이렇게까지 밀리는 마당에 팔짱만 끼고 있을 수는 없었다.

1134년 5월, 악비는 고종의 재가를 받자마자 주둔지인 강주(江州, 현재의 주장)를 떠나 영주로 향했다. 그러고는 차례차례 제나라 군대를 격파하여 불과 석 달 만에 잃었던 지역을 모조리 되찾았다. 남송이 건국되고 나서 처음 맛보는 큰 승리였다. 고종은 승전 소식을 듣고 이렇게 말하며 기뻐했다.

"짐은 원래부터 악비의 군대가 규율이 있다고는 들었지만, 아직 적군을 이렇게 격파할 줄은 모르고 있었다."

이 정도로 강할 줄은 생각해보지도 않았다는 말이다. 그러나 악비가 기세를 몰아 개봉까지 진격하고 싶다고 하자, 황제는 허락하지 않았다. 금의 군대를 자극하여 본격적인 무력 충돌로 이어지는 것을 두려워했기 때문이다. 고종의 속마음은 철저히 항전하기보다는 대화를 통한 문제해결에 기대를 거는 쪽이었다. 악비는 할 수 없이 악주(鄂州, 현재의 우창)로 철수했다.

그 해가 저물 무렵, 금과 제의 연합군은 이번에는 동쪽에서 쳐들어와 여주(廬州, 현재의 허페이)를 포위했다. 구원 명령을 받은 악비는 급히 달려가서 적군과 맞부딪쳤다. "악가군이 온다"는 소식을 듣자 금제 연합군은 평정을 잃고 변변한 싸움 한 번 하지도 않은 채 북쪽으로 철수했다. 악비는 구원투수로서의 역할을 멋지게 해냈다.

이듬해(1135년) 악비는 동정호(洞庭湖) 주변에서 세력을 펼치고 있는 농민 반란군을 진압하라는 명령을 받는다. 농민 반란군이라고 해도 토벌에 나선 정부군이 가끔 패배의 쓴잔을 마실 정도로 큰 세력을 자랑하는 집단이었다. 이들 때문에 애먹고 있던 조정이 악비에게 토벌을 명했다. 총사령관 장준(張浚)이 독려하러 올 정도로 결코 낙관할 수 있는 상황이 아니었다. 그러나 악비는 장준에게 잘라 말했다.

"작전은 이미 생각해 놓았습니다. 여드레면 충분합니다."

그 말 그대로 악비는 불과 여드레 만에 토벌 작전을 끝냈다. 장준은 "악후(岳侯)의 계략은 정말 뛰어나구나!" 하며 악비의 화려한 승리에 대해 칭찬을 아끼지 않았다(악비는 당시 지금까지의 공적으로 무창군 개국후(武昌郡 開國侯)에 봉해져 있었기에 "악후"라고 불렸다). 악비는 이듬해인 1136년에 또 다시 악주를 떠나 양주에 진주하고, 이어서 괵주(虢州), 장수현(長水縣) 등을 공략하며 기세를 올렸지만, 후속 지원이 끊겨 다시 한 번 철수하지 않을 수 없었다.

원정에서 돌아온 악비는 고종의 부름을 받고 황제를 알현했다. 이 자리에서 그는 금나라 토벌을 위한 자신의 작전 계획을 설명하면서 이렇게 말했다.

"이렇게만 하면 유예를 사로잡고 금을 멸망시킬 수 있습니다. 사직(社稷)을 오랫동안 보존할 계책이 바로 이것입니다."

이에 대해 고종은 이렇게 대꾸했다.

"중흥의 일은 그대에게 맡긴다."

그러나 황제는 좀처럼 출격하라는 명령을 내리지 않았다. 그러는 동안에 금나라의 정책에 중대한 변화가 생겼다. 금 왕조는 1137년 11월에 괴뢰 정권인 제를 없애고 다시금 평화 공세를 취하기 시작했다. 악비는 이때다 싶어 "지금이야말로 중원을 되찾을 수 있는 절호의 기회"라고 하며 고종의 결단을 촉구했다.

그러나 고종의 대응책은 정반대였다. 진회를 다시 재상으로 임명하고, 강화 협상에 나서게 한 것이다. 이때 금이 제시한 조건은 황하 이남의 땅은 송에 돌려주겠다는 것이었다. 그러나 그렇게 되면 이북의 땅은 완전히 금의 지배하에 놓이게 된다. 송 왕조에 굴욕적인 조건임에는 변함이 없다. 당연히 송나라 조정에서는 반대론이 강했다. 그러나 황제의 지지를 받는 진회는 반대파를 탄압하고 강화를 성사시켰다. 1138년 말의 일이다. 악비도 이렇게 진회를 비판했다.

"금나라 사람들을 믿으면 안 됩니다. 적국과의 화해에 의지하면 안 됩니다. 재상께서 나라를 속여서 좋을 것이 없습니다. 아마도 후세의 비난을 면할 수 없을 것입니다."

이 말이 진회의 분노를 사고, 나중에 일어나는 비극의 한 원인이 되고 만다.

어쨌든 강화가 실현되기는 했지만, 평화는 불과 1년밖에 지속되지 않았다. 금나라에서 주전파가 실권을 잡고, 강화를 파기한 후에 대대적으로 쳐들어왔기 때문이다. 이렇게 되자 항전에 소극적이었던 고종도 싸우지 않을 수 없었다. 싸운다고 하면 뭐니 뭐니 해도 의지할 데는 악가군이다. 고종은 악비에게 출격 명령을 내렸다.

1140년 6월, 만반의 준비를 하고 있던 악비는 악가군 가운데 정예부대를 이끌고 언성(郾城)에 진출한다. 이때 몇몇 선발대는 벌써 정주(鄭州), 중모(中牟), 낙양(洛陽)을 함락해 적군에게 중대한 위협을 가하고 있었다. 그러나 금나라 군대도 팔짱을 끼고 보고만 있었던 것은 아니다. 금은 이 전선에 주력 부대를 투입하여 악가군의 진출을 막으려고 했다. 이리하여 두 나라의 주력 병력이 벌이는 결전이 치러졌다. 두 나라 군대는 언성과 영창(穎昌)에서 두 차례에 걸쳐 격렬하게 싸웠다. 두 번의 전투에서 이긴 악가군도 상당한 피해를 입었지만, 패배한 금의 군대는 괴멸적인 타격을 받고 개봉으로 물러갔다. 적군의 대장 올출(兀朮)은 이렇게 한탄했다고 한다.

　　"산을 뒤흔들기는 쉽고 악가군을 뒤흔들기는 어렵구나."

　　한편 금의 주력군을 격파하여 기세가 크게 오른 악비는 부하들을 향해 이렇게 말했다.

　　"당장 황룡부(黃龍府)로 달려가서 자네들과 함께 술을 퍼마시고 싶네."

　　황룡부라 지금의 중국 지린성 눙안현(農安縣)에 있는 금나라 발상지다. 확실히 이 시점의 정세를 놓고 보면 개봉을 탈환하는 것은 말할 것도 없고 금나라의 본거지까지 진격하는 것도 부질없는 꿈은 아니었다.

　　그러나 악비의 희망과는 정반대로 여기서 사태가 또 다시 크게 악화된다. 악가군의 승리는 남송 치하의 백성들, 그리고 금의 압제에 시달리던 민중에게 커다란 기쁨과 희망을 안겨주었다. 그러나 이 승리로 말미암아 거꾸로 두려움을 품고 당황한 이들도 있었다. 바로 진회를 중심으로 하는 강화파이며 그 필두는 고종 황제였다. 그들의 속마음은 금과 강화하여 남쪽의 영토를 잘 보존하는 것이었다. 섣불리 금을 자극하여 그들이 더 강력한 보복 공격을 가해 오면 어떻게 되는가? "되는 일도 안 되고 말 것이다"고 그들은 생각했다. 이리하여 조정의 최종 방침은 "진격 중지, 철수"로 결론이 났다.

그러나 악비는 이미 적군의 숨통을 끊으려고 하고 있었다. 바로 그 시점에 고종의 철수 명령이 떨어진 것이다. 하루에 무려 열두 번이나 황제의 조서가 왔다고 하니 황제도 악비를 제지하기 위해 무던히도 애를 썼다.

악비에게는 그야말로 아닌 밤중에 홍두깨였다. 황제의 명령이니 무시할 수 도 없었다. 악비는 "10년 동안 애쓴 것이 하루아침에 헛일이 되는구나"라고 말하며 울면서 철수했다. 안타까워하는 이는 악비뿐이 아니었다. 연도의 사람들은 악비에게 매달리며 "지금 이대로 여기에 머물러주세요" 하며 울면서 애원했다. 악비는 그들에게 황제의 조서를 보여주며 "제멋대로 머물 수 없는 상황입니다"라고 말했다. 그는 백성들과 손을 마주 잡고 눈물을 흘렸다. 곡소리가 들판에 가득했다. 악가군이 철수한 후, 중원 땅은 다시 금나라 차지가 된다.

"나는 태양처럼 결백하다"

수도에 돌아온 악비는 추밀부사(枢密副使, 군사부장관)라는 요직에 등용된다. 그러나 이것은 어디까지나 금과의 강화를 성사시키려고 하는 진회가 깊이 생각해서 세운 계략의 일환이었다. 악비에게 지금까지 해온 것처럼 악가군의 지휘권을 맡기는 것은 범을 들판에 풀어놓는 것과 같왔다. 무슨 일을 저지를지 알 수 없었다. 그래서 악비를 지휘권 없는 중앙의 요직에 앉힘으로써 그의 힘을 빼기로 한 것이다. 그렇게 해도 진회는 안심 되지 않았다. 그즈음에 금의 실권자인 올출이 이런 편지를 보내왔다.

"그대여, 나는 아침저녁으로 화해를 청합니다. 그런데 악비는 어찌하여 하북을 공략하려 합니까? 반드시 그를 없애고 나서야 화평할 수 있을 겁니다."

이 서한을 받은 진회는 금과 강화하려면 먼저 악비를 제거해야 한다고 결심한다. 그는 심복을 시켜 악비를 탄핵하고, 어거지로 모반의 죄상을 날조했다. 이리하여 악비는 아들 악운(岳雲)과 함께 감옥에 갇혔다. 모든 것을 깨달은 악비는 옥리(獄吏)에게 모진 고문을 당하면서도 "天日昭昭, 天日昭昭(천일소소, 천일소소. (나의 결백한 마음은) 하늘의 태양처럼 밝을 것이다)"라는 여덟 글자만 쓸 뿐 아무런 대꾸도 하지 않았다. 악비의 선배 장군에 한세충(韓世忠)이란 사람이 있었다. 그 역시 금나라와의 싸움에서 활약했던 명장인데, 진회가 하는 짓을 보고 참을 수 없어서 어느 날 진회를 만나 자초지종을 물었다.

"악비에게 어떤 죄가 있어 잡아넣었습니까?"

진회는 이렇게 대답했다.

"모반한 사실이 확실하지는 않지만, 그런 일이 없다고는 할 수 없습니다."[21]

진회의 말에 전혀 동의할 수 없었던 한세충은 이렇게 항의했다.

"없다고 할 수는 없다는 말로 어떻게 사람들을 납득시킬 수 있습니

---

21 "없다고는 할 수 없다"의 원문은 '막수유(莫須有)'이다.

까?"

악비가 투옥된 것은 1141년 10월이다. 이듬해 11월 송과 금 두 나라 사이에 강화가 성립된다. 조건은 다음과 같았다.

> 회수(淮水)를 두 나라의 국경으로 한다.
> 송은 매년 은 25만 량, 비단 25만 필을 금에 바친다.
> 송은 금에 대해 자국을 신(臣)으로 부른다.

엄청나게 굴욕적인 내용이지만, 강화의 성사에 정치 생명을 건 진회로서는 일단 어깨의 짐을 내려놓은 기분이었을지도 모른다. 이제 그러면 감옥에 있는 악비는 어떻게 처리해야 하는가? 악비의 명성 때문에 진회도 망설이지 않을 수 없었다. 그렇게 갈피를 못 잡는 진회에게 결정적인 조언을 준 이는 다름 아닌 그의 아내 왕씨(王氏)였다. 강화가 성립되고 나서 얼마 지나지 않은 어느 날, 진회는 혼자 서재에 틀어박혀 귤 껍질을 벗기면서 근심에 잠겨 있었다. 그 모습을 본 아내 왕씨는 낄낄 웃으며 이렇게 말했다.

"여보, 당신 참 꾸물대네요. 모처럼 잡은 범을 또 다시 놓아주면 정말 어떻게 될지 몰라요."

진회는 즉시 황제의 허가를 받아내고, 옥리에게 악비를 죽이라는 명령을 내린다. 때는 1141년 12월 29일이었다. 악비는 한창 나이인 서른 아홉 살에 세상을 떠났다. 얼마 안 있어 아들 악운도 사형에 처해지고, 악비 일족은 재산을 몰수당한 후에 영남(嶺南)으로 쫓겨갔다.

항주의 서호 물가에 있는 악왕묘 앞에는 진회의 아내 왕씨가 남편과 함께 조각상이 되어 끓어앉혀져 있다. 사람들이 진회뿐만 아니라 그 아내인 왕씨의 형상에도 침을 뱉는 것은 그녀가 그때 그 한마디 말한 것의 업보를 받는 것이리라.

멈춰야 할 때, 나아가야할 때를 알았더라면

악비가 잃어버린 조국의 땅을 되찾기 위해 열정을 기울였음은 의심의 여지가 없다. 무인이었던 그는 무술뿐만 아니라 문장과 글씨도 뛰어났다. 그가 지었다고 하는 〈만강홍〉이라는 이름난 시가 있다.

만강홍-(滿江紅)

성난 머리칼은 관(冠)을 뚫을 지경인데,
난간에 기대어 바라보니 쓸쓸히 내리던 비가 그치네
눈을 들어 하늘을 바라보며 크게 소리 지르니
장사의 감회가 격렬히 끓어오른다.
삼십 년간 쌓은 공명(功名)이 한갓 먼지에 불과하고,
팔천 리 내달렸던 길도 그저 구름과
달빛처럼 흔적 없구나.

한가하게 기다릴 겨를이 없다. 소년의 머리칼은
어느새 희어졌으니 비감한 마음만 애절할 뿐

정강(靖康)의 치욕은 아직 설욕하지 못했으니
신하로서의 한(恨)은 어느 때나 풀 수 있을 것인가.

전차를 몰고 하란산(賀蘭山)을 짓밟아 무너뜨리리라.
배고프면 오랑캐의 살로 배를 채우며,
목마르면 흉노의 피를 마시리라.

옛 산하를 다시 되찾은 후에 황제를
만나뵈러 가리라.

〈만강홍〉은 악비가 원정에서 돌아와 악주(鄂州)에서 읊었다고 전해지는데, 이 시에는 그의 진정(眞情)이 잘 드러나 있다.

어느 날 한 사람이 "언제쯤이나 평화로운 시대가 올까요?"라고 물으니 악비는 이렇게 대답했다.

"문신(文臣)이 돈을 좋아하지 않고, 무신(武臣)이 목숨을 아끼지 않으면 천하가 태평하게 됩니다."

이 말도 그의 참마음일 것이다. 이토록 나라를 위해 애쓴 악비가 어째서 비참한 최후를 맞이해야 했는가? 악비를 애석해하는 만큼 진회를 비난하게 되는 것은 어쩔 수 없는 사람의 마음일 것이다. 그러나 한편 다음과 같은 견해도 있을 수 있다.

항전이냐 강화냐 선택하는 것은 고도의 정치적 판단이다. 그때그때의 정세에 따라 결정되어야 하는 것이지, 언제나 항전이 옳고 강화가 그르다고 할 수 는 없다. 또한 중국의 전통적인 '민간이 통제한다 (civilian control)'는 원칙에 입각해서 말하면, 그 결정권을 쥐고 있는 사람은 재상이고 최종 결정권자는 황제다. 즉 장군에게는 권한이 없다.

당시의 상황이 어땠는가 살펴보면, 송은 국력이 약하고 군사적으로도 열세였다. 강화하기로 방향을 잡은 고종과 진회의 판단이 반드시 잘못된 것이라고는 말할 수 없다. 이런 의미에서 악비의 비극은 조직 속에서 살아야 하는 조직 구성원의 비극이라고 해도 좋을 것이다. 다만 반대파를 엄하게 탄압한 진회의 수법이 지나치게 야비해서, "꼭 그렇게까지 해야만 했는가"라는 비난을 면할 수는 없다.

강화가 이루어지고 나서 얼마 지나지 않아 금나라는 사신 한 명을 남송에 보낸다. 사신은 송의 관리에게 물었다.

"그대의 나라에서 악비를 죽였다고 하는데, 그는 도대체 어떤 죄를 지었는가요?"

관리는 이렇게 대답했다.

"잘 모르지만, 모반을 꾀했다고 합니다."

이 말을 들은 사신은 웃으면서 이렇게 말했다.

"귀국(貴國)의 장군들 가운데 용병에 관한 한 악비 장군보다 나은 사람은 없습니다. 옛날에 유방은 "항우가 나에게 진 것은 범증(范增)이라는 뛰어난 참모 한 사람조차 제대로 쓰지 못했기 때문이다"라고 말했습니다. 악비야말로 그대 나라의 범증이지 않았을까요?"

진회가 어처구니없는 짓을 했다고, 그 사신은 악비를 살해한 남송의 재상을 비웃은 것이다. 진회는 강화 협상을 서두른 나머지 하지 않는 편이 더 나은 일까지 저질렀다. 억울하게 세상을 떠난 악비도 물론 분하고 원통하겠지만, 가장 크게 손해를 본 이는 하지 말아야 할 짓을 해서 매국노라는 비난을 영원히 온몸에 뒤집어쓰는 처지가 된 놓인 진회 아닐까?

지금까지 봤듯 악비는 문무를 겸비한 뛰어난 군사 지도자였으며, 열렬한 애국자였다. 금의 사신이 평가한 대로 남송의 보물 같은 존재를 젊은 나이에 제거한 것은 고종의 크나큰 실책이며, 진회와 그의 일당이 저지른 커다란 죄악이다.

그러나 한편 여기서 악비의 행동을 국가전략적 관점에서 분석할 필요가 있다. 앞에서 서술한 대로 악비는 언성과 영창에서 크게 이긴 후 개봉뿐만 아니라 금의 본거지인 황룡부까지 전진하고 싶어 한다. 그러나 금의 반격을 두려워한 고종과 강화파가 악비를 제지했다. 만일 악비의 뜻대로 악가군이 계속 진군했다면 어떻게 되었을까? 송은 당시에 국력이 약하고 군사적으로도 열세였으므로 더 큰 재앙이 덮쳤을지도 모른다. 1871년 1월에 독일 통일의 위업을 달성한 프로이센 수상 비스마르크(Otto von Bismarck)도 통일 과정에서 몇 번이나 강력한 군사 행동을 주장하는 군부와 대립한 바 있다. 아래의 이야기를 보자.

1866년 7월 3일. 이날 중부 유럽의 쾨니히그레츠(Königgrätz)에서 몰트케(Moltke)가 이끄는 프러시아군과 베네덱(Benedek)이 지휘하는 오스트리아군 사이에 벌어진 싸움은 19세기 후반에서 20세기 전반에 걸쳐 세계사의 흐름에 가장 큰 영향을 끼칠 독일의 통일이 어떤 형태를 띨 것인가를 결정지은 그야말로 운명의 전투였다. 동시에 이것은 프러시아 외교의 전통을 과감히 깨고 대담하게 반(反)오스트리아 노선을 택한 당시의 프러시아 수상 비스마르크의 승리이기도 했다.

이 전투에서 프러시아가 이김으로써 비스마르크는 독일 통일 문제에서 오스트리아를 배제하고 프러시아가 주도하는 통일 정책을 추진할 수 있게 됐다. 이는 독일 통일에서 오스트리아를 제외하려는 이른바 소독일주의의 승리였다. 그러나 이 중요한 승리의 소식을 접한 비스마르크의 마음은 기쁘기는커녕 오히려 무겁기만 했다. 그것은 그가 1862년 9월 수상에 취임한 이래 줄기차게 추구해온 '프러시아가 주도하는 독일통일'이라는 목표를 달성하려면 아직도 넘어야 할 험난한 산이 많이 남아 있었기 때문이었다.[22] 그가 직면한 긴급 과제는 승리의 여세를 몰아 빈까지 진격하는 군부의 움직임을 저지하는 것이었다. 비스마르크는 오스트리아를 독일연방 밖으로 몰아낸다는 이번 전쟁의 정치적 목표는 이미 달성되었으니 전투를 여기서 그만 끝내야 한다고 믿었다. 그가 그렇게 생각한 까닭은 크게 두 가지였다. 첫째, 프러시아가 세력을 더욱 확대하려고 하면 프랑스, 영국, 러시아 등 열강이 가만있지 않을 것이다. 둘째, 독일을 통일하려면 다음에는 반드시 프랑스와 싸울 수밖에 없다. 그때 오스트리아를 끌어들이려면 관대한 조건으로 강화(講和)해야 한다. 어차피 같은 게르만 민족의 나라인 오스트리아는 프러시아 최후 우방일 수밖에 없다.

프러시아 국왕 빌헬름 1세와 군부는 오스트리아에 아무런 영토적 보상을 요구하지 않는 관대한 조건을 담은 강화조약 초안에 반대했으나, 비스마르크가 사임 의사를 밝히면서까지 뜻을 굽히지 않자 국왕도 결

---

22 비스마르크는 수상이 된 지 며칠 안 된 1862년 9월 30일 독일 제국의회에서 그 유명한 말을 한다. "이 시대의 큰 문제는 연설과 다수결에 의한 결의로 해결되는 것이 아니라—1848년과 1849년에는 바로 이것이 실패의 원인이었습니다—철(Eisen)과 피(Blut)에 의해 해결되는 것입니다."

국 동의했다. 이리하여 비스마르크는 오스트리아의 원한을 사지 않으면서도 독일연방 밖으로 몰아내는데 성공한다. 이렇게 목적을 넘어서는 공격은 삼가야 한다는 비스마르크의 신념은 4년 후 또 한번 큰 힘을 발휘한다.

1870년 7월 15일 보불전쟁이 일어나고, 프랑스 황제 나폴레옹 3세는 두 달도 지나지 않은 9월 초 세단(Sedan)에서 연전연승을 거둔 프러시아 군에게 강화를 제의했다. 이 소식이 9월 3일 파리에 전해지자 다음날 파리의 한 호텔에서 새로운 공화국의 수립이 선포됐다. 즉 나폴레옹 3세가 몰락한 것이다. 새로운 프랑스 정부는 항전을 계속할 것을 선언했다. 비스마르크는 어차피 신생 공화국의 존속 가능성이 낮다고 보았기 때문에 진지하게 협상하려고 하지 않았다. 그는 프랑스의 저항을 꺾고 전쟁을 빨리 끝내기 위해 12월 하순 파리 포격을 명령했다. 전쟁이 길어지면 다른 열강들이 개입할지도 모른다고 판단했다. 그러나 몰트케를 비롯한 군부의 수뇌부는 파리를 프러시아 군대가 점령하고 계엄령을 선포해야 한다는 등 강경론을 주장했다.

군부의 의견을 따르면 평화 달성의 길이 요원해질 것이 틀림없었다. 몰트케는 사실상 평화에는 관심이 없었고, 프랑스를 완전히 쳐부수기를 원했다. 군부의 의중을 알게 된 비스마르크는 황제에게 정책결정의 최종권한은 자신에게 있다는 것을 명확히 해달라고 강력하게 요청했다. 황제는 비스마르크의 건의를 받아들여 1871년 1월 25일 그러한 취지의 내용을 담은 칙서를 내렸다. 이로써 비스마르크는 전권을 갖고 평화협상에 임할 수 있었으며, 협상 과정에서 군부는 큰 역할을 하지 못

했다.[23]

여기서 우리는 비스마르크가 군사적으로는 승산이 있다더라도 철저하게 국가전략적 관점에서 목적을 넘어서는 공격은 피했던 것을 볼 수 있다. 악비도 남송이라는 나라의 관점에서 그가 벌이고 있는 전투의 전략적 목표가 무엇인가를 고민할 필요는 있었다고 생각한다.

앞에서 '민간에 의한 군부 통제'라는 중국의 전통을 언급한 바 있다. 고종과 진회는 금의 보복뿐만 아니라 이 전통이 무너지는 것을 두려워했을지도 모른다. 이 원칙은 우리 대한민국의 현대사에도 큰 영향을 준 바 있다. 다음의 이야기를 보자.

미국 내에서 인기 없는 한국전쟁이 한창이던 1951년 4월 11일, 낮은 지지도로 고전하고 있던 트루먼 대통령은 또 하나의 인기 없는 결정을 내림으로써 미국 국민들을 경악하게 만든다. 수많은 미국인들이 영웅으로 추앙하는 더글라스 맥아더 장군을 전격적으로 해임한 것이다. 그러자 트루먼의 인기는 곤두박질쳤으며, 일부 야당 의원은 대통령의 탄핵을 거론하기까지 했다. 트루먼은 정치적으로 큰 위험을 무릅쓰고 힘든 결단을 내린 것이다. 그 까닭은 무엇인가? 한마디로 말해 힘 있고 존경받지만 대통령의 명령에 복종하지 않는 장군을 해임함으로써 '민간에 의한 군부의 통제'를 확실히 하기 위해서였다.

1950년 가을 유엔군의 참전으로 전세가 뒤바뀌면서 유엔군이 압록강까지 북상하자 중국은 한국전쟁에 개입했다. 트루먼은 공산군의 침

---

23 신생 독일제국과 프랑스는 1871년 5월 10일 독일의 프랑크푸르트(Frankfurt)에서 조약을 맺고 전쟁을 끝냈다. 프랑크푸르트 조약의 주요 내용은 다음의 세 가지다.
1) 프랑스는 독일에 알자스(Alsace)와 로렌(Lorraine)을 할양한다.
2) 프랑스는 독일에 50억 프랑의 배상금을 지불한다.
3) 프랑스가 배상금을 다 지불할 때까지 독일은 점령군을 프랑스에 주둔시킬 권리를 갖는다.

략으로부터 남한을 보호하려는 의지는 강했으나, 전쟁이 확대되는 것은 원하지 않았다. 그러나 유엔군 총사령관 맥아더는 중국과 본격적으로 싸워야 한다고 확신했고, 그러한 자신의 생각을 공공연히 발표하곤 했다. 트루먼은 맥아더의 이러한 행동을 도저히 묵과할 수 없었다.

영웅 맥아더의 갑작스러운 해임은 당시의 트루먼에게 정치적으로 작지 않은 타격을 주었다. 하지만 그의 결단 덕분에 한국전쟁은 더 큰 국제전쟁으로 이어지지 않았으며, 군부가 민간에 도전하는 일도 더 이상 일어나지 않았다.

악비와 비스마르크의 결정적 차이

이 세상의 거의 모든 지도자가 상관이 있다. 회사에서 힘들게 임원이 되면 위에 전무, 부사장, 사장이 있다. 사장이 되면 회장 또는 이사회가 군림하고, 그들에게 주주와 고객은 상전이다. 지도자가 리더십을 제대로 발휘하려면 아랫사람들을 잘 이끄는 것 못지않게 윗사람들과의 관계를 잘 관리하는 것이 중요하다. 부하들의 전폭적인 지지를 받지만 상사의 반대로 일을 추진하지 못하면 결과적으로 훌륭한 지도자로 평가받지 못한다. 이 점에서도 악비의 처신에는 약간 아쉬운 면이 있다.

물론 전투 현장의 사령관으로서 조정의 의견에 반대할 수는 있다. 조정이 현지 사정을 잘 모르고 오판할 수 있기 때문이다. 그러나 그 과정에서 구태여 상관의 원한을 살 필요까지는 없었다. 자신의 반대 의사를 정확히 표시하면서도 윗사람과 계속 원만한 관계를 유지하는 것도 얼마든지 가능하다. 악비는 진회와 그런 관계를 설정하는 것에 실패했다. 나중에 황제가 악비의 처형을 재가한 것을 보면 황제도 그를 특별히 총애하지는 않았던 것으로 보인다. 이 면에서도 앞에서 언급한 비스마르크는 악비와 매우 대조적이다.

직장 생활을 해본 사람이라면 누구나 상사가 자기를 싫어하면 그것이 얼마나 큰 스트레스가 되는지 잘 알 것이다. 그런데 비스마르크는 왕자 시절부터 자기를 몹시 싫어한 독일 황제 빌헬름1세 밑에서 26년간이나 재상으로 역임했다.[24] 이 사실 하나만 보더라도 비스마르크의 정치적 수완이 정말로 대단했으리라는 것을 쉽게 짐작할 수 있다. 동서고금을 막론하고 뛰어난 리더들은 자기를 싫어하는 사람들을 잘 다루는 솜씨를 갖고 있었다. 그러면 비스마르크는 황제와의 관계를 어떻게 관리했을까?

비스마르크는 우선 황제의 장점과 단점을 파악하고 그의 취미와 주변 사람들을 관찰했다. 그가 먼저 주목한 것은 황제가 철저한 무인(武人)이라는 점이었다. 무인들은 비겁하다든지 의무에 충실하지 않다든지 하는 소리를 듣는 것이 무엇보다 질색한다. 황제가 우물쭈물하며 결단을 내리지 못하면 비스마르크는 슬며시 "왜 두렵습니까?" 하며 신경을 돋웠다. 그러면 황제는 불끈하며, "두렵긴 뭐가 두려워, 어서 결행하게"하고 명령했다.

다음으로는 황제의 깊은 신앙심을 이용했다. 황제에게 보낸 비스마르크의 수천 통의 서한과 끊일 사이 없는 건의는 모조리 신(神)의 이름으로 쓰였고 또 행해졌다. 비스마르크는 황제가 어떤 결심하도록 할 때

---

24 단순하고 정직한 빌헬름 1세가 비스마르크를 싫어한 것은 둘의 성격이 정반대였기 때문이다.

성서의 구절을 인용해 그것이 신성한 신의 뜻임을 암시하는 방법으로 완곡히 설득했다. 결코 그것이 자기의 주장이라는 형태를 띠지 않도록 조심했다.

비스마르크는 또 황제가 자신을 절실히 필요로 한다는 것을 잘 알고 있었다. 1848년 3월 13일, 프로이센의 수도 베를린에서는 프랑스 2월 혁명[25]의 여파로 혁명적인 소요 사태가 일어났다. 프러시아 왕실은 하마터면 이때 없어질 뻔하였다. 언제 다시 민중이 봉기하여 황제를 단두대로 보내려고 할는지 알 수 없었다. 황제를 도와서 황실을 지키고, 동시에 황제의 군비 확장 정책을 추진할 수 있는 인물은 비스마르크밖에 없었다. 또 비스마르크는 재상 자리를 떠나면 자신이 동경하는 전원 생활로 돌아갈 수 있는 몸이다. 그러나 황제의 퇴위는 만고(萬古)의 굴욕이며 곧 황실의 쇠망을 의미한다. 이것이 황제의 최대 약점이었다. 비스마르크는 황제의 급소를 꽉 잡고 있었던 셈이다. 그래서 황제가 자기 의견을 받아들이지 않을 때는 번번이 사표를 제출했다. 그러면 황제는 당황하며 그의 주장을 받아들이곤 했다. 즉, 사표는 비스마르크가 자신을 미워하는 상관을 다룰 때 쓸 수 있는 아주 강력한 무기였다.

그러나 한편 비스마르크는 의회를 무시하면서까지 황제가 원하는 군비 확장 정책을 추진하는 뚝심을 보였다. 그래서 황제는 개인적으로는 비스마르크를 싫어했지만 그의 배짱과 추진력을 높이 샀다.

이와 같이 비스마르크는 회유와 위협을 포함한 여러 가지 방법으로 빌헬름 1세와의 관계를 관리하면서 그를 26년이나 섬겼다. 악비가 비

---

25 1848년 2월 22일 정부의 실정(失政)을 비난하는 공화주의자 및 사회주의자들이 주도했던 집회가 강제로 해산되면서 일어난 혁명.

스마르크의 이러한 뛰어난 처세술을 익혔으면 아마도 더 장수하면서 중국 역사에 더 크게 이바지하지 않았을까 한다.

❸

엘리트 리더의 한계를 보여준
트로츠키

**"강한 자가 살아남는 것이 아니라
살아남는 자가 강자다"**

청년 혁명가의 탄생

역사상 레온 트로츠키(Leon Trotsky)만큼 극적으로 이기고 비참하게 진 지도자도 없을 것이다. 트로츠키는 탁월한 민중 선동가였고, 추앙받는 군 지휘관이었으며, 지치지 않는 혁명의 전도사였다. 또한 진정한 의미의 실천가였으며 러시아 혁명을 구한 구제자이기도 했다.

본명이 브론슈타인(Lev Davidovich Bronstein)인 트로츠키는 1879년 11월 7일 우크라이나의 한 시골 마을에서 비교적 부유한 유대인 농부의 다섯째 아이로 태어났다. 그의 아버지는 트로츠키를 여덟 살 때 번창한 항구 도시 오데사(Odessa)에 있는 성(聖) 바울 실업학교에 보냈다. 그곳에서 독일어와 프랑스어를 배웠고, 곧 거의 모든 분야에서 가장 뛰어난 학생으로 두각을 나타냈다.

열일곱 살에 고교 졸업시험(Abitur)에 우수한 성적으로 통과한 그는 '남부 러시아 노동자 동맹'이라는 혁명 동아리에 가입한다. 이 단체는 손으로 써서 만든 정기 간행물을 발행하고 있었는데, 트로츠키는 자서전에서 이 시절의 일을 이렇게 회상했다.

> 나는 글자 하나하나를 최고의 정성을 들여 그렸다. 왜냐하면 글자를 간신히 깨친 노동자들조차도 우리의 선언문을 읽을 수 있도록 하는 것이 나의 의무라고 생각했기 때문이다. 일주일 내내 등을 구부리고 글만 썼으며, 집회에 참가할 때만 일손을 놓았다.

재산을 꽤 모았고 제정러시아 황제를 충성스럽게 섬기던 그의 아버지는 아들의 이런 활동에 깜짝 놀라서 경제적 지원을 끊었다. 몇 달 후 러시아 비밀경찰은 트로츠키를 감옥에 집어넣었다. 투옥은 이제 갓 열여덟 살이 된 그가 앞으로 여러 차례 겪게 될 세상으로부터의 첫 추방이었다.

1899년 여름, 스무 살이 되던 해 구금 상태에 있던 트로츠키는 여섯 살 연상의 혁명 동지 알렉산드라 소콜로프스카야(Alexandra Sokolovskaya)와 결혼한다. 그녀와 함께 추방되어 유배지에서 같이 살기 위해 한 혼인이었다. 트로츠키 부부는 1900년에 바이칼 호수 북쪽에 있는 우스트-쿠트(Ust-Kut)라는 곳으로 보내지는데, 금을 캐던 사람들이 살던 마을의 벌레가 우글거리는 오두막집에 신혼 살림을 차렸다.

트로츠키는 곧 이르쿠츠크(Irkutsk) 지역 신문사에 취직을 했다. 그 신

말년의 트로츠키(오른쪽)와 프랑스 작가 안드레 브르통

문사에 트로츠키는 아주 쓸모 있는 직원이었다. 왜냐하면 그는 모든 분야에 대해 글을 자유자재로 쓸 수 있었기 때문이다. 러시아 문학, 독일 문학, 독일 철학자 니체, 노르웨이의 극작가 헨리크 입센(Henrik Ibsen)에 대해서는 물론이고 농민 계급이 부딪힌 경영 문제 등에 대해서 거침없이 글을 썼다. 글을 쓰는 조건으로 약간의 생활비 밖에 벌 수 없었지만 그는 덕분에 깨어 있는 정신을 유지할 수 있었다.

1902년, 트로츠키는 러시아에 밀반입된 마르크스주의 문헌을 접한다. 그중에는 레닌이 독일 라이프치히에서 창간한 잡지 〈이스크라(Iskra, 불꽃)〉와 레닌의 첫 번째 대표작 《무엇을 할 것인가?》가 있었다. 이 책은 칼 마르크스(Karl Marx)의 사상에 정면으로 도전한 코페르니쿠스적 전환을 담고 있었다. 그 내용의 핵심은 다음과 같다.

노동자 계급이 스스로 일어날 것이라고 기대하고 그들에게 맡겨서는 안 된다. 인텔리겐치아(intelligentsia), 즉 지식 계급이 적극적으로 나서서 그들을 승리로 이끌어야 한다. 직업 혁명가들로 이루어진, 그리고 엄격한 규율이 있는 조직만이 프롤레타리아 독재 체제를 세울 수 있다.

같은 해 트로츠키는 농민용 수레에 실린 짚더미에 숨어 탈출을 감행한다. 부인과 두 딸을 두고 홀로 떠난 탈출이었다. 가까운 기차역에는 그의 친구들이 가짜 통행증과 옷을 준비해놓고 그를 기다리고 있었다. 트로츠키는 그날의 탈출을에 대해 이렇게 썼다.

가족을 떠나는 것은 혁명의 의무였다.[26]

트로츠키는 볼가강 유역의 쿠이비셰프(Kuybischev)에 도착한다. 그곳에서는 러시아판 〈이스크라〉가 불법으로 간행되고 있었다. 그는 곧 이 잡지에 투고하기 시작하는데, 뛰어난 필력 덕분에 런던에 머무르고 있던 레닌의 주목을 받게 되고 급기야 그의 초대를 받게 된다.

1902년 10월 두 남자는 처음 만났다. 아홉 살 위인 한 사람은 대지주의 아들로 태어난 변호사로, 자신을 레닌이라고 불렀다. 그의 본명은 블라디미르 울리아노프(Vladimir Ulyanov)였다. 그리고 또 한 사람은 레브 브론슈타인데, 그는 이제 자신이 갖고 있는 위조 통행증에 있는 대로 이름을 '트로츠키'라고 했다. 권력의 속성을 잘 이해하는 레닌은 냉혹한 전략가였지만, 목소리가 날카롭고 눌변이라서 대중을 열광시키지 못했다. 반면에 트로츠키는 불 같은 성격을 가졌지만 민중의 사랑을 받는 웅변가였다. 두 사람 모두 높은 수준의 교양을 지닌 지식인이었다. 이 두 직업 혁명가들이 무엇 때문에 서로에게 호감을 품게 되었는가는 명확하지 않다. 확실한 것은 둘은 곧 반목하고 대립하였으나, 결정적인 순간에 손을 잡고 세계사적인 혁명 과업을 함께 수행했다.

---

26 Wolf Schneider (2004), p.194.

레닌과의 만남 이후 트로츠키는 〈이스크라〉의 기자 신분으로 파리에 갔다. 그곳에서 러시아 여학생 나탈리아 세도바(Natalia Sedova)를 만나고, 암살될 때까지 그녀와 동거했다. 하지만 평생 정식 이혼은 하지 않았다.

1905년 2월, 스물다섯의 새파란 청년 트로츠키는 세도바와 함께 러시아의 수도 상트페테르부르크에 몰래 들어갔다. 얼마 전인 1월 22일 그곳에서 파업 노동자들이 여자와 아이들도 합류한 대규모 항의 시위를 벌였는데, 그들을 향해 러시아 근위군이 겨울궁전 앞에서 발포하는 사건(피의 일요일)이 일어났다. 이 총격으로 수천 명이 죽거나 다쳤다. 또한 같은 해 6월에는 유명한 '전함 포템킨(Potemkin) 반란 사건'이 일어났다.[27] 일련의 사건의 영향으로 같은 해 9월, 상트페테르부르크에서 첫 노동자평의회, 즉 소비에트(Soviet)가 결성된다.

1905년 11월 26일 트로츠키는 최초의 노동자평의회 의장으로 선출되는데, 당시에 그는 멘셰비키(Mensheviki), 즉 레닌이 이끄는 볼셰비키(Bolsheviki)와 대립하는 러시아 마르크스주의의 우파에 속해 있었다. 그러나 12월 16일 경찰에 체포된다. 이날 그가 보여준 당당한 태도는 참으로 멋지고 인상적이다. 경찰 간부가 소비에트 운영위원회가 열리고 있는 곳에 와서 체포 영장을 큰 소리로 읽으려고 하자, 트로츠키는 이렇게 호통쳤다.

"내 말을 끊지 마시오! 당신이 말을 하고 싶다면, 나는 여기 계신 위원들에게 당신의 말을 듣겠느냐고 묻겠습니다."

---

27 1905년 6월 27일 러시아 해군 전함 포템킨에서 일어난 반란 사건. 평소에도 열악한 근무 환경에 불만을 품고 있던 수병들에게 썩은 고기가 식사로 제공되자, 그들이 분노를 터뜨리며 들고 일어난 것이 발단이 되었다.

운영위원들이 듣겠다고 하고 나서야 경찰 간부는 체포 영장을 읽을 수 있었다. 트로츠키는 경찰 간부에게 "이제 할 말을 다 했으니 회의장을 나가달라"고 요구했다. 당황한 경찰 간부는 얼떨결에 회의장을 떠나고 몇 분 지난 뒤 다시 나타난다. 이번에는 부하 여러 명을 데리고.

1906년 10월, 트로츠키가 보여준 용기와 활동 때문에 그의 명성은 러시아 전국 방방곡곡에 퍼졌다. 레닌은 6년 전부터 거의 외국에만 있다시피해 사회주의 이론가들 사이에서만 알려져 있었고, 스탈린은 코카서스 지방의 평범한 사회주의 조직 간부에 지나지 않았던 시점이다. 그런 시절에 트로츠키는 법정에서 의기양양하게 "소비에트를 존경하고 그것에 고마워하"라고 요구했다. 또한 "오직 소비에트만이 수십만에 이르는 파업 노동자들의 물결을 안전한 물길로 돌릴 수 있다"고 주장했다. 트로츠키와 그와 함께 기소된 피고인들에게 법원이 내린 판결은 '시베리아로의 종신 유배'였다.

1907년 1월 15일 트로츠키는 시베리아에서 다시 탈출을 감행한다. 가진 것이라곤 금화 몇 개와 가짜 통행증뿐이었다. 유배지는 북극해로 흘러가는 오브(Ob)강 어귀로 툰드라로 불리는 황량한 얼어붙은 지대(地帶)였다. 끔찍한 귀양지에 도착하기 직전, 그는 어떤 농부의 도움으로 순록이 끄는 썰매를 타고 여드레 동안 밤낮없이 달려서 우랄 지방의 어느 기차역에 도착한다. 그리고 시베리아로 떠난 지 7주 만에 페테르부르크에 있는 여자 친구 나탈리아 세도바의 집에 나타난다. 그러나 러시아에 잠적해 있기에는 이미 너무나 잘 알려진 인물이 되어 있었다. 두 사람은 핀란드를 거쳐 해외로 빠져나간다. 이후 이들은 10년간 독일, 오스트리아, 스위스, 프랑스, 그리고 미국에서 망명 생활을 했다.

트로츠키가 나라 바깥에서 가장 오래 산 곳은 1907년에서 1914년까지 머무른 빈이다. 이곳에서 두 사람은 가구가 별로 없는 방 세 개짜리 집에 살았는데, 집에는 책이 산더미처럼 쌓여 있었다고 한다. 그는 신문기자로, 예술비평가로, 그리고 1912~1913년 발칸전쟁이 발발한 동안에는 종군기자로 활동했다. 특히 빈의 커피집을 좋아해서 이런 일화가 전해지고 있다. 어느 날, 오스트리아의 한 장관이 러시아 혁명의 가능성에 대해 묻자 누군가 이렇게 대답했다고 한다.

"글쎄요. 누가 혁명을 일으킬까요? 아마도 '커피집 센트랄'에 계신 트로츠키 선생이 하시지 않을까요?"[28]

트로츠키는 혁명을 목표로 꾸준히 매진했다. 독일 예나(Jena)에서 열린 독일사회민주주의당(사민당, SPD) 전당대회에 참석하고 런던, 슈투트가르트, 파리, 프라하, 브뤼셀에서 개최된 사회주의자 회의에도 모습을 드러낸다. 그러던 1912년 레닌이 프라하에서 자신을 따르는 러시아 사회민주주의 운동의 다수파, 즉 볼셰비키를 독자적인 정당으로 공표한다. 러시아 노동자 운동이 둘로 갈라진 것이다. 트로츠키는 이에 격분하여 레닌이 한 짓을 "더러운 음모"라고 맹비난했다. 그는 이미 1904년에 레닌을 "음흉하고 타락한 변호사"로 표현하며, (레닌이) 마르크스주의를 "걸레처럼" 취급하며 궁극적으로는 독재자가 되려고 한다고 세차게 비판한 바 있었다.

1914년 8월, 제1차 세계대전이 일어나자 트로츠키는 전쟁 당사국인 오스트리아를 떠나 중립국인 스위스로 이주하는 편이 더 낫다고 생각한다. 스위스의 취리히(Zürich)에서 그는 신이 나서 이렇게 썼다.

---

28 Wolf Schneider (2004), p.197.

"이번 전쟁은 각국의 국민 경제를 붕괴시킨다는 객관적 의의가 있다. 오직 위선자 아니면 어리석은 자들만 조국 수호를 운운할 것이다."

1914년 11월 트로츠키는 거처를 다시 파리로 옮겼다. 1915년 9월 11개 국의 사회주의 정당 대표 38명이 스위스 베른(Bern)의 높은 지대에 있는 치머발트(Zimmerwald)라는 곳에 모였다. 1864년 칼 마르크스를 중심으로 런던에서 제1차 국제 노동자 동맹, 즉 제1 인터내셔널(The First International)이 결성된 이후 반세기 만에 모든 국제주의자들이 한자리에 모인 것이다.

레닌은 이 자리에서 자신이 만든 선언문 초안을 내놓는다. 참석자들은 그 내용대로 움직이면 자기 나라에서 사형선고를 받을 것이 뻔해서 대부분 반대했다. 레닌이 제시한 선언문의 핵심 첫째, 전시 채권(war bond)의 인수를 거부하라는 것과 둘째, 참호에서 싸우는 동료 병사들을 포섭하여 혁명 동지로 만들라는 것이었다. 반면에 트로츠키가 제시한 수정안 만장일치로 채택됐다. 그 내용은 대체로 다음과 같다.

> 노동자들이여, 그대들은 지금까지 너무 오랫동안 지배계급을 위해 봉사해왔습니다. 이제는 그대들 자신의 일을 챙기고 물러설 수 없는 계급 투쟁의 길에 나서십시오!

트로츠키는 레닌과 달리 노동자들에게 폭동을 일으키라거나 보이콧을 하라는 등 구체적인 요구는 하지 않았다. 레닌은 치머발트에서 트로츠키에 패배했을 뿐만 아니라 국제적인 지명도에서도 밀리게 된다. 그럼에도 불구하고 두 경쟁자가 1915년에 화해할 수 있었던 까닭은 아래

격언에 따라 레닌이 전술적으로 후퇴했기 때문이다.

"당신이 그를 꺾을 수 없으면, 그 사람과 합쳐라."[29]

레닌은 스탈린과 달리 워낙 자기 자신에 대한 확신이 강했기 때문에 모욕으로 상처를 받는 사람이 아니었다.

1916년 10월, 프랑스 경찰은 트로츠키를 붙잡아 스페인으로 추방한다. 러시아 비밀경찰이 동맹국인 프랑스 당국에 그렇게 하도록 부추겼을 것이다. 그는 마드리드에서 다시 체포되어 12월 스페인에서도 쫓겨났다. 1916년 12월 25일, 트로츠키는 평생의 반려인 나탈리아, 그리고 그녀와의 사이에 태어난 두 아들과 함께 바르셀로나에서 뉴욕으로 가는 배에 올라 "형편없는 구닥다리 유럽"을 떠나게 된다.

2월 혁명

미국으로 떠나며 트로츠키는 유럽에 영원히 등을 돌리겠다고 다짐했다. 그러나 1917년 3월, '러시아 2월 혁명'이 일어나면서 상황이 급변했다. 혁명으로 황제는 가택 연금되고, 권력은 파업 노동자와 반란을 일으킨 군인, 사회주의 정치인들로 이루어진 소비에트로 넘어갔다. 2월 혁명이 일어났을 때 레닌은 취리히에 있었고 트로츠키는 뉴욕에 있었다. 둘 다 고국의 혁명 소식을 듣고 깜짝 놀랐다. 혁명 주동자는 당시 나이 서른다섯의 변호사이자 사회혁명당 소속이었던 케렌스키(Alexander Kerensky)였다. 그는 대지주들의 땅을 합법적인 토지 개혁을 통해 농민

---

29 "If you cannot beat him, join him."

들에게 나누어주기를 원했다.

트로츠키는 혁명 소식을 듣고 러시아로 돌아가기로 결심했다. 2월 혁명은 "우리들"의 목표에 근접하기는 하지만 이것이 "우리"의 혁명은 아니었기 때문이다.

미국에 도착하고 나서 불과 두달 밖에 지나지 않은 3월 17일, 트로츠키는 다시 유럽으로 가는 배에 몸을 싣는다. 돌아오는 과정에 잠시 캐나다에서 구류되기도 했지만, 덴마크와 핀란드를 거쳐 1917년 5월 17일 마침내 페테르부르크에 돌아왔다. 레닌은 이보다 한 달 일찍 귀국했는데, 이것은 연설가 트로츠키가 전략가 레닌과의 관계를 설정하는 데 있어서 불리하게 작용했다.

레닌은 처음에 트로츠키에게 볼셰비키에 입당하면 높은 직책을 맡기겠다고 제안했다. 그러나 트로츠키는 당에 들어가려고 하지 않았다. 이 결정은 그가 당 간부들에게 미치는 영향력을 제한했을 뿐만 아니라, 많은 혁명 동지가 그를 불신의 눈으로 바라보게 했다(트로츠키는 1917년 7월에야 정식으로 볼셰비키에 합류하지만 그 전에 이미 레닌의 노선에 상당히 기울어 있었다). 이것 역시 레닌에 대한 트로츠키의 상대적 위상을 약화시키는 결과를 낳았다.

하지만 노동자들 사이에서 트로츠키의 인기는 여전했다. 그는 거의 모든 노동자들 모임에 나가서 연설을 했다. 많을 때는 하루에 여섯 번 연설했다. 한번 연설을 시작하면 두 시간 가까이 했다. 그가 연설할 때마다 늘 우레와 같은 박수갈채가 쏟아졌다. 어떤 때는 몸이 녹초가 되도록 열변을 토했다.

1917년 7월 21일, 러시아 임시정부의 우두머리가 된 케렌스키는 볼

세비키가 일으킨 7월 봉기를 이유로 레닌을 체포하라고 명령한다. 레닌은 간신히 핀란드로 도망갈 수 있었다. 그래서 레닌은 닷새 후에 열린 제6차 볼셰비키 전당대회에 참석하지 못했다. 트로츠키도 함께 체포된다. 이때 스탈린은 당 기관지 〈프라우다(Pravda)〉[30]의 편집장 자격으로 처음 볼셰비키 지도자로 전면에 등장한다. 감옥에서 트로츠키는 〈프라우다〉에 실릴 일련의 투쟁적인 논설을 몰래 내보냈고, 볼셰비키 당에도 입당했다.

트로츠키는 9월 17일 석방되자마자 인기와 명성을 바탕으로 즉시 노동자들을 규합하여 무장군사조직을 만드는 작업에 착수한다. 이른바 적위대(赤衛隊, Red Guards)의 탄생이다. 그리고 10월 6일, 엄청난 박수갈채를 받으며 페테르부르크 소비에트 의장으로 선출된다. 1905년에도 선출된 적이 있으니 이번이 두 번째였다. 레닌은 이 일이 있고 나서 2주 후에야 핀란드에서 돌아왔다. 그것도 변장한 채 잠입했고 단 하루만 머물렀는데, 볼셰비키 중앙위원회 모임에 참석하기 위해서였다.

10월 23일에 극비로 열린 이 중요한 회의에서 볼셰비키는 격론 끝에 찬성 12표, 반대 9표로 케렌스키 정부를 폭력으로 무너뜨리기로 결의한다. 이 결정을 레닌이 주도한 것은 말할 것도 없다. 회의가 끝난 후에 레닌은 다시 잠적하는데, 레닌 자신은 노동자들과 군인들을 시가전에 동원할 수 있을지에 대해 상당히 회의적이었다고 한다. 조직적으로 무력봉기를 준비하는 임무는 트로츠키가 맡았다. 그는 페테르부르크 소비에트 의장일 뿐만 아니라 10월 22일부터는 같은 소비에트 안에서 새로 만들어진 군사혁명위원회의 의장이기도 했다.

---

30 Pravda는 러시아어로 '진리'를 뜻한다.

11월 4일, 위원회는 페테르부르크 주둔군에 대한 명령권을 접수한다. 이는 볼셰비키가 권력을 잡는 데에 있어서 결정적인 돌파구가 된다. 11월 6일에서 7일에 걸친 밤, 트로츠키의 서른여덟 번째 생일에 적위대는 정교하게 세운 작전 계획에 따라 페테르부르크의 기차역, 전화전신국, 발전소를 점령한다. 시내의 주요 다리, 국립은행, 군량 창고 등도 손에 넣었다. 러시아 임시정부가 들어서 있는 겨울궁전은 포위되고 장관들은 감금됐다. 20세기 세계사에 한 획을 그은 러시아 '10월 혁명'[31]의 시작이다. 다음 날 저녁 적위대와 혁명에 가담한 군대는 페테르부르크를 사실상 장악했다. 레닌이 회의적으로 언급했던 시가전은 아예 일어나지도 않았다. 러시아 정부를 뒤집어엎는 과정에서 레닌의 역할은 없었다. 트로츠키가 홀로 주도권을 쥐고 피를 거의 흘리지 않고 혁명을 승리로 이끈 것이다. 이에 대해 트로츠키는 이렇게 썼다.

시민 계급은 바리케이드, 화재, 약탈, 피바다 등이 있을 것이라고 생각했습니다. 그런데 실제로는 세계의 모든 천둥보다 더 무서운 정적만이 흘렀습니다. 우리 사회에 소리 없이 지각 변동이 일어나서 민중이 전면에 등장했고, 어제까지의 지배층은 땅 속으로 떨어졌습니다.

트로츠키는 또 〈프라우다〉 특별판에서 이렇게 선언한다.

러시아 정부는 국민을 상대로 음모를 꾸몄고, 이제 음모자들은 모두 근절될 것이다!

---

31 서양에서 쓰는 그레고리력(Gregorian Calendar)을 따르면 11월 혁명이 된다.

페테르부르크는 정말로 조용했다. 트로츠키는 마지막으로 겨울궁전만 무력을 동원하여 공략하도록 했는데, 이때도 단 여섯 명이 목숨을 잃었을 뿐이다. 이들만이 페테르부르크에서 일어난 10월 혁명의 사상자들이었다. 트로츠키는 약 5,000명의 무장 노동자들을 이끌고 인구 1억 5,000만의 대국을 무너뜨렸다.

혁명이 성공했다는 소식을 듣고 핀란드에서 헐레벌떡 달려온 레닌은 혁명정부라고 말할 수 있는 인민위원회를 만들고 트로츠키를 외무부 장관으로 임명한다. 트로츠키는 그가 남긴 많은 글 어디에서도, 그리고 그의 전기를 쓴 작가들도, 가장 중요한 이 질문을 던지지 않았다. 그렇게 노동자들의 열광적인 환호를 받았으며 적위대를 창설하고 지휘한 트로츠키 자신은 왜 권력을 잡지 못했는가?

그 까닭은 아마도 다음 두 가지가 아닐까 한다.

첫째, 그의 불 같은 성격에도 불구하고 트로츠키는 기본적으로 예측 가능한 사람이었고, 그래서 술수에 능하지 않았다. 레닌처럼 꼭 권력을 잡으려는 극렬하고 무쇠 같은 의지가 없었다.

둘째, 트로츠키는 대중에게는 엄청난 영향력을 행사했지만 그들은 가장 강한 집단이 아니었다. 가장 센 세력은 당 간부들이었는데, 레닌은 그들을 잘 길들여놓았고, 그래서 '프롤레타리아 독재의 수립'이라는 자신의 목표를 달성하기 위해 그들을 마음대로 움직일 수 있었다.

선동가, 군을 지휘해 소비에트를 지켜내다

1917년 12월, 러시아에 들어선 새 소비에트 정부는 1915년부터 러시아 본토 깊숙이 들어와 있던 독일군과 오스트리아군에게 휴전을 제안한다. 12월 22일, 브레스트-리토프스크(Brest-Litovsk)에서 시작된 휴전 회담은 양쪽의 입장을 정리하기 위해 12월 28일 일단 휴회했다. 회담이 다시 열릴지는 한동안 불확실했다. 그러던 1918년 1월 8일, 트로츠키 외무부 장관이 이끄는 러시아 대표단이 회담 장소가 있는 브레스트-리토프스크로 들어온다. 휴전 회담에 임한 트로츠키는 여유를 부리면서도 서슴지 않고 대담하게 말하여 승리감에 도취되어 있던 독일군 장군들을 깜짝 놀라게 했다.

그는 독일과 오스트리아의 외국 영토 합병 계획을 공공연히 비난하고 리투아니아, 라트비아, 폴란드 국민들의 민족자결권을 요구하였으며, 나아가 평화를 열망하는 독일 및 오스트리아 국민들에게 호소하기도 했다. 또한 러시아 혁명이 독일과 오스트리아로 번질 것을 기대하며 회담을 질질 끌었다. 실제로 트로츠키의 독일, 오스트리아 민중에 대한 열정적인 호소는 두 나라에서 커다란 반향을 일으켰고, 빈과 베를린에서 대중이 행동에 나서기도 했다. 볼셰비키는 그 귀추에 커다란 기대를 걸었지만 공산주의 혁명으로 이어지지는 않았다.

한편, 브레스트-리토프스크에서는 휴전 회담이 또 다시 중단됐다. 독일 측 대표인 막스 호프만(Max Hoffmann) 장군이 기존의 요구 사항 외에 추가적으로 러시아가 에스토니아 및 리보니아(Livonia)에서 철수할 것을 요구했기 때문이다. 호프만 장군은 자신의 입장을 확실히 표명하기 위해 주먹으로 테이블을 내려치기도 했다. 이에 트로츠키는 회담의 일시 중지를 요구하고 대표단과 함께 페테르부르크로 떠났다.

트로츠키가 회담장을 박차고 나오던 날 페테르부르크에서는 1917년 11월 25일 거행된 선거에서 합법적으로 선출된 제헌의회가 열리고 있었다. 11월 선거는 소련이 해체되는 1991년까지 마지막 자유선거로 역사에 기록되는데, 이 선거에서 볼셰비키는 크게 패했다. 볼셰비키는 24퍼센트의 지지를 얻는 데 반해 케렌스키가 이끄는 온건파 사회혁명주의자들은 62퍼센트를 얻었다. 그러자 소수파인 볼셰비키는 다수파에게 모든 국가권력을 즉시 소비에트에게 넘기라고 요구했다. 다수파가 그들의 요구를 거부하자 볼셰비키는 회의장을 나왔다. 그리고 레닌의 명령을 받은 무장 수병들이 제헌의회를 해산시켰다.

평화협상에 관한 한 레닌의 생각은 확고했다. 그는 모든 역량을 혁명에 집중시키기 위하여 어떤 대가를 치르더라도 평화협정을 맺어야한다고 주장했다. 레닌의 생각에 스탈린도 동조했다. 그러나 또 한 명의 볼셰비키 지도자인 부하린(Nikolai Ivanovich Bukharin)은 독일이 제시한 요구 사항들을 받아들인다면 정치적인 재앙이 될 것이라며 반대했다. 트로츠키는 평화협정 조인은 거부하되, 더 이상 독일군, 오스트리아군과 싸우지 말고 그들 군대의 붕괴를 조장하자고 했다. 그의 구호는 "전쟁도 아니고 평화도 아니다"였다. 볼셰비키 중앙위원회는 격렬한 토론 끝에 트로츠키의 노선을 따르기로 결정한다. 다시 브레스트-리토프스크에 돌아온 트로츠키는 2월 10일 전쟁은 끝났다고 선언하고 협상을 중지했다. 그러자 독일은 2월 16일 소비에트 정부에게 최후통첩을 보냈고, 소비에트 정부는 이를 무시했다. 2월 18일, 독일군은 다시 공세에 나섰다.

레닌은 또 다시 온 힘을 다해 독일이 내건 평화 조건을 받아들이자고 주장했고, 이번에는 중앙위원회에서 표결에서 13표 가운데 7표를 얻어 자신의 의견을 가까스로 관철시켰다. 소비에트 정부는 전신으로 독일 정부에 평화 조건을 수락할 용의가 있다고 알렸고, 독일 정부는 2월 22일 회신을 보내오는데 이전보다 훨씬 더 가혹한 조건을 강요했다. 발틱 국가들, 핀란드, 폴란드, 그리고 우크라이나까지 포기하라는 요구였다. 결국 1918년 3월 3일, 러시아 혁명 정부는 굴욕적인 브레스트-리토프스크 조약을 체결하고 1차 세계대전의 수렁에서 빠져나왔다.

조약이 체결된 후 트로츠키는 최고군사위원회 의장, 즉 적군(赤軍, Red Army) 총사령관에 취임한다. 그는 자신이 거의 키우다시피 한 군대를 데리고 모든 면에서 우세한 듯이 보이는 백군(白軍, White Army)과 싸워야 했다. 온건파 사회주의자들, 시민계급 출신, 군주주의자(monarchists) 등 백군의 구성원은 다양했다. 이들은 코사크 사람들과 한편이 되어 어떻게 해서두지 공산주의자들을 다시 몰아내려고 했다. 양쪽 모두 죽기를 각오하고 싸운 비참한 내전이었다.

1919년 여름, 백군은 우랄 산맥, 크리미아 반도, 그리고 발트해의 에스토니아 쪽 세 방향에서 러시아 내륙 깊숙이 진군한다. 10월에는 유데니치(Judentisch) 장군이 이끄는 백군 부대가 발트해 쪽에서 진격하여 페테르부르크의 코앞까지 쳐들어온다. 트로츠키는 시민들의 강력한 저항 의지를 불러일으키고 엄청난 에너지로 전투를 지휘하여 도시를 지키는 데 성공했다. 그러나 영국과 프랑스가 빙해 항구도시인 무르만스크(Murmansk)와 아르한겔스크(Arkhangelsk), 그리고 흑해의 오데사(Odessa)

를 점령해 백군을 지원했다.

절망적인 전황과 당 내부의 반대에도 불구하고 트로츠키는 전황을 역전시키기 위해 자신이 확신한 제안을 관철시킨다. 그는 적위대와 옛 제정러시아의 갈 데 없는 군인들에게는 군사 전문가들이 필요하며, 군사 전문가들이란 제정러시아 시절의 군 장교들이라고 말했다. 이들을 모두 개인별로 정치위원들이 감시한다는 전제하에 그들의 군사 역량을 활용하자는 것이었다.

자신의 제안을 관철시킨 트로츠키는 두 대의 증기기관차가 끄는 무장열차를 마련한다. 통신 시설을 갖춘 열차에는 무기, 탄약, 의약품, 식량 등이 실려 있었다. 트로츠키는 2년 이상 이 기차에 머무르면서 동부전선으로, 남부전선으로, 북부전선으로 달려갔다. 그는 빠른 속도, 전황을 내다보는 안목, 자신에게 집중된 지휘권의 적극적인 행사를 통해 언제나 백군보다 앞서 나가며 내전의 양상을 뒤집었다.

1920년 영국군과 프랑스군이 철수하고, 백군의 패배가 분명해 보이자 같은 해 4월 폴란드 국가원수 필수드스키(Pilsudski)가 제4전선을 열어 우크라이나 깊숙이 침공해 들어온다. 그러나 트로츠키가 이끄는 적군은 반격에 나서 폴란드군을 바르샤바까지 몰아냈다. 이제 모든 사람들이 폴란드가 완패할 것이라고 말했지만, 결과는 러시아의 패배였다. 러시아 장군 세묜 부욘니(Semyon Budyonny)가 지휘하는 기병 군단이 트로츠키의 명령을 어기고 남쪽으로 방향을 틀어버려 투카체프스키(Tukhachevsky) 장군이 이끄는 주력군의 좌측 측면이 벌거숭이가 되었기 때문이다. 부욘니가 이런 독단적인 행동을 하도록 사주한 이는 그의 정치위원(political commissar) 스탈린이었다. 그래서 트로츠키와 투카체프스키는 스탈린을 공개적으로 비난한다. 스탈린이 이때부터 이 두 사람에 대해 깊은 적개심을 품게 된 것은 두말할 나위도 없다.

"미친개를 쏘아 죽여라"

내전은 소비에트의 승리로 끝났지만 전쟁으로 인한 경제 붕괴와 볼세비키의 가혹한 수탈로 민심은 날로 흉흉해졌다. 그러던 1921년 3월 2일 1만 6,000명의 수병들이 페테르부르크에서 반란을 일으킨다. 그들은 언론, 출판, 집회의 자유를 부르짖으며 볼셰비키 없는 소비에트를 요구했다. 수병들 앞에서 트로츠키는 대중 선동자로서 처음으로 큰 성공을 거둔 바 있었는데 이제 그들을 진압하라는 것이 당의 명령이었다.

이 명령을 수행하기 위해서 트로츠키가 얼마나 자제력을 발휘해야 했는지는 알려지지 않았다. 어쨌든 그는 반란군을 향해 발포하라는 명령을 내린다. 권력과 관계되는 문제에서 감사하는 마음이 무슨 소용인가? 한때 품었던 호감이 무슨 상관인가? 트로츠키는 레닌과 인민위원회의 다른 위원들에게 깊은 인상을 주기 위해, 또한 당에 대한 절대적인 충성심을 보이기 위해 이런 행동을 했는지도 모른다. 그러나 한때 혁명 동지였던 수병들의 잔인하게 진압한 행동은 이후 스탈린과의 권력 다툼에서 아무런 도움이 되지 않았다.

1922년, 스탈린은 조용히 막강한 권력을 잡기 위한 기반을 다지고 있었다. 노동자, 농민들을 감시하고 감독하는 인민위원이었던 스탈린은 자신을 위해 당 총서기라는 새로운 직책을 만들었다. 그리고 당 및 정부의 관료기구라는 거대한 거미집의 거미가 됐다. 사람들은 곧 그를 "색인카드 상자 동무"[32]라고 부르며 비아냥됐다. 이렇게 스탈린이 점차 권력을 장악하던 때 쉰두 살 레닌이 뇌졸중으로 두 번이나 쓰러진다.

1922년 5월에 첫 번째 뇌졸중이 온 후에도 레닌은 하루에 두 시간 정도는 일했다. 그러나 12월에 두 번째 찾아온 뇌졸중은 그의 몸의 오른쪽 절반을 마비시켰다. 해가 바뀔 무렵 레닌은 러시아공산당에 보낼 메시지를 받아쓰게 했는데, 이는 나중에 그의 유서로 간주됐다. 1923년 3월 다시 쓰러진 레닌은 사실상 정치무대에서 사라진다. 레닌은 유서에서 자신이 세상을 떠난 후에 현재의 공산당 총서기 스탈린을 교체할 것을 중앙위원회에 건의했다. 스탈린이 너무 거칠다고 생각한 레닌은 그보다 더 참을성이 있고, 충성심이 더 강하고, 더 예의 바르고, 동지들에게 더 정중하고 그리고 덜 변덕스러운 사람으로 바꾸라고 촉구했다. 다만 누가 스탈린의 후임이 되어야 한다고 말하지는 않았다. 그러나 누가 보기에도 그가 염두에 둔 사람은 트로츠키였다.

레닌은 삶의 마지막 아홉 달 동안 말조차 제대로 할 수 없다가 1924년 1월 21일 숨을 거둔다. 그의 장례는 러시아 황제가 죽은 것처럼 수많은 조문객이 애도하는 가운데 화려하게 치러졌다. 스탈린은 장례식 때 관을 나른 사람들 중 하나였다. 반면 트로츠키는 레닌이 죽기 직전, 건강 회복을 위해 흑해 지방으로 떠나 있어서 장례식에 참석하지 못했다. 그는 나중에 "스탈린이 일부러 잘못된 날짜를 알려줬다"고 주장했

---

32 "거대한 공산당 조직과 정부 관료기구에 깔려 있는 모든 관리 및 당원들에 관한 정보를 담고 있는 색인 카드를 손아귀에 넣고 그들을 감시·통제하는 무서운 사람"이란 뜻.

다. 그러나 그는 동시에 자신의 회고록에서 이렇게 인정했다.

"나는 혼자 있어야 할 필요가 있었다."

트로츠키는 뛰어난 리더였지만 정치적 의지가 약했다. 이와는 대조적으로 스탈린은 권력 의지가 아주 강했으며, 조직 능력이 뛰어났다. 뿐만 아니라 그는 상대방의 약점을 본능적으로 알아보고, 그에 맞춰 자신의 권력 기반을 탄탄히 해줄 동맹관계를 구축하는 능력이 있었다.[33]

레닌의 죽음에 대비해 스탈린은 이미 동맹 관계를 형성해 놓았다. 이를 역사는 스탈린/지노비예프(Zinoviev)/카메네프(Kamenev) 삼각동맹이라 부른다. 지노비예프와 카메네프는 모두 러시아 혁명의 주역이다. 지노비예프는 국제공산당(코민테른) 총서기이자 이제 레닌그라드로 이름이 바뀐 옛 수도 페테르부르크의 당서기였다. 카메네프는 모스크바 소비에트 의장이었다. 볼셰비키 지도자들 가운데 유일하게 레닌에 버금가는 지적 능력을 갖추고 있는 트로츠키는 세 사람의 공공의 적이었다. 이들은 적군을 창설한 1917년 3월부터는 최고군사위원회 의장 자리에 있던 트로츠키가 군부의 지지를 등에 업고 일인 독재체제의 구축을 꾀할지도 모른다고 의심했다. 또한 트로츠키가 늦게, 즉 1917년 7월에 가서야 레닌의 노선을 따르고 당에 합류한 것을 좋지 않게 생각했다.

레닌이 세상을 떠난 지 넉 달이 지난 1924년 5월, 중앙위원회 전체회의에서 스탈린과 관계된 부분이 포함된 레닌의 유서가 큰 소리로 낭독된다. 이 결정적인 순간에 스탈린을 구해준 이는 지노비예프였다. 그는 이렇게 선언했다.

"당 총서기에 관한 한 레닌 동지가 우려한 것은 쓸데없는 걱정입니

---

33 Winkler (2016), p.513.

다."

지노비예프와 카메네프의 지원에 힘입어 스탈린은 당 총서기 직책을 계속 유지했다. 그리고 레닌의 유서는 비밀문서로 분류되어 숨겨진다. 이리하여 스탈린은 삼각동맹을 통해 추구했던 목표를 거의 달성했다.

1924년 가을이 되자 스탈린은 자신의 신조인 일국사회주의론, 즉 한 나라에서 사회주의 사회를 건설할 수 있다는 이론에 입각하여 공산당을 이끌어가기 시작한다. 그의 정책 방향은 트로츠키의 영구혁명론(The Theory of Permanent Revolution)[34]을 완전히 부정할 뿐만 아니라, 간접적으로는 자기 자신을 도운 지노비예프와 카메네프를 배척하는 것이기도 했다.[35]

스탈린은 또한 트로츠키를 제거하는 4단계 계획을 행동에 옮기기 시작한다. 먼저 트로츠키의 힘을 빼앗고, 그에게 굴욕감을 느끼게 하고, 그를 쫓아내고, 마지막으로 그를 죽인다는 무시무시한 계획이었다. 스탈린과의 권력 다툼에서 트로츠키가 패배한 까닭으로 독일의 저명한 언론인 볼프 슈나이더(Wolf Schneider)는 아래의 네 가지를 들었다.

첫째, 권력을 잡으려는 강한 의지를 끝까지 밀어붙이지 않았다.
둘째, 능란하게 사람을 조종하는 리더십은 그의 강점이 아니었다.
셋째, 장기적인 관점에서 음모를 꾸미는 지도자가 아니었다.

---

34 트로츠키가 주창한 그의 독자적인 혁명이론이다. 러시아 같은 후진국에서는 프롤레타리아에 의한 부르주아 혁명이 추진되어 필연적으로 프롤레타리아 혁명으로 발전하지만, 최종적인 혁명 성공을 위해서는 선진국의 프롤레타리아 혁명 운동을 촉진하고 그것을 지원하는 것이 꼭 필요하다고 하였다.

35 스탈린을 도와 트로츠키를 배척했고 그의 권력 기반을 탄탄히 다지는 데 크게 이바지한 지노비예프와 카메네프는 모두 1936년 스탈린에 의해 처형당한다.

넷째, 의도적으로 침묵하는 편이 더 나은 전술이었을 상황에서도 트로츠키는 말로 상대방을 꺾으려고 했다.[36]

스탈린이 트로츠키를 극도로 미워했고 그를 어떻게 해서든지 제거하려고 한 것은 그다지 놀랄 만한 일이 아니다. 둘은 정치노선이 완전히 달랐다. 앞에서 언급한 대로 트로츠키는 영구혁명론을 주창했고 스탈린은 일국사회주의론을 내세웠다. 트로츠키의 영구혁명론에서 '영구'란 말은 "최후에 승리할 때까지 계속되는"이라는 뜻이고, 이는 러시아 내부에서도 적용된다. 즉, 나라 안에서도 전략적인 고려나 복잡한 관료 조직에 얽매이지 말고 혁명이 계속되어야 한다는 것이 토로츠키의 주장이었다. 이러한 투쟁 노선이 스탈린이 애써 구축한 권력 구조와 정면으로 부딪치는 것은 두말할 나위도 없다.

그러나 스탈린이 트로츠키를 그토록 지독히 미워한 까닭은 이 밖에도 많이 있었다. 그는 아래의 모든 사실을 싫어했다.

러시아 혁명 당시의 트로츠키의 눈부신 활약
트로츠키가 누리는 화려한 명성
트로츠키가 대중 앞에서 자신을 공격한 사실
자신의 뛰어남을 노골적으로 과시하는 듯한 트로츠키의 거만한 태도

트로츠키는 불꽃 같은 연설을 토해내고 멋진 제스처도 할 줄 아는 세련된 국제적인 유명인사였다. 반면 스탈린은 아무도 우러러보지 않지

36 Wolf Schneider (2004), p.205.

만 거의 모든 사람이 두려워하는 공산당 총서기였다. 그런 스탈린을 트로츠키는 얕잡아보는 듯 대하거나 아예 무시했다. 한마디로 말해 세계가 알아주는 거물 트로츠키의 눈에 빈민 출신 스탈린은 교활하고, 권력을 탐내고, 복수심에 불타는 실세 정치가로 보였다.

1925년 1월, 소련공산당 중앙위원회가 트로츠키의 영구혁명론을 비난하자 트로츠키는 이를 수용해야만 했을 뿐만 아니라 최고군사위원회 의장직도 내놓아야만 했다. 정치국 위원직은 유지할 수 있었다.

그러던 1926년 10월 26일, 〈뉴욕 타임스(The New York Times)〉가 비밀 문서로 분류된 레닌의 유서 전문(全文)을 소개한다. 소련공산당 정치국은 트로츠키가 레닌의 유서를 서방 언론에 흘렸다며 그에게 책임을 전가했다. 이때 트로츠키는 마지막 반격을 가한다. 스탈린이 프롤레타리아를 관료 조직에 팔아넘겼다며 비난한 것이다. 그는 스탈린에게 이렇게 쏘아붙였다.

"당 총서기 동무는 나라의 무덤을 파는 직책에 입후보하고 계십니다."

다음 날 소련공산당 중앙위원회는 트로츠키를 정치국에서 쫓아냈다. 1년 후인 1927년 11월, 트로츠키는 소련공산당에서도 축출된다. 트로츠키를 몰아낸 스탈린은 삼각동맹을 맺은 지노비예프와 카메네프도 각각 1927년 11월과 12월에 공산당에서 제명했다. 그러나 이 두 사람은 자신들의 정치적 견해를 철회했고, 그 대가로 1928년에 다시 소련공산당에 입당할 수 있었다. 반면에 트로츠키는 어떠한 해명도 거부했다.

1928년 1월 18일, 소련 비밀경찰 요원들이 트로츠키의 집에 강제로 들이닥치더니 그에게 같이 갈 것을 요구했다. 트로츠키가 동행을 거부하자 그를 자동차에 태워 카자흐스탄으로 가는 기차가 있는 곳으로 데리고 갔다. 트로츠키를 카자흐스탄의 알마-아타(Alma-Ata)로 귀양 보내려는 것이었다. 같은 해 모스크바에서는 그의 딸이 석연치 않은 상황에서 세상을 떠났다. 알마-아타에 머무르면서 트로츠키는 추종자들의 도움을 얻어 소련에 있는 자신의 동지들에게 800통의 편지와 500통의 전보를 비밀리에 보내며 복귀를 꾀했다.

그러자 1929년, 스탈린은 트로츠키를 터키로 추방했다. 이때 그는 놀랍게도 방대한 문서 자료를 갖고 조국을 떠날 수 있었다. 이스탄불의 소련 영사관은 그에게 슬쩍 1,500달러를 쥐어주기까지 했다. 독일의 출판사 에스 피셔(S.Fischer-Verlag)는 자서전을 쓰라고 권유했다. 이후의 트로츠키의 삶을 간단히 정리하면 다음과 같다.

1931년, 트로츠키의 집에 불이 난다. 그래서 귀중한 자료의 일부가 없어지고 만다.

1933년, 트로츠키의 또다른 딸이 베를린에서 스스로 목숨을 끊는다. 소련에 있던 두 사위는 시베리아로 추방되는데 그곳에서 네 자녀와 함께 행방불명된다. 같은 해 트로츠키는 프랑스 입국 비자를 받는다. 그러나 신변의 위협을 느껴 사는 곳을 여러 차례 옮기고 이름도 몇 번 바꾼다. 심지어 자신의 그 유명한 뾰족한 턱수염조차 깎아버린다.

1935년, 노르웨이에 정착한다. 같은 해에 스탈린은 이제 트로츠키라는 이름을 대중의 기억에서 완전히 지워버려도 될 만큼 자신이 충분히 강해졌다고 느낀다. 그는 '공산당의 역사'를 서술하도록 하는데 겨울궁전 공략을 지휘하고 내전을 승리로 이끈 전략가가 트로츠키가 아니고 스탈린으로 기록된다. 또한 레닌 가까이에 트로츠키가 있는 모든 사진에서 그의 모습이 지워지고 소비에트 백과사전에서는 트로츠키라는 항목이 아예 없어진다.

1936년, 소련 정부의 압력을 받아서인지 노르웨이 정부는 트로츠키가 어떠한 정치 활동도 하지 못하도록 한다. 또한 그의 서한을 검열하고 가택에 연금한다. 그의 작은아들이 소련에서 체포되는데, 1938년 이후 그를 본 사람은 아무도 없다.

1937년, 트로츠키의 큰아들마저 파리에서 숨을 거둔다. 이제 트로츠키의 네 자녀는 모두 하늘나라로 갔다. 그중 셋은 살해된 것으로 추정된다. 트로츠키는 멕시코가 자신의 망명을 허락하자, 삶의 종착역이 될 나라로 떠난다. 멕시코 정부는 특별열차편을 마련해 그를 항구에서 수도로 데려갔다. 그러나 유럽의 내로라하는 문인들은 트로츠키의 등 뒤에서 저주의 말을 퍼부었다.

"미친개를 쏘아 죽여라."

막심 고리키(Maxim Gorkiy), 미하일 숄로호프(Michail Scholokhov, 1965년도 노벨문학상 수상자), 리온 포이히트방거(Lion Feuchtwanger, 독일의 베스트셀러 작가), 일리야 에렌부르크(Ilja Ehrenburg)[37] 등이 그들이다.

멕시코 경찰의 권고로 트로츠키가 들어가 살 집은 이중 콘크리트 담장으로 둘러싸였다. 그의 집무실은 철제문으로 추가적인 보호장치를 해놓고, 밤낮으로 경호원들이 지켰다. 그럼에도 불구하고 1940년 5월 24일, 경찰관으로 위장한 한 무리의 남자들이 요새 같은 집에 침투하

---

37 일리야 에렌부르크는 2차 대전 말기인 1945년에 소련군 병사들을 위해 아래의 표어를 만든 작가로 추측되고 있다. "죽여라, 영광스러운 적군(赤軍) 병사들이여. 죽여라, 죽여라!"

는데 성공한다. 다행히 곧 제압되어 트로츠키는 암살을 면했다. 그는 멕시코 외무장관에게 아래와 같은 내용의 서한을 보냈다.

"스탈린은 저의 온 가족을 죽였습니다. 현재까지의 예외는 저의 아내와 이제 하나밖에 남지 않은 손자뿐입니다. (중략) 제 옛 비서들 가운데 둘은 소련 비밀경찰 요원들에 의해 살해당했습니다. (중략) 이 모든 범죄 행위의 최종적인 목표는 저를 육체적으로 제거하는 것입니다."

그리고 석 달 후, 트로츠키는 암살을 당한다. 소련 비밀경찰은 2년 이상 트로츠키 암살을 준비했다고 한다.

호텔전문학교에서 세련된 매너를 익힌 스페인 공산주의자 라몬 델 리오 머캐더(Ramón del Rio Mercader)는 소련 공산당의 지시로 벨기에 백만장자의 아들을 사칭하고 파리에서 실비아 아겔로프(Sylvia Agelof)라는 스물일곱 살의 러시아 출신 미국 여성에게 접근한다. 실비아는 열렬한 트로츠키 신봉자일 뿐만 아니라 그녀의 자매가 트로츠키의 비서였다. 고급 승용차를 몰고 다니며 실비아에게 선물 공세를 퍼부은 머캐더는 실비아와 약혼을 한다.

1939년 머캐더는 약혼녀와 함께 뉴욕으로 갔다. 그는 벨기에 신문사의 부탁으로 미국에 가는 것이라고 그녀를 속였다. 10월이 되자 그는 뉴욕에서 멕시코로 건너가 트로츠키의 비서인 약혼녀의 자매를 만나게 된다. 마침내 머캐더는 트로츠키의 철옹성을 드나들 수 있는 기회를 잡았다. 그러나 그는 절대로 서두르지 않았다. 이것도 각본의 일부였다. 첫 번째 암살 기도가 있고 나서 나흘이 지난 1940년 5월 28일이 돼서야 머캐더는 트로츠키를 만날 수 있었다. 머캐더에게 호감을 갖게 된 트로츠키 부부는 그에게 가끔 차를 마시러 오라고 연락했다. 그리고 8

월 20일, 열두 번째 방문하는 날, 머캐더는 외투 속에서 얼음 깨는 도기를 꺼내어 트로츠키의 머리를 사정없이 후려쳤다. 트로츠키는 25시간 후에 숨을 거뒀다.

머캐더는 멕시코에서 법으로 정한 최고형인 징역 20년을 선고받지만 끝까지 배후를 밝히지 않았다. 그는 알려지지 않은 후원자들의 도움으로 자신의 감방에서 꽤 안락한 생활을 누렸다. 그는 사면되거나 조기 석방되기를 바라지 않았다고 한다. 공산주의자들의 무시무시한 불문율을 잘 알고 있었기 때문이다. "살해당한 살인자는 말이 없다." 머캐더는 스탈린이 죽고 나서 한참 후에 벨기에서 자연사했다.

왜 트로츠키는 스탈린에 패배했는가

20세기 세계사에서 러시아 혁명이 차지하는 중요성은 아무리 강조해도 지나치지 않다. 당시 세계 5대 강국의 하나였지만 유럽에서는 후진국에 속했던 러시아에서 일어난 1917년의 혁명은 오랫동안 세계를 두 진영으로 갈라놓았다. 1991년 12월에 소련이 붕괴하면서 거대한 공산주의 실험은 실패로 끝나지만 그 여진은 아직까지 남아 있다. 한반도가 둘로 갈라져 남북한이 여전히 서로 대립하고 있는 것도 러시아 혁명의 여파의 하나다.

트로츠키는 이 어마어마한 혁명에서 사실상의 주역으로 역할했다. 1917년 11월의 볼셰비키 혁명은 그의 주도하에 이뤄졌고, 겨울궁전을 빼앗은 이도 트로츠키였다. 적군을 창설하고 키운 사람도 그였으며, 내전으로 궤멸 직전까지 간 볼셰비키를 다시 일으켜 세운 지휘관도 트로츠키였다. 또한 열정적인 웅변으로 수많은 노동자들을 공산혁명의 길로 이끈 이도 트로츠키였다. 레닌이 자신의 후계자로 생각한 사람도 그였다. 그러나 트로츠키는 결국 권력 투쟁에서 패하고 끝내 참혹하게 살해당하고 만다.

트로츠키의 패인(敗因)은 한마디로 '뛰어난 엘리트형 지도자들이 범하기 쉬운 오류를 범했기' 때문이다. 하나씩 살펴보자.

첫째, 겸양의 부족이다. 누구나 인정하는 걸출한 사람이 자신의 능력을 과시하고 남을 깔보는 듯한 태도로 처신하면 적지 않은 사람들이 열등감과 거리감을 느끼고 그런 부정적인 감정이 혐오감 또는 적개심으로 발전하게 마련이다. 동양의 대표적인 고전 《논어(論語)》에서 공자는 인간관계의 요체로 세 가지 덕목을 꼽았다. 그 가운데 하나가 겸양이고, 또 하나는 겸양과 깊은 관계에 있는 관용, 즉 너그러움이다.[38] 겸양에 관한 공자의 말을 몇 마디 인용하면 다음과 같다.

> 남이 나를 알아주지 않음을 걱정하지 말고, 자신의 능력이 부족함을 걱정해야 한다. -제14장 〈헌문편〉

> 남이 나를 알아주지 않음을 걱정하지 말고, 내가 남을 알지 못함을 걱정해야 한다. -제1장 〈학이편〉

---

38 나머지 하나는 신(信). 즉 신실(信實)에 바탕을 둔 신뢰관계다.

내가 아는 것이 있는가? 나는 아는 것이 없다. 비천한 사람이 나에게 묻더라도, 그가 아무리 무지하더라도, 나는 최선을 다해 상담에 임할 뿐이다. -제9장 〈자한편〉

군자는 자신의 무능을 병으로 여기고, 남이 자신을 알아주지 않는 것을 병으로 여기지 않는다. -제15장 〈위령공편〉

겸손한 태도로 남을 대하면 어디 가나 환영받을 수 있다. 사람의 마음을 얻는데 있어서 겸양과 깊은 관계에 있는 것이 바로 관용, 즉 너그러움이다. 왜냐하면 사람들이 가장 존경하고 따르는 유형의 인물은 '자신에게 엄격하고 남에게 너그러운 사람'이기 때문이다. 제15장 〈위령공편〉에는 '그런 사람은 원한을 사지 않는다'는 표현이 나오고, 제17장 〈양화편〉에는 다음과 같은 말이 나온다.

관즉득중(寬卽得衆, 너그러우면 여러 사람들을 얻게 된다)."

불교 신도들이 즐겨 읽는 글 가운데 '마음 다스리는 글'이란 것이 있는데 다음과 같이 시작한다.

복(福)은 검소함에서 생기고 덕(德)은 겸양에서 생기며 지혜는 고요히 생각하는 데서 생기느니라. 근심은 애욕에서 생기고 재앙은 물욕에서 생기며 허물은 경망에서 생기고 죄는 참지 못하는 데서 생기느니라.

불교에서는 겸양을 사람이 갖추어야 할 덕목의 으뜸으로 친다. 개인이건 조직이건 교만하면 남이 다가가지 않는다. 인간관계에서 겸양의 중요성은 아무리 강조해도 지나치지 않다.

둘째, 전략적 · 장기적 관점에서 확실한 우호 세력을 확보하지 못했다. 스탈린은 트로츠키를 밀어내기 위해 언젠가는 자신이 숙청해야 할 대상인 지노비예프, 카메네프와도 손을 잡았다. 트로츠키는 대중의 지지 기반이 탄탄했지만 실권을 갖고 있는 공산당의 핵심기구인 중앙위원회는 스탈린이 장악하고 있었다.

1997년 12월에 치러진 제15대 대통령 선거에서 여당의 이회창 후보는 야당의 김대중 후보보다 여러 가지 면에서 우세했다. 그러나 김대중은 전략적 관점에서 자신과는 정치철학이 다른 충청도 지방의 맹주 김종필과 과감히 손을 잡았다. 대법관 출신인 전형적인 엘리트 이회창은 자신이 그다지 좋아하지 않는 김종필에게 선뜻 다가가지 못했다. 사실상 캐스팅 보트를 쥐고 있던 충청도 유권자들이 김종필을 영입한 김대중에게 표를 몰아준 것은 말할 것도 없다.

파란만장한 트로츠키의 삶이 리더에게 주는 교훈은 무엇일까? 엘리트 출신 지도자일수록 자신의 과거 배경에서 비롯된 리더십의 한계를 절실히 의식하고 겸양과 관용을 익혀야 한다. 그리고 적에게도 손을 내미는 전략적 인내를 통해 균형 잡힌 지도력을 갖추어야 한다.

④
영웅과 기회주의자 사이에서
롬멜

"전술에서 이기고 전략에서 지다"

죽음을 강요당한 전쟁 영웅

제2차 세계대전 내내 연합국과 추축국을 통틀어 에르빈 롬멜(Erwin Rommel)만큼 인기 좋은 군인은 없다. 그는 처칠 영국 총리가 두려워하면서도 높이 우러러본 기동전(機動戰)의 천재였다. 히틀러도 한때 그에게 열광했지만, 끝내 그를 죽음으로 몰아넣는다.

1941년 2월, 히틀러는 롬멜을 호출한다. 롬멜은 제1차 세계대전 당시 이탈리아 전선에서의 활약으로 최고의 용맹을 발휘한 장교에게만 주어지는 공로훈장(Orden Pour le mérite)을 받았다. 1939년 폴란드 출정때는 총통지휘본부 사령관을 역임했으며, 1940년 5월 독일이 프랑스를 침공할 때는 제7기갑사단 사단장으로 자신의 사단을 영불해협까지 돌진시킨 바 있다. 히틀러는 롬멜에게 "리비아에서 영국군을 몰아내라"는 임무를 준다. 리비아는 이탈리아의 북아프리카 식민지였다. 그러나 1941년 1월 이집트 방향에서 진격해 온 영국군에게 리비아의 절반을 뺏긴 상태였다. 나치 독일은 그리스를 공략하여 동지중해를 손아귀에 넣고, 이를 통해 영국을 그들의 생명선인 수에즈운하로부터 차단하려는 계획을 갖고 있었다. 그런데 이탈리아군이 아프리카에서 패주하다니! 히틀러는 롬멜에게 이렇게 지시한다.

"장군께서는 5월까지 상황을 파악하고 과감하게 반격에 나설 수 있을 만큼 충분한 수의 탱크를 리비아에서 확보하시게 될 것입니다."

그러나 롬멜은 히틀러의 명령을 어기고 3월부터 공격을 개시한다. 그것도 모든 군 관계자들의 숨을 턱 막히게 할 정도로 대담한 돌격 작전을 펼쳤다. 그 결과, 영국을 동쪽으로 무려 650킬로미터나 밀어내는 데 성공한다. 이 과정에서 독일군은 영국군 2개 기갑여단을 포위하고 장군 1명을 생포하였으며 4월 11일에는 영국군 전체를 이집트로 쫓아냈다. 이제 독일군 배후의 토브룩(Tobruk) 요새만이 영국군의 수중에 있었다. 이 소식을 접한 처칠은 자신의 비망록에 "일급 재앙"이라고 썼다. 영국 기자들은 롬멜에게 사막의 여우(desert fox)라는 별명을 붙여준다. 프란츠 할더(Franz Halder) 독일군 총참모장은 이렇게 말하며 그에게 제동을 걸려고 했다. "롬멜은 유럽의 척도로는 더 이상 잴 수 없는 스타일의 전쟁을 하고 있다."

그러나 히틀러는 롬멜의 그러한 역동성과 승리하려는 의지에 감격하고 매료됐다.

이집트로 물러난 영국군은 여전히 수적으로는 우세했다. 5월에는 처

칠의 지시로 탱크 238대를 새로 보강했다. 전문가들은 처칠의 지시와
는 달리 호송선단이 아프리카 대륙을 빙 돌아서 이집트에 가기를 원했
는데 그 까닭은 그사이에 그리스의 크레타 섬이 함락됐고, 독일 공군이
영국 공군과 맞먹을 만큼 강했기 때문이다.

　그럼에도 처칠은 근동 지역 영국군 총사령관 아치볼드 퍼시벌 웨이
벌(Archibald Percival Wavell) 장군에게 "롬멜 군대를 격멸하라!"는 명령을
내렸다. 1941년 6월 15일 영국군의 반격이 시작됐다. 그러나 웨이벌은
불과 사흘 만에 탱크를 91대나 잃고 다시 이집트로 철수했다. 처칠은
이때의 심경을 다음과 같이 표현한 바 있다.

　　롬멜은 웨이벌의 이마에서 월계관을 잡아 뜯고 그것을 모래밭에 던져
　　버렸다.

　이날 절망에 빠진 예순여덟 살의 대영제국 총리는 홀로 몇 시간이고
공원을 거닐었다. 웨이벌은 곧바로 경질되고, 영국은 이집트에 독일군
을 훨씬 능가하는 전투 병력을 집결시켰다. 그리고 11월 18일 영국군
은 또 다시 독일군 진지를 향해 대대적인 공세를 펼쳤다. 그런데 돌진
하는 영국군의 탱크 앞에 적군의 모습이 전혀 보이지 않았다. 그러다
독일군이 후방에서 갑자기 나타나 영국 공군 비행장을 덮치고 영국군
제4여단의 탱크들을 노획해버렸다. 전투가 시작된 지 닷새째 되던 날,
롬멜의 탱크 부대가 아침 안개를 뚫고 나타나더니 영국군 부대와 남아
프리카군 부대 사이에 쐐기를 박자 공포에 질린 영국군은 이집트 쪽으
로 30킬로미터 후퇴하고 만다. 처칠은 하원에서 롬멜을 이렇게 평했다.

"제가 전쟁이라는 끔찍한 사태를 초월해서 말을 해도 좋다면, 나는 그를 위대한 최고지휘관으로 부르겠습니다."

전 세계 전략가들은 롬멜처럼 병력과 물자 면에서 늘 열세에 있었던 군 지휘관이 어떻게 거듭해서 승리를 거둘 수 있었는가를 분석했다. 도 저히 이해할 수 없다는 표정을 지으면서 말이다. 여러가지 분석이 있지 만 몇 가지 이유를 꼽자면 다음과 같다.

첫 번째 원인은 리비아의 베두인(Bedouin) 종족이 롬멜을 식민 지배의 멍에에서 벗어나게 해줄 해방자로 보았기 때문이다. 베두인족은 이탈 리아의 압제로부터, 그리고 이집트인들은 영국의 식민통치로부터 자신 들을 구해줄 구원자로 롬멜을 맞이했다. 덕분에 독일군은 현지인들로 부터 많은 정보를 얻을 수 있었고, 독일 군대는 후한 대접을 받았다.

두 번째이자 훨씬 더 중요한 원인은 독일군이 폴란드와 프랑스를 전 격적으로 격파할 때 기갑부대가 얼마나 결정적인 구실을 했는가를 영 국군 장성들이 여전히 배우지 못했기 때문이었다. 영국군은 안전한 땅 을 배후에 두고 보급 차량을 확보한 후에 질서정연한 대형(隊形)을 만들 어 앞으로 나아가는 전술을 주로 썼다. 반면 독일군은 탱크를 마치 끌 (chisel)처럼 적군 진영에 들이대고, 이어서 빠른 속도로 적을 놀라게 하 면서 그들의 배후에서 (그들을) 꼼짝 못하게 하는 전법을 구사했다.

롬멜은 그야말로 신출귀몰했다. 그의 부대는 있으리라고는 전혀 생 각하지 못했던 곳에서 불쑥 나타나곤 했다. 또한 양쪽 군대가 맞부딪히 는 싸움터에서는 반드시 영국군보다 탱크를 더 많이 동원하는 탁월한 솜씨를 발휘했다. 적군이 달아나다 보면 롬멜은 어느새 그들 앞에 이미 와 있었다. 황량한 리비아 사막을 마치 물속의 물고기처럼 거침없이 그야말로 종횡무진한 것이다. 이외에도 달이 없는 밤에 돌진한다든가, 모래폭풍 속을 뚫고 또는 아침 안개를 틈타 전진한다든가 하여 적의 정찰기를 따돌리곤 했다. 롬멜은 심지어 적의 정찰기를 아군에게 유리하게 활용하기도 했다. 독일군의 병력이 실제보다 더 크게 보이도록 한 것이다. 예를 들어 뚜껑이 없는 군용 자동차 위에 가짜 탱크들을 세우게 함으로써 영국 정찰기를 속였다. 폴크스바겐 자동차에 나무 관을 씌우고 색을 칠해 탱크처럼 보이게도 했다. 자동차에 널빤지를 매단 다음 앞서 가는 탱크들을 뒤따라가게 했다. 그러면 마치 수많은 탱크가 모래바람을 일으키며 달려오는 것처럼 보였다. 이를 본 연합군 병사들은 싸움을 해보려고도 하지 않고 후퇴했다.

이는 《삼십육계》에 나오는 제29계 수상개화(樹上開花)의 좋은 사례이다. 수상개화는 '나무 위에서 꽃을 피운다'는 뜻인데, 여러 가지 수단을 이용해 우리 쪽이 대군인 것처럼 보이게 하는 책략이다. 아군이 소수이거나 열세일 때 쓰이는 책략인데, 적군을 위압해 일단 싸움을 피하고 시간을 버는 것이 목적이다. 몇 가지 사례를 소개한다.

1947년 겨울 중국공산당의 팔로군과 장제스가 이끄는 국민당군이 내전을 벌이고 있을 때의 이야기다. 허난성(河南省) 서부의 푸뉴산(伏牛山) 일대에서 유격 활동을 펼치고 있던 팔로군은 우세한 국민당군과 맞서야 했다. 하지만 당분간은 결정적인 싸움을 피해야 했다. 그래서 팔로군은 국민당군을 속이기 위한 미끼 부대를 계속 내보내 주력 부대가 출격한 것처럼 보이게 해서 적군을 이리저리 끌고 다니는 전술을 쓰기로 한다. 미끼 부대는 일부러 적의 눈에 띄도록 남하하기 시작했고, 적이 눈치채지 못한 것을 알아차리자마자 또 우회해서 같은 길을 행군했다. 야영할 때는 화덕을 많이 만들어 대부대가 이동하는 것처럼 보이게 했다. 그러나 국민당군도 만만치 않아 쉽게 속아넘어가지 않았다. 그래서 미끼 부대는 과감히 전핑(鎭平)을 공격하여 주력 부대가 나서서 싸우는 듯한 인상을 주자 국민 당군은 주력 병력을 출동시켜 결전을 청했다. 그러자 미끼 부대는 철수하면서 적을 끌어당기고, 끌어당긴 후에는 또 사이를 벌렸다. 일부러 흙먼지를 자욱이 일으키며 행군하기도 했다. 행군하는 길에 많은 배낭을 고의로 버리기도 했다. 이 모든 것이 팔로군 군단의 주력 병력이 동원된 것처럼 보이도록 하기 위함이었음은 두말할 나위도 없다. 국민당군은 이제 완전히 헷갈리게 됐고 미끼부대를 적의 주력 병력으로 오인하게 됐다. 그들은 수개월간 이 미끼 부대를 쫓아다녔다. 그동안 팔로군의 주력 부대는 차분히 휴식을 취하면서 결전에 대비할 수 있었다.

이런 예는 또 있다. 1970년대 초 소련 영토 상공의 서방 측 정찰위성 카메라가 무르만스크(Murmansk) 근처의 항구에 정박하고 있는 소련의 북방 함대에 대륙간 탄도미사일을 실은 잠수함이 몇 척이나 더 늘어난 사실을 발견했다. 그런데 발트해에 며칠 동안 폭풍이 휘몰아쳐 정찰위성카메라가 제대로 작동하지 않았다. 폭풍이 지나가자 카메라가 다시 작동하기 시작했는데, 놀랍게도 신형 잠수함들의 절반이 모양이 비뚤어지거나 기울어져 있었다. 그래서 서방 측은 그것들이 강철로 만든 진짜 잠수함이 아니라는 사실을 알게 되었다. 리가(Riga)항 건너편의 어느 섬에 미사일 기지가 있었는데, 한때 그곳에는 가짜 미사일이 진짜보다 더 많이 있었다고 한다. 소련은 이렇게 냉전 기간 내내 자국의 실력을 감추고 실제보다 더 강하게 보이기 위해 필사적인 노력을 기울였다.

앞장서서 지휘한다

롬멜은 잽싸고, 창의력이 뛰어나고, 기략이 풍부한 지휘관이었다. 또한 도박사처럼 속도와 위험, 그리고 승부를 즐겼다. 그런 그를 병사들은 리더로서 숭상했다. 롬멜은 늘 승리를 예약해놓은 사람처럼 보였고, 공격의 선봉 바로 몇 킬로미터 뒤에 있었으며, 때로는 병사들과 함께 어울렸다. 그의 원칙은 확고했다.

"앞장서서 지휘한다."[39]

당연한 이야기이지만 독일군 병사들은 우군과 적군 양쪽 모두로부터 그들이 듣는 찬사를 만끽했다. 자신이 속해 있는 군대가 정예부대라고 확신하는 데서 나오는 공동체 의식보다 전투력을 더 강하게 해주는 것은 없다. 롬멜이 병사들에게 늘 다음과 같이 말했다.

"여러분 각자는 이 전투에서 자신의 고향을 지킬 뿐만 아니라, 아프리카 기갑군의 전통도 지키는 것입니다."

롬멜이 말하는 전통의 한 측면은 제2차 세계대전 동안 그 어디에서도 볼 수 없었던 양쪽 군대의 놀라운 신사적 행동이다. 전투가 끝나면 독일군, 영국군 모두 약속이나 한 듯이 포격과 사격을 그치고 부상병

---

39 "Geführt wird vorn."

들을 구조할 수 있도록 암묵적인 휴전 협정을 지켰다. 유명한 일화가 있다. "영국군 야전병원에 마실 물이 떨어졌다"는 소식을 들은 롬멜이 백기를 단 독일군 물탱크차를 보냈고 영국군은 위스키와 콘비프(corned beef)를 가득 실은 트럭을 보내서 그 호의에 보답했다고 한다. 전투가 없는 저녁에는 전선을 사이에 두고 양쪽 군대 막사에서 독일 국민들의 애창곡〈릴리 마를렌〉을 부르는 소리가 흘러나왔다. 근현대전에서는 찾아볼 수 없는 멋진 군대의 모습이라고 하지 않을 수 없다.

중국인들은 수많은 병법서 가운데 엄격히 가려서 뽑은 책 7권을 무경칠서(武經七書)라고 부른다.《손자》,《오자》,《사마법》,《울료자》,《이위공문대》,《육도》,《삼략》이 그것이다. 그 중에서《사마법(司馬法)》은 춘추시대 말기에 경공(景公)이 다스리던 제나라에서 맹활약했던 사마양저(司馬穰苴)라는 뛰어난 장수의 병법을 전국시대 중반기에 정리하여 편찬한 책이다.《사마법》의〈인본(仁本)〉이라는 장(章)에 이런 말이 나온다

옛날에는 패주하는 적을 백 보 이상 추격하지 않았고, 철수하는 적도 90리까지밖에 쫓아가지 않았다(古者逐奔 不過百步 縱綏不過三舍).
적이 대열을 가지런히 할 때까지는 공격을 알리는 북을 치지 않았다(成列而鼓).

오늘날로 치면 전시국제법(戰時國際法)같은 법규를 지켰다는 뜻이다. 그러나 중국에서도 춘추전국시대가 되면 이런 점잖은 전투 방식은 사라진다. 현대전에서 이런 방식을 고수하면 만인의 웃음거리가 될 뿐 아니라 패배는 불을 보듯이 뻔할 것이다.

그럼에도 불구하고 "예의를 지키면서 전쟁을 한다"는 사상은 고귀하게 여겨져야 한다. 여러 면에서 현대의 기업 경영에서도 경쟁사와 경쟁할 때, 협력 회사와 거래할 때, 고객과 관계를 맺을 때, 직원들과 노사협상을 할 때, 상대방에 대한 예의를 지켜야 한다는 생각은 더 주목받아야 한다. 롬멜이 북아프리카에서 영국군과 싸우면서 보여준 신사적인 태도는 《사마법》에서 말하는 "전쟁할 때의 예법"의 현대판이라고 해도 지나친 말이 아니다.

롬멜의 활약으로 이후 거의 반년 가까이 이집트 서부 국경 지대에서는 아무런 군사적 충돌이 없었다. 이때를 활용해 독일군은 보급망을 정비하고 탱크를 수리하고 푹 쉬었다. 영국군도 가만히 있지는 않았다. 영국군은 탱크의 수적 우세를 3 대 1 비율로 높였다. 제공권도 확보했다. 시간이 지날수록 롬멜에게는 전황이 그다지 좋아 보이지 않았다. 그러나 그는 이후에도 두 번이나 더 빛나는 승리를 거뒀다.

1942년 6월 21일, 끔찍한 사이렌 소리를 내는 슈트카 폭격기의 지원을 받으며 독일군은 영국의 마지막 점령지인 토브룩 요새를 공격한다. 이 요새는 롬멜이 처음 공략을 시도했을 때도 함락시키지 못했기 때문에 이전 7개월 동안 전선 후방에 남겨놓아야 했던 영국군의 막강한 방어 시설이었다. 이날 공격으로 약 3만 5,000명이 포로로 잡히고, 독일군은 어마어마한 양의 연료와 탄약, 식량을 노획한다. 뿐만 아니라 다수의 탱크와 군용 트럭도 노획한다(이후 아프리카 독일 군단의 약 80퍼센트 병력이 영국제 차량을 타고 동쪽으로 전진했다고 한다). 정복자들은 영국 맥주를 마시고 남아프리카제 파인애플 통조림을 먹으며 승리를 자축했다.

반면 영국의 아프리카 파견군은 굴욕적으로 패배하고 사기가 땅에 떨어졌다. 처칠은 충격적인 손실을 입은 것을 안타까워했다. 특히 병력이 절반밖에 안 되는 적군에게 그토록 크게 진 것은 그야말로 수치라고 한탄했다. 반면에 히틀러는 무선통신으로 롬멜을 원수(Feldmarschall)로 임명하고, 독일 언론은 열광적으로 그의 위업을 찬양했다. 독일인들에게 롬멜의 승리는 큰 위로가 됐다. 왜냐하면 전쟁이 시작된 이후 계속 승전보만 듣던 그들에게 처음으로 불안한 소식이 들려오기 시작했기 때문이다. 우선, 독일군은 소련에서 처음 맞은 혹독한 1941~1942년 겨울 전투에서 '모스크바 점령'이라는 목표를 달성하지 못했다. 오히려 큰 피해를 입고 퇴각해야만 했다. 둘째, 영국 공군의 융단폭격이 점점 더 강해지고 있었다. 1942년 5월 31일, 무려 1,046대의 영국 폭격기가 쾰른(Köln) 중심가를 폭격하여 쑥대밭으로 만들었는데, 이것은 그때까지 있었던 가장 큰 규모의 공습이었다. 이러한 시점에 롬멜이 적은 병력으로 큰 승리를 거두었으니 독일 국민이 환호하는 것은 당연한 일이었다.

토브룩이 함락되고 이틀이 지난 6월 23일, 영국군이 탱크를 세 배나 더 많이 갖고 있었음에도 불구하고 롬멜은 하루 만에 이집트 깊숙이 160킬로미터나 돌진한다. 처칠을 특히 더 화나게 한 것은 독일군이 영국제 탄약을 쓰고 영국산 휘발유를 써가며 전진했다는 사실이었다. 이 일에 대해 영국 총리는 이렇게 썼다.

"많은 이들이 롬멜의 군대가 불같은 기세로 몰려오면 카이로와 알렉산드리아도 함락될 것이라고 일찌감치 내다보았다."

이탈리아의 무솔리니(Benito Mussolini)도 같은 생각이었다. 그는 카이로에 입성하는 모든 이탈리아 병사에게 포도주를 1리터씩 주겠다고 약속했다. 또한 성급하게도 벌써 자신이 이집트 수도에 타고 들어갈 백마(白馬)를 리비아에서 공수하도록 했다.

1942년 7월 1일, 롬멜의 선봉대는 도망치는 영국군 탱크들을 추월하고 나일강에서 90킬로미터 떨어진 엘 알라메인(El-Alamein)에 도착한다. 영국 함대는 알렉산드리아 항구를 떠나 수에즈운하를 거쳐 홍해(紅海) 쪽으로 도피했다. 카이로에 있는 영국군 사령부에서는 싸울 수 있는 남자들을 그러모으고 비밀서류를 모두 불태웠다. 현지 주민들은 남쪽으로 가는 기차로 몰려들었다.

그러나 롬멜의 군대가 갖고 있는 탱크 가운데 당장 전투에 투입할 수 있는 것은 고작 24대에 불과했다. 리비아의 트리폴리 항구에서 시작되는 보급로는 이제 1,500킬로미터로 늘어났고, 모든 병사들은 기진맥진할 정도로 녹초가 되었으며, 사막의 뜨거운 열기는 그들을 인정사정없이 고문했다. 낮에는 그늘 속에서도 기온이 45도에 이르렀다. 그러나 사막 한가운데 그늘이 어디 있었겠는가? 독일에서 상영되는 선전용 뉴스에서는 병사들이 탱크 위에서 달걀을 프라이하는 모습을 보여줬다. 그들은 카메라 앞에서 아주 자연스럽게 기쁜 표정을 지었지만, 실제로 현지에서의 삶은 괴롭기 짝이 없었다.

곧 결판이 날 것 같았던 전쟁은 그러나 7월 내내 독일군과 영국군이 대치하는 상황으로 바뀌었다. 8월 4일, 처칠은 비행기 편으로 카이로에 들어와 홀쭉하고 노련한 검투사형 장군 버나드 몽고메리(Bernard Montgomery)를 총사령관으로 임명했다. 그가 신임 총사령관에게 내린 명령은 단순명료했다.

"롬멜을 쳐부숴라! 다른 것은 아무 소용없다."

처칠은 롬멜이 언제라도 그의 막강한 기갑부대를 풀어서 피라미드 옆을 지나 나일강까지 진격할 수 있다고 보았다. 그래서 모든 다리를 폭파할 수 있도록 준비시키고, 저지대는 물이 넘쳐흐르도록 하였으며, 지뢰밭을 설치하고, 여기저기 기관총 진지를 만들도록 했다.

〈그림 13〉 히틀러와 롬멜의 만남(1942)

롬멜은 1942년 8월 30일 또 다시 공세를 취한다. 그러나 이것은 그의 마지막 공세가 되고 만다. 롬멜은 카이로와 수에즈운하 쪽으로 13킬로미터 더 전진하지만 지뢰밭을 만나 더 나아가지 못했다. 그사이에 수자적으로 우세했던 영국 공군은 이제 겨우 100킬로미터밖에 더 갈 수 있는 만큼의 연료밖에 없는 독일군 탱크들에 사정없이 폭탄세례를 퍼부었다. 그래도 엘 알라메인은 여전히 독일군 수중에 남아 있었다.

그러던 중 9월, 롬멜은 의사의 강력한 권고로 휴양을 위해 독일로 휴가 여행을 떠난다. 9월 30일 히틀러는 그를 개선장군처럼 맞이했다. 독일 주간뉴스는 "독일 민족 전체가 롬멜이 마치 전설적인 인물인 듯이 그를 찬탄하고 있습니다"라고 선전했다.

롬멜이 전선을 떠난 지 3주가 지난 1942년 10월 23일, 처칠이 보기에는 끔찍할 정도로 시간이 많이 흐른 다음에야 비로소 몽고메리는 대대적인 공세를 개시했다. 먼저 약 1,000대의 대포로 엘 알라메인의 독일군에게 집중포화를 퍼붓고, 숫자 면에서 독일군보다 여섯 배나 더 많은 탱크들을 전진시켰다. 다음 날 히틀러는 휴양 중이던 롬멜에게 전화를 걸어 다급하게 명령을 내렸다.

"당장 아프리카로 날아가서 엘 알라메인을 지키세요!"

롬멜의 귀환과 함께 독일 아프리카 군단은 압도적 열세에도 불구하고 열흘이나 버텼다. 그러나 11월 3일, 롬멜은 포위되는 것을 피하기 위해 히틀러의 지시를 따르지 않고 후퇴 명령을 내렸다. 독일군 탱크의 수는 22대로 줄었고, 그나마 상당수는 석유 풍로에 쓰는 에틸알코올을 연료 탱크에 넣고서야 움직일 수 있었다. 물론 그것마저 떨어지면 탱크는 멈춰 서야 했다.

퇴각하는 길은 이집트에서 리비아 전체를 관통하여 튀니지(Tunisia)에 이르는 장장 2,000킬로미터였다. 이 대장정을 무사히 마치고 도착한 아프리카 군단 병사는 1만 5,000명, 탱크는 고작 11대에 불과했다. 1만 명은 포로 신세가 됐다. 이 소식을 들은 20세기 독일의 대표적인 문학가이자 노벨문학상 수상자인 토마스 만(Thomas Mann)은 1942년 12월 27일 망명지인 미국에서 멀리 있는 독일 국민을 향해 라디오 연설을 했다. 그때 그는 롬멜에 대한 자신의 생각을 이렇게 표현했다.

"뻔뻔스러운 나치 도당 두목 롬멜은 몇 차례 이긴 끝에 괴멸적인 패배를 당했습니다."

북아프리카 전선에서 독일군 세력의 약화는 이 전투 이후 넉 달간 지속됐다. 그러다가 롬멜은 1943년 2월 그의 마지막 승리를 거뒀다. 그의 군대는 기습공격을 통해 연합군 탱크 40대를 부수는데, 그 가운데 상당수는 미군 탱크였다. 미군은 이미 1942년 11월에 모로코와 알제리에 상륙함으로써 북아프리카에서 본격적으로 독일군과 맞붙고 있었다. 롬멜은 이 싸움을 통해 아직 전투 경험이 부족한 미군 병사들에게 깊은 열등감을 심어주려고 했다.

그러나 3월, 전세가 회복되지 않자 롬멜은 "아직 시간이 있을 때 아프리카에서 철수하자"고 히틀러에게 강력히 건의했다. 그렇지 않으면 이탈리아는 곧 감행될 것으로 예상되는 연합군의 침공에 대비할 수 없다고 역설했다. 이 말을 들은 히틀러는 격분하면서 자신의 가장 뛰어난 장군을 "비관주의자"라고 비난했다. 그러고는 독일에 잠시 돌아온 롬멜이 아프리카에 돌아가지 못하게 했다.

히틀러 암살 모의

1943년 5월, 튀니지에 마지막까지 남은 독일과 이탈리아 병사들은 항복해야만 했다. 그리고 7월에 연합군은 시칠리아 섬에 상륙했다. 이어서 9월 이탈리아 본토에 상륙했다. 이제 연합군은 장화처럼 생긴 이탈리아 반도의 남쪽에서부터 서서히 북상하기 시작했다.

그럼에도 불구하고 롬멜이 아직 완전히 히틀러의 눈밖에 난 것은 아니었다. 1943년 11월, 히틀러는 그를 연합군의 대규모 상륙 시도가 있을 것으로 예상되는 프랑스 북부 해안 방위사령관으로 임명했다. 연합군의 프랑스 침공에 대해 불안감을 품고 있던 독일인들에게 롬멜은 작은 희망의 상징이었다. "롬멜이라면 미군, 영국군을 바닷속으로 처넣지 않을까." 롬멜은 대서양 해안 방어에 대한 자신의 생각을 히틀러에게 설명했다.

"침략군을 해안에서 저지해야만 승산이 있습니다. 수백만 개의 지뢰, 콘크리트 장애물, 수송기의 착륙을 막기 위한 땅에 박은 나무 말뚝[40] 등으로 그들을 해안에서 격퇴해야 합니다. 적군이 일단 교두보를 구축하면, 동부전선에서 엄청난 방어전을 이겨내야 하는 아군은 연합군의 압도적인 힘을 당해낼 수 없을 것입니다."

히틀러의 군수 담당 장관 알버트 슈페르(Albert Speer)는 롬멜이 이렇게 말할 때 교묘한 방법으로 "총통 각하 (mein Führer)"라는 호칭을 쓰지 않았다고 기록했다.

1944년 6월 6일, 드디어 연합군은 노르망디에 상륙했다. 독일군은 적군의 교두보 구축을 막기에는 역부족이었다. 11일 후인 6월 17일, 롬멜과 서부전선 총사령관 룬트슈테트(Rundstedt) 원수는 휘하의 장군들이 모인 자리에서 아래와 같은 결론에 도달했다.

"전황은 가망이 없고 독일은 전쟁을 끝내야 한다."

롬멜은 전화로 히틀러에게 이 메시지를 전할 사람으로 뽑혔다. 그나마 히틀러가 귀를 기울이고 말을 들어줄 사람은 롬멜뿐이었다. 그러나 히틀러는 미친 듯이 화를 냈다. 그래도 롬멜은 대서양 방위사령관이라는 직책을 내려놓지 않고 총통에 대한 충성 맹세를 지켰다.

1944년 7월 17일, 프랑스에서 롬멜을 태우고 가던 자동차를 미군의 저공 비행기가 습격했다. 자동차가 전복되면서 크게 다친 롬멜은 야전병원으로 옮겨졌다. 그리고 사흘 후인 20일에 엄청난 사건이 터진다.

---

40 사람들은 이것을 곧 '롬멜의 아스파라거스(Rommelspargel)'라고 불렀다.

1944년 7월 20일 슈타우펜베르크(Stauffenberg) 대령을 비롯한 한 무리의 독일군 장교들이 동프로이센의 라스텐부르크(Rastenburg)에 있는 군사령부에서 히틀러가 보고를 받고 있을 때 가방에 든 시한폭탄을 터트려 살해하려 한 것이다. 그러나 암살 기도는 실패하고 히틀러 음모에 가담한 장교와 민간인들에게 무서운 보복을 가했다.

이 사건의 주모자들은 처음에 롬멜을 끌어들이려고 했다. 그들은 암살이 성공한 후 롬멜을 군총사령관에, 어쩌면 대통령에 앉혀야 할지도 모른다고 보았다. 왜냐하면 롬멜처럼 인기와 명성을 누리는 지도자를 내세워야만 독일에서 내전이 일어나는 것을 방지할 수 있고, 나중에 "등 뒤에서 칼에 찔렸다는 신화"[41]가 나와도 이를 잠재울 수 있을 거라고 보았기 때문이다.

롬멜이 히틀러 정권을 무너뜨리려는 계획을 미리 알고 있었던 것은 사실로 보인다. 하지만 히틀러를 죽이는 것에 반대했기 때문에 암살에 적극적으로 관여하려고 하지 않았다. 그러나 붙잡힌 가담자들 가운데 한 사람이 고문에 못 이겨 그의 이름을 입에 올린 것만으로도 충분했다. 히틀러는 복수심에 불탔다. 그러나 히틀러조차 국민들의 열렬한 사랑을 받고 있는 롬멜 원수를 공개적으로 처형하는 것은 망설이지 않을 수 없었다. 그래서 참으로 악마 같은 계획이 세워진다.

1944년 10월 14일 두 명의 장군이 울름(Ulm)에 있는 롬멜의 자택을

---

41 직역하면 "단도로 찌르기 신화(Dolchstoßlegende)"인데, 제1차 세계대전에서 독일이 패망한 후에 독일의 군부 수뇌부에서 세계에 퍼뜨린 음모설을 일컫는다. 즉, "독일 군대는 승리를 눈앞에 두고 있었는데 사회주의 정치인들, 그리고 볼셰비즘과 결탁한 유대인들 등이 후방에서 벌인 배신 행위 때문에 패전했다"고 하는 거짓 신화다. 패전을 인정하려 하지 않는 독일 우파와 패배한 까닭을 이해할 수 없었던 상당수의 독일 국민 사이에서는 이 신화가 상당한 설득력이 있었다. 이런 인식은 그 뒤 독일에서 히틀러가 이끄는 나치즘(Nazism)이 탄생해서 발호하는 기름진 토양이 되었다.

방문한다. 아직 다친 상처가 다 낫지 않은 국민적 영웅에게 그들은 두 가지 대안을 제시했다. 하나는 악명 높은 국민법정에서 피고로서 재판을 받고 가족들은 상속권을 박탈당하고 치욕 속에서 살아가는 것. 또 하나는 청산가리 캡슐을 삼켜 자살 하는 대신 국가에서 성대한 장례식을 치러주고 가족들에게는 최고의 경의를 표해준다는 대안이었다. 롬멜은 후자를 택했다. 롬멜은 아내와 아들에게 자신의 결정을 설명하고 자신을 찾아온 이들과 함께 집을 나섰다. 이것이 롬멜의 마지막이었다.

대중은 "롬멜 원수가 7월 17일 적군의 저공 비행기 공격으로 입은 부상으로 사망했다"는 소식을 듣는다. 석 달 전에 다친 일로 사망했다니? 많은 사람이 의아하게 여겼다. 그러나 때는 이미 전쟁의 막바지였다. 동부전선에서도 서부전선에서도 전투는 본토와 아주 가까운 지역에서 벌어지고 있었다. 독일 국민들은 롬멜 원수가 왜 갑자기 세상을 떠났는가에 관심을 기울일 겨를이 없을 정도로 전황은 악화일로였다. 그렇게 그의 죽음은 사람들의 뇌리에서 잊혀졌다.

실패만큼 성공적인 것은 없다?

전쟁사 전문 역사학자 리델 하트(Liddell Hart)는 에르빈 롬멜 원수를 다음과 같이 평가한 바 있다.

"성공만큼 성공적인 것은 없다"라는 속담이 있다. 그러나 더 깊은 의미에서는 실패만큼 성공적인 것이 없는 경우가 많이 있다. 십자가에 매달려 처형된 예수는 살아 있는 어떤 사람보다도 더 강력하다. 수많은 성공한 장군들이 패배자의 그늘에 가려 빛을 못봤다. 한니발과 나폴레옹, 로버트 리(Robert E.Lee),[42] 그리고 에르빈 롬멜의 꺼지지 않는 명성이 이를 증명한다.

하트는 롬멜 장군이 비록 패배했지만 그를 청사에 길이 빛나는 포에니 전쟁의 영웅 한니발, 나폴레옹, 로버트 리 장군과 같은 반열에 올려놓을 만큼 높이 평가했다. 또 앞에서 언급했듯 롬멜을 "뻔뻔스러운 나치 도당 두목"이라고 혹평한 바 있는 토마스 만조차도 1949년에는 이렇게 썼다. "몽고메리는 늘 롬멜의 사진을 품에 지니고 다니면서 언젠가는 그와 서로 얼굴을 맞대고 만나게 되기를 희망했다. 스포츠맨 정신이 배어 있는 영국에서는 그를 끈질기고 용감하고 기민한 적장(敵將)으로 추앙할 것이 거의 틀림없다." 실제로 북아프리카 전투에 참가했던 영국의 퇴역 군인들이 전후 롬멜의 무덤 앞에서 거수경례하는 광경을 적지 않게 목격할 수 있었다.

그러나 롬멜을 이렇게 찬양만 하는 데는 조금 무리가 있다. 그가 군지휘관으로서 아주 유능했던 것은 사실이다. 용맹과 지략을 겸비한 장수였고, 클라우제비츠가 그렇게 강조한 현장 위주의 전략을 온몸으로 실천한 전략가였다. 압도적인 힘을 가진 적군을 상대로 어떻게 싸워야 하는가를 잘 알았으며, 전쟁과 기업 경영에서 매우 중시되는 신속과 타이밍도 그의 군사작전에는 빠지지 않는 요소였다. 부하들에게 자신감을 불어넣었으며, 그들과 괴로움과 즐거움을 함께 하는 훌륭한 리더였

---

42 미국 남북전쟁 때 남부군 총사령관이었던 명장.

다. 적군에 대해서도 신사적인 태도를 보이는 여유와 아량이 있었다.

그러한 롬멜이 빛나는 승리를 계속 거두고 국민적 영웅으로 급부상하자 나치 정권은 그를 체제 선전에 마음껏 활용했다. 롬멜 자신도 언론의 화려한 스포트라이트와 대중의 열광적인 환호를 즐겼다. 그는 결코 열성적인 나치 추종자는 아니었지만, 나치 체제 아래서 누리는 영광은 마다하지 않았으므로 그 정권이 성공하기를 바란 것은 틀림없다.

그러나 나치 독일의 패색이 짙어지자 롬멜의 생각도 서서히 바뀌었다. 아프리카에서 철수하자는 의견을 히틀러가 묵살하고 곧 이어서 연합군이 시칠리아와 이탈리아 본토에 상륙하자 총통을 바라보는 눈은 분명히 예전 같지 않았다. 연합군이 노르망디에 상륙하고 독일군이 그들을 물리치는데 실패하자 롬멜은 히틀러에게 연합군과의 협상을 건의했는데 이 역시 무시당했다. 아마 이때의 그의 심정은 절망 그 자체였을 것이다. 히틀러 암살을 꾀하는 무리가 그의 명성과 인기를 높이 사서 그에게 접근했을 때, 그의 심경은 무척 복잡했을 것이다.

롬멜은 이대로 가면 그가 사랑하는 조국 독일이 아주 비참하게 패배할 것임을 잘 알고 있었다. 그래서 히틀러를 제거하려는 저항 집단의 취지도 충분히 이해했다. 그러나 한편으로는 자신을 원수로 승진시켜주고 국민적 영웅으로 대우해주는 히틀러를 죽이겠다는 생각은 감히 하지 못했다. 그래서 나타난 결과가 롬멜의 소극적 관여다.

이러한 정황을 놓고 볼 때 한 가지 확신이 든다. 그것은 만일 1944년 7월 20일 히틀러가 정말 암살되고 암살 음모 집단이 롬멜을 독일군 총사령관 또는 대통령으로 추대했다면, 그는 기꺼이 그 제안을 받아들였을 것이라는 점이다.

롬멜은 기본적으로 권력과 영광을 좋아하는 인물이었다. 이러한 면에서 볼 때 롬멜은 기회주의자라고 볼 수도 있다. 그러나 권력과 영예를 손에 쥐기 위하여 과감히 몸을 던지는 용기가 그에게는 없었다. 그는 어디까지나 체제 안에서 주어지는 명예와 환호를 만끽하는 빼어난 직업군인이었다. 반인륜적인 나치 정권을 적극적으로 나서서 뒤엎겠다는 혁명적인 발상은 아예 엄두조차 내지 못했다. 하지만 용기 있는 사람들의 노력으로 새로운 집단이 정권을 잡고 새 체제 안에서 권세와 영화를 누릴 수 있는 기회가 오면, 롬멜은 그것을 망설이지 않고 잡았을 것이다.

❺

패배자로 기억되는 세기의 개혁가

고르바초프

"결단을 내리지 못하는 이가 가장 나쁘다"

공산 세계 최고 지도자의 영욕

미하일 고르바초프(Mikhail Gorbachev)는 소련공산당 정치국(Politburo)의 일원이었던 1984년 11월, 영국의 여걸 마거릿 대처(Margaret Thatcher) 총리를 만났다. 당시에 그는 소련 정치국 소속이었음에도 '얼굴 가득 미소를 지으며 한 번에 층계를 두 계단씩 오르는' 모습을 연출하며 런던과 서방 세계에 센세이션을 일으켰다. 뿐만 아니라 소련 고위 관료라면 반드시 찾는다는 런던의 칼 마르크스의 무덤에는 가지도 않았다.

이러한 고르바초프를 그보다 평균 스무 살이나 많으며 경직된 소련 정치국 구성원들이 1985년 3월 11일 소련공산당 서기장(general secretary)으로 임명한다. 고르바초프가 54번째 생일을 맞이하고 아흐레가 지난 날이었다. 이렇게 고르바초프는 레닌, 스탈린, 흐루시초프, 브레즈네프, 허약했던 유리 안드로포프(Yuri Andropov)와 콘스탄틴 체르넨코(Konstantin Chernenko)의 뒤를 이어 2억 5,000만 명의 국민과 2만 개의 핵미사일을 갖고 있는 세계에서 가장 큰 나라의 최고지도자가 된다. 그리고 그는 6년 후 거대한 제국의 붕괴를 직접 보게 된다.

도대체 무슨 일이 일어났고, 그리고 왜 역사에서 그에 대한 평가가 유례없이 심하게 엇갈리는 것일까? 어떤 이들에게 고르바초프는 승리자이며 해방자이고, 선견지명이 있는 지도자다. 그러나 또 다른 무리의 사람들에게 그는 실패자이며 파괴자이고, 순진한 멍청이일 뿐이다.

고르바초프가 걸어온 길을 더듬어 보는 것은 상당한 의미가 있다. 이는 우리 모두에게 큰 흥미를 불러일으키는 아래 주제에 대한 전형적인 고찰이기 때문이다.

한 사람이 어떻게 승자의 단상에서 아직 내려서지도 않은 상태에서 갑작스레 패배자 무리 속으로 미끄러져 떨어질 수 있을까?

그런 의미에서 이번 장은 리더의 실패와 패배에 관한 글이라고 할 수 있다.

고르바초프는 1931년 3월 남러시아 코카서스 북쪽 산비탈 지역에 있는 스타브로폴(Stavropol)의 한 마을에서 농부의 아들로 태어났다. 그의 할아버지 형제 가운데 한 명은 일 년간 감옥살이를 했고, 또 한 명은 시베리아로 추방당했는데 이는 그들이 스탈린이 밀어붙인 "농민들을 강제로 집단농장으로 보내는 정책"에 반발했기 때문이었다. 당시 그의 집안에서는 굶어 죽은 사람이 여러 명 있었다고 한다. 이런 일련의 사건은 어린 시절 고르바초프에게 깊은 인상을 남겼다. 전쟁이 끝나고 열다섯 살이 되던 해에 그는 트랙터 집결지의 기계공이 된다. 그곳에서 부지런히 일해서 '붉은 깃발 훈장'을 받았고, 덕분에 1950년 모스크바로 이주해 모스코바국립대학에서 법학을 공부하게 된다.

졸업장을 손에 쥐고 고향에 돌아온 고르바초프는 공산청년동맹의 간부가 된다. 1966년 스타브로폴 시의 공산당 서기를 거쳐 1970년 스타브로폴 주 전체의 공산당 우두머리가 된다. 그는 휴양차 코카서스에 온 KGB(소련국가보안위원회)의 유리 안드로포프 위원장을 몇 차례 손님으로 맞이한다. 그 인연으로 안드로포프는 고르바초프가 1978년 소련공산당 중앙위원회의 농업 담당 서기가 되고, 2년 후에는 정치국에 입성하도록 손을 써줬다.

안드로포프는 1982년에 브레즈네프의 후계자가 되지만 15개월 후에 사망하고 만다. 그 뒤를 이은 체르넨코 역시 13개월 만에 세상을 떠났다. 이제 더 젊은 세대에서 최고지도자가 나올 때가 무르익은 듯했다.

1985년 고르바초프가 소련의 최고 권좌에 오르자 소련 국민들은 물론 전 세계인들이 깜짝 놀랐다. 그는 지체없이 볼셰비즘에 대한 자신의 흔들림 없는 충성심을 천명하고, 엄격한 노동 규율·공산당 및 국가의 엄정한 기강 확립을 강조했다. 그러나 동시에 "새로운 사고방식"을 내세우며 글라스노스트(Glasnost)와 페레스트로이카(Perestroika)를 약속했다.

글라스노스트는 러시아 말로 '개방' 또는 '공개'라는 뜻인데, 서방 세계의 '언론의 자유'를 조심스럽게 도입하려는 정책이다. '개혁' 또는 '재건'의 뜻을 가진 페레스트로이카는 1985년 4월에 선언된 소련의 사회주의 개혁 이데올로기다. 이는 국가, 공산당, 경제를 바꾸겠다는 개혁 정책인데, 어떻게 어느 정도까지 바꿔야 하는가는 최후까지 불분명하고 논란이 분분했다. 고르바초프는 소련 경제가 이미 폐허 상태에 있다고 보았다. 동시에 막 재선에 성공한 로널드 레이건(Ronald Reagan) 미국 대통령이 전략방위구상(Strategic Defense Initiative, SDI)[43] 프로젝트를 밀고 나가자 조용히 이렇게 결론을 내렸다.

"소련은 미국과의 군비 경쟁에서 이길 수 없다."

그는 나중에 지난 시절을 되돌아보며 다음과 같이 쓴 바 있다.

"해마다 1,000억 루블이나 어처구니없이 국방비로 쓰는 바람에 소련 국민들은 기본적인 물품조차 없는 때가 많았다. 오늘은 가루세제가 없고, 내일은 치약이 없고, 집은 늘 없었다."

고르바초프는 국가의 미래를 위해서라도 긴장 완화 정책을 추구하고 미국과의 냉전을 포기하는 수밖에 없었다고 결론 내렸다. 그가 이렇게 나온 것은 평화를 사랑하기 때문이라기보다는 그렇게 할 수밖에 없는 곤경에 처해 있었기 때문이라는 사실을 서방 진영은 세월이 한참 지난 후에야 알게 된다.

고르바초프가 새 노선을 걷는 데 있어서 특히 걸림돌이 된 사람은 안드레이 그로미코(Andrei Gromyko) 외무장관이었다. 그로미코는 무려 18년째 외무장관 자리에 앉아 소련공산당 서기장을 다섯 명이나 모신 노

---

43 우주 공간에 첨단 우주 장비를 배치하여 소련의 핵미사일을 우주 공간에서 격파하고자 하는 미국의 전략적 구상. 일명 '별들의 전쟁 (Star Wars)'이라고도 불린다.

련한 외교관이었다. 동시에 여전히 세계 혁명을 꿈꾸는 불평분자였다. 흐르시초프는 언젠가 그로미코에 대해 이렇게 말했다.

"그로미코에게 뭔가 명령하면, 그는 몇 달이고 얼음덩이 위에 앉아 뭉개고 있을 것이다. 그것도 바지를 내린 채로."

그런 그로미코를 고르바초프는 허울뿐인 벼슬인 국가원수 자리에 앉힘으로써 사실상 권좌에서 밀어낸다. 고르바초프는 통찰력, 결단력, 대담성을 다 갖춘 지도자였다. 하지만 공산당 간부들은 젊은 고르바초프의 급진적인 정책에 불안감을 느꼈다.

뿐만 아니라 국민들도 고르바초프가 1985년에 취임하자마자 실시한 정책에 크게 반발했다. 그 정책은 해이해진 근로 기강을 바로잡고 지지부진한 생산성을 높이기 위해 벌인 "지나친 음주 자제하기" 운동이었다. 고르바초프는 캠페인을 성공시키기 위해 서민들이 물처럼 마시던 보드카의 값을 대폭 올렸다. 그러자 국민들은 분노하고 밀주가 성행했다. 집에서 만든 가짜 보드카를 마시고 수천 명이 사망하는 사태가 벌어졌다. 그러자 고르바초프는 이 정책을 철회할 수밖에 없었다. 서방 세계에서는 그의 인기가 나날이 올라갔지만 정작 국내에서 벌써 인기를 잃고 있었다.

그렇다고 대외 여건이 좋았던 것도 아니다. 크레믈린의 새 지도자가 서방 진영에 미소 지으며 긴장 완화 정책을 추진하려는 태도를 보였지만 서독의 헬무트 콜(Helmut Kohl) 총리는 이를 불신의 눈초리로 바라볼 뿐이었다. 콜은 1986년 미국의 시사주간지 〈뉴스위크〉와의 인터뷰에서 이렇게 말했다.

"고르바초프는 홍보가 무엇인지 압니다."

그러고는 이렇게 덧붙였다. "괴벨스[44] 역시 홍보가 무엇인지를 잘 알았습니다."

콜이 고르바초프를 나치 시대의 악명 높은 선전 장관 괴벨스에 비유하자 미국도 소련도 격분했다. 그러나 레이건 대통령도 고르바초프를 의심하기는 마찬가지였다. 그가 1986년 10월 아이슬란드의 수도 레이캬비크(Reykjavik)에서 소련공산당 서기장을 만났을 때, 레이건은 고르바초프의 군비 축소 제안을 비난했고 그로 말미암아 소련의 최고 지도자는 일약 독일 평화 운동의 우상이 됐다. 고르바초프는 나라 밖으로 쫓겨났던 반체제 인사들을 다시 소련으로 불러들이고, 7년이나 시베리아에서 귀양살이하던 노벨평화상 수상자이자 반정부 인사 안드레이 사하로프(Andrey Sakharov)를 모스크바에 돌아오도록 했다. 그러던 중 예기치 못한 아주 큰 사건이 터진다.

바로 체르노빌(Chernobyl) 원자력발전 사고다. 1986년 4월 26일 우크라이나 키예프(Kiev) 북쪽, 벨라루스 접경 지역에 위치한 체르노빌 원자력발전소의 제4호기 원자로가 폭발했다. 사고 자체에 대해 고르바초프가 할 수 있는 일은 아무것도 없었다. 그러나 사고가 일어난 후에 위기를 어떻게 관리하느냐는 그의 책임이었다. 그는 옛소련 방식을 그대로 따랐다. 사건을 숨기고, 가볍게 다루고, 얼버무리는 길을 택한 것이다. 그는 적어도 노동절 기념 행사가 거행되는 5월 1일까지는 이 사건이 알려지는 것을 원하지 않았다. 3주가 지나서야 사건의 전모가 조금씩 외부에 알려졌다.

---

44 파울 괴벨스(Paul Goebbels)는 독일 나치스 정권의 뛰어난 선전 장관이었다. 그는 새로운 선전 수단을 구사하고 교묘한 선동정치를 하여 1930년대 당세 확장에 크게 이바지하였다. 독일의 언론·문화를 통제하고 침략 전쟁을 미화하였으며, 국민을 총력전에 동원했다.

일련의 의심과 불행한 사건에도 불구하고 1987년에서 1989년까지 3년 동안 고르바초프는 그야말로 세계 정치의 중심인물이자 서방 진영의 절대적인 총아로 대접받는다. 〈타임〉은 1987년 그를 '올해의 인물'로 선정했다. 그는 중거리 핵미사일 2,700기를 폐기하기로 레이건 대통령과 합의했는데, 이는 냉전 체제에서 군비 축소로 가는 작지만 중요한 첫 걸음이었다. 냉전이 시작된 1945년 이후 한 번도 이런 합의가 이뤄진 바 없었다. 또한 고르바초프는 소련의 국내 언론이 생필품 부족, 범죄 등을 보도할 수 있도록 하고, 경제 분야에서는 자기 책임하에 일하는 것을 장려하고, 엉터리로 업무를 처리하는 행태와 부패를 없애려는 시도를 한다. 작은 사기업(私企業)의 창업도 허용했다.

이런 일련의 정책은 소박한 시작이었고 효과도 크지 않았지만 실은 총공격을 알리는 신호탄이었다. 레닌주의가 도입된 이후 두 세대에 걸쳐 자신들의 지위는 아주 굳건해졌다고 확신하고 있던 소련 공산 사회 기득권층의 특권과 재산에 대해 공세를 펼치기 시작한 것이다. 정치, 경제, 행정 분야의 모든 요직을 독차지하고 제국의 보잘것없는 경제가 제공해줄 수 있는 모든 혜택을 누려온 1,800만 핵심 공산당원들. 이들을 상대로 고르바초프는 감히 싸움을 건 것이다. 그들의 힘의 기반을 흔들고, 갖가지 술수를 써서 그들의 영향력을 조금씩 줄여갔다. 그럼에도 불구하고 그의 정권이 무너지지 않는 것을 세계는 놀란 눈으로 바라보았다.

1988년 소련은 아프가니스탄에서 군대를 철수하기 시작한다. 또한 유엔 총회에서 고르바초프는 모든 강대국이 절대적인 무력 행사 포기를 약속하자고 제안한다. 그리고 병력을 50만 명이나 줄일 것이라고 일

방적으로 선언한다. 이런 조치를 취한 것은 실은 재정난 때문이었다. 그러나 아무도 그의 군비 축소 동기를 묻지 않았다.

나아가 고르바초프는 동유럽의 소련 위성 국가들에 그들을 조여 온 굴레를 벗을 자유가 있다는 신호를 주었다. 1968년에 소련은 체코슬로바키아에 군사 개입을 하면서 그것을 이른바 "브레즈네프 독트린"[45]으로 정당화한 바 있는데, 고르바초프는 이 낡은 시대의 주장을 완전히 무효화하면서 다음과 같이 선언했다.

"모든 사회주의 국가는 자국이 옳다고 여기는 '사회주의로 가는 길'을 택해야 합니다."

여기서 정말로 사회주의로 가는 길인이 어떤것인가는 사실 확실하지 않았다.

계획된 무질서의 관리자

1989년 여름에 고르바초프가 서독의 수도 본(Bonn)을 국빈 방문하는데, 존 F. 케네디 미국 대통령이 1963년 6월에 베를린을 방문한 이후 그 어느 정치가도 받아본 적이 없는 열렬한 환영을 받았다. 군중은 "고르비, 고르비!" 하며 환호했고, 독일 신문들은 "고르비 열광(Gorbimanie)"이라는 말로 이 현상을 표현했다. 독일의 대표적인 일간

---

45 1968년 8월의 소련의 체코 군사 개입을 정당화하기 위해 당시의 소련공산당 서기장 브레즈네프가 내놓은 주장. 그 핵심은 "사회주의 진영의 어느 나라이든 그 생존이 위협받았을 때는 사회주의 진영 전체에 대한 위협으로 보고 다른 사회주의 국가가 이에 개입할 권리를 가진다"는 것이다. 즉, 이것은 사회주의 국가에서 반혁명의 위협이 생겼을 때는 군사 개입도 할 수 있다는 주장이다.

지 〈프랑크푸르터 알게마이네 자이퉁(Frankfurter Allgemeine Zeitung)〉에서 발간하는 잡지 〈에프아체트-마가친(FAZ-Magazin)〉의 요하네스 그로스(Johannes Gross)는 이렇게 썼다.

"무엇을 보고 어떤 사람이 진짜 권력자인지 알 수 있는가? 독일 사람들이 그 사람 앞에서 먼지를 뒤집어쓰면서도(좋아서) 어쩔 줄 모르면(그가 진정한 권력자이다)."

참 심술궂은 기사다. 문제는 실은 고르바초프가 "진정한 권력자"가 아니었다는 사실이다. 바로 그래서 그는 몰락의 길을 걷게 된다.

당시 독일민주공화국(Deutsche Demokratische Republik), 즉 동독은 이미 오래전부터 무너지고 있었다. 1989년 8월 서독 정부는 동베를린, 부다페스트, 끝으로 프라하에 있는 자국 공관의 빗장을 걸어 잠갔다. 동독의 피난민들이 밀어닥쳐 꽉 찼기 때문이다. 9월 헝가리 외상 줄러 호른(Gyula Horn)은 동독의 붕괴로 이어질 연쇄 반응을 일으키는 조치를 취했다. 오스트리아로 가는 헝가리 국경을 모든 독일인에게 즉각 공식적으로 개방한다고 선언한 것이다.

1989년 10월 곳간이 텅 비어 파산 지경에 이른 동독 정부는 그래도 건국 40주년을 멋지게 축하해야 한다고 생각한다. 기념행사 참석차 베를린에 온 고르바초프는 동독 총리 에리히 호네커(Erich Honecker)에게 브레즈네프 독트린은 끝났음을 확언하고 그에게 명예롭게 물러날 것을 권유한 것으로 여겨진다. 마침내 같은 해 11월 9일 밤 10시 베를린 장벽이 무너진다. 베를린의 보른홀머 거리(Bornholmer Straße)에는 아무런 제지도 받지 않고 서쪽으로 가는 동독 자동차 트라비(Trabbi)의 끝없는 행렬이 이어졌다. 사흘 후 동독 공산당 지도부는 자진해서 베를린

장벽에 굴삭기를 갖다 대도록 했다. 600대의 헬리콥터와 4,100대의 탱크를 보유하며 동독 땅에 주둔해 있던 36만 5,000명의 소련군 병사들은 꼼짝도 하지 않았다. 고르바초프가 그렇게 하기를 원했기 때문이다. 1989년 12월 고르바초프는 교황 요한 바오로 2세를 방문하며 또 다시 유화 제스처를 취했다.

1990년 1월 1일 〈타임〉은 "(지난) 10년의 인물(Man of the Decade)"이라는 아직 한 번도 붙여본 적이 없는 표지 제목으로 소련공산당 서기장에게 깊은 경의를 표했다.

고르바초프를 다룬 세계 각국의 언론이 그를 표현하기 위해 쓴 제목들을 보면 참으로 화려하기 그지없다.

마술사, 슈퍼스타, 계산된 무질서의 관리자
정치적 천재, 지구의 내비게이터, 세계의 조타수

그러나 여기까지가 절정이었다. 다음은 내리막길뿐이었다. 앞에서 언급한 안드레이 사하로프는 죽기 직전에 "고르바초프의 국내 정치와 경제 정책에는 말과 행동 사이에 깊은 골이 있다"고 썼다. "어느 분야에서도 나아진 것이 없다"라고까지 혹평했다.

1990년 2월에 열린 전당대회에서는 정치적인 무정부 상태와 경제의 쇠퇴를 비난하는 소리가 넘쳐났다. 경제난에 시달린 민중들의 항의가 잇따르고 스탈린 시대, 최소한 브레즈네프 시대를 미화하는 분위기가 형성되어갔다. 브레즈네프 시대에는 아직 질서가 있었고 빵값을 정부가 보조해주었기 때문에 먹는 걱정은 안 하고 지냈기 때문이다.

그러나 고르바초프는 이런 목소리에 굴하지 않고 한 발 더 나아간다. 소련공산당 대의원 총회를 움직여 공산당 이외의 다른 정당도 활동할 수 있게 한 것이다. 이로써 공산당에 의한 일당 독재 시대가 끝났다. 마침 발트 3국의 하나이자 1940년 소련이 강제로 병합했던 리투아니아가 독립을 선언한다. 거대한 소련제국 붕괴가 시작된 것이다. 고르바초프는 리투아니아의 독립을 막기 위해 탱크를 보내고 경제 봉쇄령을 내리지만, 결국은 양보하고야 만다. 5월 1일 모스크바의 붉은 광장에서 거행된 행사 때 군중은 휘파람을 불며 그를 야유했다.

1990년 7월 16일 고르바초프는 코카서스에서 서독 수상 헬무트 콜을 맞이했다. 이 자리에서 그는 첫째 독일 통일을 확약하고, 둘째 통일 독일이 북대서양조약기구(NATO)에 가입하는 것을 허용하며, 셋째 4년 이내에 동독에 주둔하고 있는 소련 군대를 철수할 것임을 천명했다. 그 대가로 콜 총리는 소련군 철수 비용 120억 마르크를 서독 정부가 댈 것을 약속한다.

마침내 1990년 10월 3일 서독과 동독은 모든 주변 국가의 합의 하에 총알 한 방 쏘지 않고 45년 만에 다시 하나가 됐다. 유럽에서 이렇게 큰 변화가 이처럼 평화적으로 이루어진 것은 전무후무한, 그야말로 획기적인 사건이었다. 그 과정에서 열쇠를 쥐고 있던 고르바초프의 협조가 결정적인 역할을 했음은 두말할 나위도 없다.

이어서 1990년 10월 15일 고르바초프는 그의 마지막 승리를 거둔다.

〈그림 15〉 1990년 7월, 고르바초프와 헬무트 콜의 회담을 통해 독일통일이 결정된다.

이날 그는 노벨평화상을 받았다. 그러나 소련의 옛 지도층은 이를 마냥 기뻐할 수 없었다. 그들의 관점에서는 패배자가 노벨상을 받은 것이었다. 소련을 결딴나게 하기 위해 레이건 대통령이 강요한 미국과의 군비 경쟁에서 진 장본인이 그 패배의 대가로 노벨상을 받았다고 그들은 확신했다. 그리고 레이건이 의도했던 대로 소련은 이제 완전히 거덜난 상태였다.

고르바초프의 몰락과 소련의 붕괴

1991년에 접어들자 모든 것이 무척 빠르게 돌아갔다. 우선 인민대의
원총회는 소련공산당의 중추적인 위상을 명시한 조항을 헌법에서 빼
고 고르바초프를 소련 대통령으로 선출했다. 그로미코에 비해 그보다
훨씬 더 큰 권한을 가진 국가 원수가 된 것이다. 또한 국회에 해당하
는 소련 최고회의는 리투아니아의 독립을 승인하는데, 그 사이에 에스
토니아 · 라트비아를 비롯한 몇몇 소비에트 공화국이 소비에트 사회주
의 공화국 연방, 즉 소련에서 탈퇴한다고 선언한다. 미국 주도의 북대
서양조약기구에 대항하여 소련이 만든 바르샤바조약기구(Warsaw Treaty
Organization)도 해체된다.

1991년 8월 19일 이러한 일련의 사태를 견디다 못한 국방부 장관과
KGB의 우두머리, 기타 옛 스탈린주의자들이 쿠데타를 일으키고, 모스
크바에서 소비에트공화국 러시아의 대통령 보리스 옐친(Boris Yeltsin)이
진을 치고 있는 러시아 백악관(Russian White House)을 포격한다. 크리미
아의 여름 별장에 머무르고 있던 고르바초프는 현지에서 쿠데타 가담
자들에 의해 체포됐다. 그는 모스크바에서 그렇게 멀리 떨어져 있지 말
았어야 했다. 그는 처음으로 정적의 힘을 잘못 헤아렸고, 이것은 되돌
이킬 수 없는 실수였다.

한편 모스크바에서는 옐친이 사흘 만에 쿠데타를 진압한다. 고르바
초프는 이제 수도에 다시 돌아갈 수 있었다. 그러나 그가 의회에서 쿠
데타 주동자들을 어떻게 처리할 것인가 말하려고 하자 옐친이 벌떡 일
어서더니 위협하는 표정을 지으며 그의 앞에 우뚝 섰다. 그러더니 (옐

친은) 집게손가락으로 고르바초프에게 앞에 놓인 쪽지들 가운데 그가 어느 것을 읽어야 하는가를 가리켰다. 취재석의 기자들은 자기들끼리 "사형 선고"라고 수군거렸다. 그들의 말은 적중했다.

고르바초프는 아직은 존재하고 있는 소련공산당의 서기장 자리를 내놓는다. 그러고는 (소련공산당에게) 자진해서 해산할 것을 건의한다. 그렇지만 그는 소비에트연방을 계속 유지하려고 애썼다. 그래서 변형된 형태로라도 연방제를 살리기 위해 여러가지 새로운 모델을 모색해보지만, 이미 주도권을 잃은 상태였다. 우크라이나에서 독립을 묻는 국민투표가 실시되자 주민들의 90퍼센트가 독립을 찬성했다. 고르바초프는 우크라이나 방송에 나와서 탄식했다.

"서방에서는 모든 사람이 소비에트연방이 존속되기를 원합니다. 제3세계도 마찬가지입니다. 유독 우리만 그렇지 않습니다. 이게 도대체 무슨 일입니까? 우리 정신이 좀 이상해진 것 아닌가요?"

1991년 12월 8일 옐친의 주도하에 소비에트공화국 러시아, 우크라이나, 벨라루스의 대통령이 벨라루스의 수도 민스크(Minsk) 근교에 있는 어느 여름 별장에 모여 다음과 같이 결의한다.

"소비에트 사회주의 공화국연방은 더 이상 존재하지 않는다. 그 대신 우리는 독립국가연합(Commonwealth of Independent States, CIS)을 창설하고, 다른 소비에트공화국들도 이에 동참할 것을 촉구한다."

소문에 따르면 세 대통령은 관련 문서에 서명하고 나서 코가 비뚤어지게 술을 마셨다고 하는데, 이는 상당히 그럴 법한 이야기다.

고르바초프는 이 협정이 효과가 없을 것이라고 확신했다. 세 공화국의 우두머리들이 합의했다고 해서 소련이 그렇게 쉽게 무너질 리 없다고 생각한 것이었다. 그러나 15개 소비에트공화국 가운데 11개 나라의 최고통치자들이 옐친을 따르기로, 즉 CIS에 가입하기로 한다. 이어서 1991년 12월 12일 옐친은 러시아가 독립국이 되었음을 정식으로 선언한다. 그것은 역대 러시아 황제들이 긴 세월에 걸쳐 일궈놓은 제국의 종말이었다. 스탈린은 제국을 더 확장하고 초강대국으로 키웠다. 그러나 로널드 레이건은 소련을 "악의 제국"이라고 낙인찍고 군비 경쟁을 통해 꺾었으며 권력욕이 있었던 옐친은 그나마 남아 있던 제국을 조각조각 찢었다. 제국을 보전하려던 개혁가 고르바초프의 노력은 수포로 돌아갔다. 12월 25일 소련의 마지막 대통령은 텔레비전에 나와 고별연설을 하고 세계사의 무대에서 사라졌다. 그의 고별사에 귀를 기울이는 사람은 이제 거의 없었다.

권위는 어디에서 나오는가

서방 세계의 많은 정치인은 고르바초프가 했던 아래의 역사적 행위들을 높이 평가하고 그래서 그에게 고마워하고 있다.

동유럽 국가들에 자유를 주었다.
독일의 재통일을 가능하게 했다.
공산주의 체제를 무너뜨렸다.
세계 평화를 보존했다.

1991년 12월 31일, 1918년부터 크렘린 궁전 위에서 나부끼던 '붉은 깃발'은 영원히 내려진다. 오랫동안 서독 주재 소련대사를 역임한 바 있는 발렌틴 팔린(Valentin Falin)은 지난날을 되돌아보며 이렇게 말했다.

고르바초프는 러시아 및 다른 소비에트공화국들에게 그 나라들이 여태껏 겪은 일 중에 가장 큰 피해를 입혔습니다.

옛 동독 시절 그곳에서 처음으로 자유선거가 실시되기 직전의 수상이었던 한스 모드로(Hans Modrow)는 고르바초프를 "사회주의의 무덤을 판 인부"로 부르며 이렇게 말한다.

제2차 세계대전의 승전국인 소련이 나중에 결국은 전쟁에서 진 듯한 결과를 맞이한 것은 오로지 고르바초프의 책임입니다.

왜 서방 세계에서는 승자로 칭송받는 사람이 정작 국내에서는 실패자로 폄하되고 있는가? 그 까닭은 러시아인들이 그들의 세계 제국이 무너진 것을 고르바초프의 탓이라고 보고, 옐친에게 책임을 전가하지 않기 때문이다. 또한 소련 국민들이 자유를 얻기는 했지만 '가난'과 '부패'라는 훨씬 더 큰 대가를 지불해야만 했기 때문이다. 그들은 자유는 없지만 질서는 있는 거대한 교도소 같은 나라에서 살아가는 것에 익숙해져 있었고, 혼란과 무질서는 못 견뎠다. 고르바초프 밑에서 외상으로 활약한 셰바르드나제(Shevardnadze)는 이렇게 썼다.

고르바초프는 모든 일을 잘못 처리했습니다. 그는 우유부단했고 교묘하게 빠져나가려는 습성이 있었으며, 자신이 해방시키고자 했던 국민들을 불신했습니다. 이런 것들이 원인이 되어 제국이 몰락한 것입니다.

실제로 옐친과는 달리 고르바초프는 직접선거를 통해 국민의 평가 또는 심판을 받은 적이 없다. 반면에 옐친은 1991년 6월에 러시아 소비에트공화국의 대통령을 뽑는 선거에 과감히 출마하였고, 그 결과 57퍼센트의 득표율로 당선됐다.

그런데 옐친이 누구인가! 지방의 한 이름 없는 당 간부에 지나지 않았던 그를 일약 모스크바의 공산당수로 발탁한 이는 다름 아닌 바로 고르바초프였다. 그는 이렇게 찾아온 기회를 잘 활용했다. 옐친은 인기 없는 당 간부들의 힘을 빼앗고, 가게 앞에 길게 줄 서 있는 시민들과 함

〈그림 16〉 1991년 8월, 쿠데타가 일어나자 옐친은 탱크에 올라 쿠데타의 부당함을 호소했다

께 어울렸다. 그들과 똑같이 욕하고 웃으며 같이 줄을 섰다. 그리고 결정적으로 1991년 8월 쿠데타가 터졌을 때 옐친은 용기 있게 탱크 위에 올라가 대국민 호소문을 낭독했다.

민중의 인기와 지지를 업은 옐친은 쿠데타를 진압할 수 있었고, 고르바초프를 대가 약한 지도자로 부각시키고 소비에트연방의 해체를 적극적으로 밀고 나갔다. 이러한 옐친의 일련의 행동은 그의 경쟁자인 고르바초프에게는 재앙이었다. 고르바초프에게는 이를 막을 힘이 없었다. 옐친의 본능적인 정치 감각과 철면피한 책략을 고르바초프는 도저히 당할 수 없었던 것이다.

그렇기 때문에 고르바초프가 취임하고 나서 6년 동안에 해낸 여러가지 힘든 일은 더더욱 놀랍기만 하다. 그는 소련공산당이라는 거대한 괴물에 당당하게 맞서서 70년 동안 누적되어왔고 당 간부들이 톡톡히 누리고 있던 각종 특혜·특전·특권을 과감히 쳐내는 위업을 달성했다. 그 과정에서 군부는 조용히 제자리를 지켰다. 그가 이런 힘든 일을 해낼 때 쓴 수법은 "곤란을 교묘히 돌파하는 것"이었는데, 앞에서 언급했다시피 셰바르드나제 외상은 그 같은 태도를 비난한 바 있다. 또한 고르바초프는 "계산된 무질서의 관리자"로서 일을 처리하였는데, 이것을 〈타임〉이 극찬한 바 있다. 그 자신은 나중에 이렇게 술회했다.

나는 언제나 그동안 쌓인 소련 사회의 모순점이 폭발하고 나서야 해결되는 것을 막으려고 노력했습니다. 바꿔 말하면 피비린내 나는 대변혁이 일어나지 않도록 애썼습니다.

고르바초프는 자신이 설정한 목표를 달성했다. 그가 아니었더라도 소비에트 체제는 언젠가 분명 무너졌을 것이다. 물론 그런 사태는 더 훗날에 일어났을 것이고, 아마도 끔찍한 단말마적 몸부림, 그리고 어쩌면 서방 세계와의 무력 충돌을 동반했을지도 모른다. 고르바초프 덕분에 소련을 비롯한 세계의 여러 국가들이 불상사를 겪지 않았다고 나는 단언한다.

다만 그는 소련 국민들이 혼란으로 말미암아 어쩔 수 없이 피해를 입는 상황이 일어나지 않도록 하지는 못했다. 글라스노스트와 페레스트로이카는 소련 체제의 근간을 일시에 허물어뜨렸다. 만일 고르바초프가 아닌 다른 지도자가 이 엄청난 과제에 매달렸다면 더 잘할 수 있었을까? 확실치 않다. 미국의 러시아 전문가 로버트 콩퀘스트(Robert Conquest)는 이렇게 논평했다.

> 고르바초프는 강철 밧줄(wire rope) 위에 있으면서 동시에 사자들을 길들이려고 했던 사람입니다.

고르바초프 자신은 고별 연설에서 "이미 때를 놓친 개혁을 해내기 위해서는 온 힘을 다해 모든 노력을 다 기울여만 했습니다"라고 말한 바 있다. 그것은 명백한 사실이다. 공산당, 행정부, 경제계 할 것 없이 온 나라의 요소요소에 넓고 깊게 자리 잡고 있는 기존 특권층의 저항이 날로 거세졌는데, 그들에게 개혁을 강요하는 것만 해도 여간 어려운 일이 아니었다. 그뿐만 아니다. 소련 국민들이 익숙해져 있던 관습, 그들의 이념적 편견과 편협함, 그들의 연금 생활자 근성과도 싸워야 했다.

이 힘겨운 싸움에서 고르바초프는 완승하거나 완패하지 않았다. 그저 부분적인 승리를 거두었다고 말하는 편이 맞을 것이다.

2001년 8월, 그는 한 인터뷰에서 자신이 한 일에 대해 스스로 아쉬워하는 점을 딱 하나 지적했다.

"저는 제가 학생 시절에 입당한 공산당에 대해 깊은 애정을 품고 있었습니다. 그래서 당을 깨뜨리지 않고 개혁할 수 있다고 믿었습니다만, 지금 와서 돌이켜보면 당을 쪼개는 정도까지 더 바짝 밀고 나갔어야만 했습니다."

그러나 한편 같은 인터뷰에서 고르바초프는 레닌을 "세계사에서 가장 중요한 인물"로 평가했다. 뿐만 아니라 그는 자신의 여러 저서에서 끊임없이 러시아 10월 혁명과 사회주의의 업적을 칭송했다. 한편으로는 레닌, 10월 혁명, 공산주의, 사회주의에 경도되어 있으면서, 또 한편으로는 소련공산당, 소련 공산사회를 바꾸려고 시도한 소련 지도자가 바로 고르바초프다.

서방 세계에서조차 고르바초프가 왠지 비극적인 인물로 비춰지는 까닭은 그의 개혁이 완벽하게 성공하지 못했고, 그가 권좌에서 초라하게 쫓겨났기 때문만이 아니다. 그럴 만한 이유가 두 가지 더 있다.

첫째, 어릴 때부터 영웅들의 전설과 카우보이 이야기를 보고 듣고 자란 우리들은 우선 승자를 좋아하고, 그다음에는 패배자들 가운데 영웅적인 죽음을 맞이한 인물들에게 호감을 갖는 경향이 있다. 예를 들어, 서양인들이 좋아하는 전형적인 패배자들은 다음과 같다.

게르만 민족의 신화와 전설이 담긴 영웅 서사시 〈니벨룽겐의 노래(Das

Nibelungenlied)〉에 나오는 지크프리트(Siegfried)[46]

승자가 굴욕감을 줬지만 결코 굴복하지 않은 나폴레옹

토이토부르크 숲(Teutoburger Wald)의 전투가 끝난 후 자신의 칼에 찔려

죽은 바루스(Varus)[47]

　　승리자와 화해하는 패배자는 이성적으로 행동한 것이 틀림없으나, 아쉽게도 깊은 감명을 주지는 못한다. 고르바초프는 조국 러시아에서 외면당한 채 여전히 소박하게 살아갔다. 아무도 그를 해코지하지는 않았지만 많은 이가 그를 경멸했고, 대부분의 사람이 그를 거의 잊은 듯하다.

　　고르바초프가 초라하게 느껴지는 또 하나의 까닭은 이렇다. 만일 그가 역사에서 자신의 위상, 후세의 평가 등을 중요하게 여겼다면, 그런 소중한 가치를 조금 더 신중하고 귀하게 다뤘어야 했다. 그는 엄중한 역사의 심판대 앞에서 자신이 했던 일의 당위성과 정당성을 당당하게 피력할 기회가 얼마든지 있었다. 세계사를 움직인 큰 그릇의 지도자로 자리매김할 가능성이 열려 있었다. 그러나 고르바초프는 그렇게 하지

46　뛰어난 무예 능력으로 용과 맞서 싸워 니벨룽겐의 보물과 명예를 얻은 지크프리트는 보름스(Worms)의 성주 군터(Gunther)의 신하이자 지크프리트를 질투하는 하겐(Hagen)에 의해 살해당한다. 하겐은 지크프리트를 죽이기 위해 군터의 누이동생이자 지크프리트의 부인인 크림힐트(Kriemhild)를 속여 그녀로 하여금 지크프리트가 입는 옷의 유일하게 취약한 부분을 십자가로 표시하도록 한다. 하겐을 믿은 크림힐트는 그렇게 했고, 하겐은 지크프리트가 시냇물을 마시고 있을 때 그 표적을 향해 창을 던져 그를 죽이는 데 성공한다.

47　토이토부르크 숲은 독일의 서북부 지방에 있는 니더작센(Niedersachsen) 주와 노르트라인베스트팔렌(Nordrhein-Westfalen) 주에 걸쳐 있는 낮고 울창한 숲이다. 기원후 9년 바루스가 이끄는 로마제국 군단이 게르만 부족 연합군과 이 숲에서 싸워 크게 패하는데, 이 싸움을 '토이토부르크 숲의 전투'라고 부른다. 게르만족의 지휘관은 아르미니우스(Arminius)였는데 그는 나중에 헤르만(Hermann)으로 불리게 되며 게르만 민족의 전설적인 영웅으로 자리매김한다. 한편 로마제국 원로원 의원이었던 바루스는 괴멸적인 패배를 당한 후에 자신의 고위 장교들과 함께 스스로 싸움터에서 목숨을 끊는다.

않고 그 대신 몇몇 저서에서 구차한 변명을 늘어놓음으로써 숭고한 가치를 지켜내지 못했다. 게다가 그는 1996년 러시아 대통령 선거에 출마해 불필요하게 지독한 창피를 당한다. 득표율이 겨우 0.5퍼센트에 그친 것이다.

그러나 퇴임 후 그의 명성에 가장 크게 악영향을 끼친 것은 아마도 그가 서방 세계에서 거의 영리 목적으로 강연 연사로, 기념물 제막식에서 베일을 벗기는 사람으로, 각종 축하 행사의 하객이나 장식품 구실을 하는 손님으로 출현했다는 사실일 것이다. 나폴레옹 밑에서 로마 주재 프랑스 대사로 근무한 바 있는 프랑수아 샤토브리앙(François Chateaubriand)은 이런 글을 남겼다.

"승리를 거둔 영국인들은 나폴레옹을 절해(絶海)의 외딴 섬 세인트헬레나(Saint Helena)로 유배 보냈다. 그들은 그 결과 그의 명성이 더욱 높아지는, 기대하지 않은 결과가 나타난 데 깜짝 놀랐다. 그들은 나폴레옹이라는 독수리에게 망망대해 위의 한 바위를 주었고, 그는 그 바위 끝에서 햇빛을 받으며 죽을 때까지 버텼다."[48]

이어서 샤토브리앙은 이렇게 물었다.

"그렇다면 승리자들은 그들이 의도했던 대로 후세에서의 나폴레옹의 명성을 깡그리 망가뜨리기 위해서 무엇을 했어야 했는가? 나폴레옹을 그들의 축하 잔치에 초대했어야 했다!"

독일 함부르크에 있는 어느 대기업의 구내 식당에서 고르바초프가 기조연설을 하고, 이어서 맨 앞의 테이블에 앉아 극진한 대접을 받는다. 만일 독자 여러분이 그 자리에 있었다면, 이러한 샤토브리앙의 말

48 Wolf Schneider (2004), pp.80–81.

이 머리를 스치지 않았을까? 그러나 그렇다고 해서 우리는 고르바초프가 커다란 움직임을 일으킨 세기의 해방자였고, 아마도 핵전쟁의 위험으로부터 인류를 구한 위대한 지도자였다는 엄연한 사실을 잊어선 안 된다. 그의 행태로 말미암아 그런 생각을 품기가 조금은 힘들게 느껴지더라도, 실패자 또는 패배자는 모두 자신만의 방식이 있고, 인류에게는 그러한 방식이 필요할 수도 있다.

❻
잊힌 전쟁, 잊힌 영웅
리지웨이

"깃발을 세우고 현장을 장악하라"

한밤중에 걸려온 전화

1950년 12월 22일 밤. 미국 육군의 참모차장 매슈유 리지웨이(Matthew Ridgway) 중장은 워싱턴의 친구 집에서 칵테일 파티를 즐기고 있었다. 그때 갑자기 전화벨이 울렸다. 전화를 받은 리지웨이는 뜻밖의 소식을 듣는다. 한국에서 미8군을 지휘하고 있던 월튼 워커(Walton Walker) 장군이 몇 시간 전에 교통 사고로 세상을 떠났고, 자신이 후임으로 임명되었으니 즉시 한국으로 가서 붕괴 직전에 있는 미군과 유엔군의 지휘를 맡으라는 것이었다.

인천상륙작전 이후 압록강까지 진군했던 유엔군과 한국군은 중공군의 참전으로 계속 후퇴하고 있었다. 17일 전인 12월 5일, 평양은 중공군의 손에 다시 넘어갔다. 유엔군과 한국군이 평양을 점령한 것이 10월 19일이니 7주도 안 되어 북한의 수도를 다시 뺏긴 셈이었다.

펑더화이(彭德懷)가 지휘하는 20만~34만 명의 중공군이 1950년 10월 중순에서 12월에 걸쳐 만주에서 북한으로 들어왔다. 연말경 그의 휘하에 있는 중공군과 북한군의 수는 거의 50만 명에 달했다. 그의 목표는 단순히 미군을 다시 남한으로 몰아내는 것이 아니라 한반도 전체를 공산화하는 것이었다. 리지웨이가 운명의 전화를 받았을 시점에 중공군은 38선을 향해 돌진하고 있었다. 서울을 또 빼앗길 가능성이 아주 컸다. 그 암담했던 12월 내내 미국 내 여기저기에서는 원자폭탄을 쓰자는 이야기가 나오고 있었다. 유엔군 총사령관 더글러스 맥아더 장군은 중공군의 대규모 개입을 예상하지 못한 자신의 실책에 대해서는 아무 말도 하지 않고, 대신 만주에 있는 중공군 보급기지를 폭격해야 한다고 주장했다. 실제로 해리 트루먼 미국 대통령은 핵폭탄 사용 가능성을 배제하지 않는다고 언론에 공언했다.[49]

1950년 6월 25일에 한국전쟁이 시작된 이후 미국은 불과 여섯 달 동안에 무려 1만 4,650명의 장병을 잃었다. 이중 상당수가 중공군의 참전 이후 기세에 눌려 남쪽으로 퇴각하기 시작한 11월 이후 전사했다. 몇 주 사이에 3,000명 이상의 미군이 죽거나 다쳤다. 11월 30일에는 하루 동안 799명의 미군이 전사했는데, 이는 미국이 2001년부터 2008년까지 아프가니스탄 전쟁에서 잃은 전사자 숫자보다 많은 규모다. 바로 얼마 전인 9월 15일에 맥아더 장군이 인천상륙작전을 그렇게 멋지게 성공시켰는데, 갑자기 미군이 처참하게 밀리고 있으니 본토의 미국

49 Cumming (1990), pp. 746–751; Millett (2010), pp. 356–358.

인들은 어안이 벙벙했다. 1950년 11월에 실시된 갤럽의 여론조사 결과에 따르면 미국인들의 절반 이상이 미군들의 생명을 구하기 위하여 정부가 원자폭탄을 쓰기를 바라고 있었다. 1951년 1월에는 미국 국민들의 절반 정도가 한국전쟁에 개입한 것은 크게 잘못된 결정이라고 믿었다.[50]

1949년 10월 1일에 건국한 중화인민공화국, 즉 중공이 대만 건너편의 본토 해안에서 수십만 명의 병력을 북한과의 국경인 압록강 쪽으로 이동시킨 사실을 맥아더의 정보 장교들은 파악하지 못하고 있었다. 따라서 1950년 가을에 중공군이 북한에 침입한 것은 2차 대전 후 미군 역사상 가장 치명적인 정보당국의 실수였다고 해도 지나친 말이 아닐 것이다. 한마디로 말해 리지웨이는 참으로 암울한 시점에 자신이 전혀 아는 바 없는 극동의 먼 나라 한국에 가서 싸우라는 명령을 받은 것이다. 현지에서는 유엔군이 부산까지 퇴각할 것이라는 소문이 이미 파다했다.

한국전쟁, 허를 찌르고 허를 찔리다

1950년 6월 25일 북한군이 38선 전역에 걸쳐 신생 대한민국을 공격함으로써 비극적인 한국전쟁이 시작됐다. 병력과 장비 면에서 절대 열세였던 국군은 처음부터 밀릴 수밖에 없었다. 그 시점에 미국이 한국을 돕기 위해 군대를 보낼 것인가 여부는 전혀 미지수였다. 다섯 달 전

---

50   Whitfield (1991), p. 5.

인 1950년 1월 12일 미국 국무장관 딘 애치슨(Dean Acheson)은 워싱턴에 있는 미국기자클럽(National Press Club)에서 한국은 미국의 방위선 바깥에 있다고 말 바 있었다. 얼마 후에는 트루먼 대통령의 친구이자 막강한 영향력을 가진 상원의원 토머스 코널리(Thomas Connally)가 "미국은 한국을 (미국의) 전략에 절대로 필요한 나라로 여기지 않는다"라고 주장하기도 했다. 그보다 앞서 1947년에 미국 합동참모본부(Joint Chiefs of Staff)는 보고서에서 이렇게 결론을 내린 바 있다. "군사 안보의 관점에서 볼 때 미국은 현재의 병력과 기지를 한국에 유치해야 할 전략적 이해관계가 없다." 이뿐 아니다. 한국전쟁이 일어나기 불과 한 달 전인 1950년 5월에 코널리 상원의원은 한국을 거의 포기한 듯한 말을 했다. "소련은 준비가 되면 아마도 대만을 침공할 것이다. 마찬가지로 그들은 마음만 먹으면 한국을 그냥 집어삼킬 수도 있다."[51]

이렇게 미국의 지도급 인사들이 한국을 지키는 것에 회의적인 발언을 쏟아내니, 해외에서는 미국이 이승만이 이끄는 한국 정부의 생존을 보장하지 않을 것이라고 결론을 내릴수 밖에 없었다. 이러한 미국의 태도를 지켜본 스탈린, 마오쩌둥, 그리고 김일성은 미국의 한국전 참전 가능성을 매우 낮게 보았다. 그들이 당시 세계 최고의 국력을 자랑하는 미국을 상대로 싸우게 될 것을 알면서도 남한을 침공했다고 보기는 힘들다.

그러나 전쟁이 일어나자 트루먼은 북한군의 남한 공격을 공산 진영의 공산주의 확산 계획의 일환으로 보고, 즉각 한국전쟁에 개입하겠다는 결정을 내린다. 그는 6월 27일 이러한 뜻이 담긴 성명을 발표하고

---

51   Whelan (1990), p. 27 and cf. 50.

유엔의 이름으로 미군을 파병하기로 했다. 그리고 전쟁의 영웅 더글러스 맥아더 장군을 유엔군 총사령관으로 임명했다.

유엔군의 참전에도 불구하고 한국군과 미군은 북한군의 남진을 저지하지 못하고 1950년 8월 1일에는 낙동강 유역까지 후퇴했다. 낙동강 방어선에서 국군과 미군은 북한군의 진격을 간신히 막아내는 데 성공한다. 부산 점령을 목표로 한 북한군의 8월 공세와 9월 공세를 물리친 것이다. 이리하여 국군과 유엔군은 낙동강 유역에서 북한군의 전쟁 목표를 분쇄하고, 작전의 주도권을 잡아서 공세로 전환할 수 있는 계기를 마련한다.

8월 29일, 전선을 처음 시찰한 맥아더 장군은 이미 그날부터 인천상륙작전을 구상했다. 북한군의 거칠 것 없는 진격에 일격을 가할 수 있는 가장 효과적인 방안은 적 배후에 상륙작전을 감행하는 것이라고 판단한 것이다. 그러나 인천에 상륙하는 것에 대해 본국의 합동참모본부와 해군, 해병대는 강력하게 반대했다. 그 까닭은 크게 세 가지였다.

첫째, 인천 앞바다는 간만의 차가 매우 심하기 때문에 상륙작전을 실시할 수 있는 날이 제한되어 있다. 맥아더가 계획한 대로 9월에 상륙하려면 9월 15일부터 사흘만 작전 수행이 가능했다. 이때를 놓치면 한 달을 기다려야 했다. 또한 상륙하는 날에도 밀물이 꽉 들어차는 아침과 저녁 두 차례 각각 세 시간 정도의 짧은 시간 내에 작전을 끝내야 했다.

둘째, 인천항은 대규모 상륙 함대가 자리하기에는 지나치게 좁고 항구에 이르는 해상 접근도가 제한되어 있었다. 그래서 상륙 부대는 먼저 월미도를 점령하고 이어서 인천을 점령하는 2단계 작전을 벌여야 해 위험부담이 컸다.

셋째, 상륙 해안의 벽이 높아 기어오르기 어렵고, 그것을 극복하더라도 시가지에서 적과 교전해야 한다.

그러나 맥아더는 바로 그렇기 때문에 인천을 선택했다. 아군뿐만 아니라 적군도 인천이 상륙 지점이 아닐 것이라고 생각할 터이므로 의표를 찌르면 전략적 기습 효과를 올릴 수 있다고 보았다. 그의 예상대로 북한군은 인천을 허술하게 지키고 있었다. 적군의 허점을 찌르라는 《손자병법》 제6장 〈허실편(虛實篇)〉의 '공격의 원리'를 아주 잘 응용한 것이다.

> 적이 달려가지 않는 곳에 나가고, 적이 뜻하지 않은 곳으로 달려가야 한다(出其所不趨 趨其所不意).
> 적의 허를 찌르면 아군이 진격할 때 적이 우리를 막을 수 없다(進而不可禦者 衝其虛也).

9월 15일 새벽에 시작된 상륙작전에서 유엔군은 2,000명밖에 안 되는 북한군을 손쉽게 제압하고 인천을 탈환했다. 이어서 김포와 영등포 두 방향으로 진출하여 서울을 포위하기 시작했고, 9월 28일 서울을 완전히 탈환했다.

유엔군의 작전이 대성공을 거두자, 남쪽의 낙동강 전선에서도 국군과 유엔군은 9월 23일을 기해 전선을 돌파하기 시작한다. 인천 상륙 소식이 알려지면서 북한군의 사기는 걷잡을 수 없이 떨어졌고 탈영병이 속출했다. 유엔군이 인천상륙작전을 감행한 후 약 보름 만에 유엔군과 국군은 38도선 이남을 모두 되찾았고 10월 7일에는 38도선을 넘었다.

이미 9월 말에 미 국방부 장관 조지 마셜(George Marshall)은 맥아더에게 "상황이 허락하면 북진해도 좋다"는 전문을 보낸 바 있었다. 맥아더는 90일 이내 한반도를 통일할 수 있을 것이라고 믿었다.

이러한 긴박했던 9월과 10월 내내 중공군, 즉 중국인민해방군(People's Liberation Army, PLA) 장군들은 한반도에서 벌어지는 전투 상황을 면밀히 관찰하고 있었다. 불과 넉 달 남짓한 기간 동안에 남북으로 1,200킬로미터에 가까운 한반도 전체에서 북한군이 미군을 거의 몰아내다시피 했다. 이제는 중공의 우방 북한 전체를 미군이 점령하다시피 한 상황이 된 것이다. 그러나 유엔군이 중공과의 국경선 쪽으로 북상할수록 날씨와 지형은 나빠지기만 했다. 여기에 맥아더 장군은 북한 지역을 정밀하게 정찰하지 않았서 그곳의 지리에 대해서 아는 바가 거의 없었다.

국경 근처에서 공격 명령만을 기다리며 숨죽이고 있는 중공군에 가까이 다가갈수록 미군 병사들은 남쪽에 있는 보급 기지로부터 멀어져야 했다. 보급 상황이 악화되는데도 미군은 자신만만했다. 맥아더는 "크리스마스는 집에서(Home for Christmas)" 보낼 것이라고 공언하기 까지했다.

하지만 인천상륙작전이 성공한 직후부터 중공은 라디오로 "북한이 침범 당하면 참전하겠다"고 거의 매일 협박하고 있었다. 백악관과 펜타곤(Pentagon, 미 국방부)에서도 불안감이 싹트기 시작했다. 맥아더가 계속 호전적인 발언을 쏟아내면, 중공은 미국이 지원하는 남한 정부가 한반도 전체를 차지하는 것을 앉아서 보기만 하지는 않을 것이라고 생각하게 된 것이다. 그렇게 되면 중공은 제 나라 국경선 바로 턱밑에 미국의 폭격기가 배치되는 꼴을 보게 될 것이기 때문이다. 미국의 유럽 동맹국들, 특히 영국은 모욕감을 느낀 소련이 미국의 38도선 돌파에 대항하여 서유럽을 공격하지 않을까 걱정했다. 11월 중순에 영국의 보수 정치인 샐리스베리(Lord Salisbury)는 심각한 경고가 담긴 연설을 했다.

"38도선 훨씬 이북에서 공세를 펼치고 있는 유엔군은 여러 가지 전술적, 전략적 원칙을 범하고 있습니다. 충분치 않은 병력에서부터 취약한 보급선에 이르기까지."[52]

그러나 인천상륙작전이 성공한 이후 그 누구도 맥아더 장군을 비판하거나 제지할 수 없는 분위기가 조성되어 있었다. 11월 중순에도 맥아더는 아주 자신만만했다. "이번 유엔군 공세가 성공하면 실질적으로 전쟁은 끝나고 한반도에 다시 평화가 돌아오고 한국은 통일될 것입니다. 그러면 우리는 유엔군 병력을 신속히 철수시킬 수 있을 것입니다."[53]

대규모의 중공군 병력이 이미 압록강을 건너고 있던 때였다. 반면 미군은 북진하면서 병력이 분산되고 있었다. 그래서 압록강 가까이에서 중공군의 공격에 부딪혔을 때는 병력 면에서 압도적으로 열세에 놓이게 된다. 워커 장군이 지휘하는 서부전선의 미8군, 그리고 알몬드(Almond) 장군이 지휘하는 동부전선의 미 해병 10군단이 모두 중공군에게 밀리기 시작했다. 중공군은 주로 밤에 공격해 왔다. 나팔과 호루라기를 불고 온갖 구호를 외치면서 벌떼처럼 밀려왔다. 이런 전술을 접한 적이 없는 미군 병사들은 공포에 질리기 일쑤였다. 게다가 미군은 혹독한 한반도의 겨울에도 충분히 대비하지 못했다. 많은 군인들이 추위에

---

52 Kees (1964), pp. 145~146.

53 Appleman (1989), Disaster in Korea, p. 56.

벌벌 떠다 따뜻한 털모자를 쓰기 위해 철모를 버리고, 동상에 걸리지 않으려고 모닥불을 피웠다. 해 진 뒤에 전투가 벌어졌을 때 침투해 있던 중공군 병사들에게 자신들의 위치를 알려주는 꼴밖에 되지 않았다. 갑작스러운 전세 역전에 충격을 받은 맥아더는 만주에 있는 중공군 기지를 폭격하는 것을 허가하지 않으면 한국전은 승산이 없다고 경고했다.

미군의 병력 손실이 계속 늘어나자 맥아더는 평정을 잃기 시작했다. "유엔군 지휘본부는 전술적으로 가능한 한 빨리 한국에서 철수해야 한다"고 말하기도 했다. 실제로 맥아더와 몇몇 사람들은 1951년 1월 초에 한국에 있는 모든 미군 병력을 오키나와, 일본, 필리핀으로 빼돌리는 비상 계획을 검토했다.[54]

전세가 악화되자 맥아더를 극찬하던 언론의 논조도 급변하며 미국의 패배를 예상하는 기사를 연달아 내보냈다. 1월 초 〈시카고 트리뷴 (Chicago Tribune)〉과 〈LA 타임스(Los Angeles Times)〉의 머리기사 제목은 각각 다음과 같았다.

> 8군 격파 당하다/중공군이 1개 사단을 패주시키고 몇 마일 진격[55]
> 공산군이 미군을 격멸하기 위해 남쪽으로 질주

이렇게 모두가 공포심에 빠져 있을 때 리지웨이는 얼핏 보기에는 희망 없어 보이는 군대의 지휘를 맡기 위해 먼저 일본으로 날아간다.

---

54 Weintraub (2000), p. 297.
55 "SMASH THRU THE 8TH ARMY LINE/Chinese Rout One Division and Advance Several Miles."

전쟁이 시작되고 나서 꼭 6개월이 지난 1950년 12월 25일 크리스마스에 리지웨이는 일본에 도착했다. 리지웨이는 이튿날 맥아더 장군을 만나 간단한 상황 설명을 들었다. 태평양 전쟁을 승리로 이끈 70세 노장 맥아더는 본국에서 인기가 높았다. 그러나 얼마전까지 펜타곤에서 근무한 바 있는 리지웨이는 합동참모본부의 분위기를 잘 알고 있었다. 그곳에서는 맥아더를 과대망상자라로 보고 오래전부터 그를 해임하고 싶어 했다. 현재의 절망적 상황을 빚은 장본인을 직접 상관으로 모셔야 하는 리지웨이의 처지는 누가 보기에도 달가운 것이 아니었다.

그러나 냉철한 성품의 리지웨이는 연일 패퇴하는 상황에서도 엄연한 한 가지 사실에 주목했다. 맥아더 휘하의 군대는 일단 38도선을 돌파하자 놀라울 정도로 적은 피해를 입으면서 한반도의 북쪽 끝까지 진격했다. 이것은 공산군이, 적어도 북한군은, 무적의 군대가 아님을 보여주는 증거였다. 그렇다면 그들을 다시 격퇴할 수도 있을 것이다. 리지웨이는 한반도 현지의 미군의 상황을 파악하지 못했지만 즉각 공세를 취하겠다는 의견을 내놓았다. 이에 대해 내놓은 맥아더의 답변은 유명하다.

"맷, 8군은 자네 것이네(The Eighth Army is yours, Matt)."

그러나 한국으로 건너온 리지웨이는 그가 희망했던 즉각적 반격이 가능하지 않다는 것을 금방 알아차렸다. 현지 상황이 알려져 있는 정보보다 훨씬 더 나빴기 때문이다. 미8군은 그야말로 엉망이었고, 장교들은 빨리 한국을 떠나고 싶어 했다. 밀려오는 중공군을 서울 바깥에서 막는 것은 아예 생각할 수도 없었다. 더 큰 걱정은 공포에 질린 유엔군이 우르르 도망치다가 부산까지 뺏기고 일본으로 패주하지 않을까 하는 것이었다.

10월 25일부터 11월 24일까지 전개된 중공군 제1차 공세 기간 동
안에 미군 사상자 수는 벌써 2만 7,827명에 달했는데, 그 가운데 죽거
나 행방불명된 장병의 수는 1만 명에 가까웠다. 이는 태평양 전쟁 말기
인 1945년 2월 16일부터 3월 26일까지 벌어진 악명 높은 이오지마 전
투에서 미군이 입은 피해보다 훨씬 더 컸다.[56] 뿐만 아니라 11월 말까
지 짧은 기간 동안 미그-15(Mig-15) 전투기 때문에 공산군은 중공 국경
선과 가까운 지역의 상공의 제공권을 장악할 수 있었다. 북한과 인접한
만주 지역의 여러 비행장에는 300대가량의 미그 전투기가 포진하고 있
었던 것으로 보인다. 완전히 패배한 것처럼 보였던 북한군 사단은 중공
에서 무기와 장비를 보급 받고 전선에 나타났다.

공산군과 싸우는 것은 미국으로서는 새로운 경험이었다. 본국의 미
국인들은 5년 전에 소련군이 그 막강한 나치 독일군을 동부 전선에서
쳐부순 것을 생생하게 기억하고 있었다. 더 최근에는 마오쩌둥의 인민
해방군이 무기와 장비 면에서 훨씬 더 우위에 있었던 장제스의 국민당
군대를 중국 본토에서 몰아내고 공산 정권을 세운 사실을 알고 있었다.
이러한 일련의 역사적 경험으로 말미암아 미국을 비롯한 서방 민주주
의 국가들은 광신적인 공산 군대는 상대하기 매우 어려운 집단이라는
인상을 갖고 있었다.

리지웨이가 한국에 와서 파악한 또 하나의 큰 문제점은 단일 지휘 계
통이 없다는 것이었다. 이는 워커 장군이 전사하고 맥아더 장군이 멀
리 도쿄에 있었기 때문에 발생한 문제라고도 볼 수 있었다. 그러나 워

---

56   Hanson (2013), p. 157.

커 장군이 살아 있을 때도 그가 지휘하는 미8군과 알몬드 장군이 이끄는 미 해병 10군단은 가끔 손발이 안 맞았다. 그것은 맥아더가 자신의 친구인 알몬드가 8군의 통제를 받지 않고 독자적인 행동을 할 수 있도록 허락했기 때문이다. 한국에는 지상군 총사령관이 사실상 없었던 것이다. 워커와 알몬드는 둘 다 고집이 센 지휘관이었으며 때로는 성급히 행동하는 경향이 있었다. 서쪽의 8군과 동쪽의 해병 10군단이 서로 떨어져 있고, 육군과 해병대가 경쟁 관계에 있는 데다가 각각 다른 속도로 북진했기 때문에 중공군이 일단 국경을 넘어오자 어느 한쪽도 다른 쪽을 보강하거나 호위하기 어려웠다. 육군이 하는 전쟁이 있고 해병대가 치르는 전쟁이 따로 있는 듯했다.

한국전쟁에는 미군뿐만 아니라 영국, 그리스, 터키 등 우방에서 온 약 3만 명의 동맹국 군대도 참전하고 있었다. 이들은 한국에 와서 크게 낙담했고 미국의 지도력에 대해서도 더 이상 확신을 갖지 못했다. 그들은 대부분 인천상륙작전 후에 전쟁이 거의 끝났다고 생각하고 한국에 온 터였다. 미군이 전진하고 나면 그 뒤에서 대충 평화유지군 정도의 역할을 하면 될 것으로 기대했던 것이다. 그런데 웬걸. 캐나다, 네덜란드, 그리스, 프랑스, 터키에서 파견된 부대의 상당수는 중공군이 11월 말에서 12월에 걸쳐 예상치 않은 대대적인 반격을 가해왔을 때 최전방에서 싸워야 했다. 미국을 빼면 모두 15개 나라에서 한국전쟁에 군대를 보냈는데, 사실 이들은 대부분 마지못해 미국의 파병 요청에 응한 것이었다. 미국의 요구를 거절하면 공산주의 세력의 확대를 저지하기 위해 노력하는 나라에는 미국이 군사적, 경제적 원조를 제공한다는 트루먼 독트린(Truman Doctrine)의 혜택, 그리고 마셜 플랜(Marshall Plan)에 의거한 미국의 원조를 못 받을 가능성이 있었기 때문이었다.

영국군 장교들은 왜 맥아더가 1950년 10월에 더 방어하기 쉬운 39도 선을 지나 중공과의 국경 가까이까지 공산군을 쫓아갔는지 이해할 수 없었다. 그들은 또한 겁에 질린 미군이 왜 12월에 훨씬 지키기 어려운 38도선까지 후퇴했는지 알 수 없었다. 미군이 압록강까지 올라간 것도 무모했지만 38도선까지 성급히 퇴각한 것은 더 황당한 결정이라는 것이 그들의 견해였다. 1950년 말, 한국 안팎의 많은 이에게 인천에서 거둔 성공은 까마득한 옛 이야기처럼 느껴졌고 한국전쟁에서의 패배가 임박한 것처럼 보였다.

대한민국을 구하다

1950년 12월 말에서 이듬해 1월까지의 전황은 참으로 암담했다. 미 8군은 한반도의 서북부 지역에서 불과 2주 동안에 임진강 유역까지, 즉 다시 38도선 이남으로 후퇴했다. 동부전선의 미 해병 10군단은 흥남까지 퇴각했는데, 리지웨이가 지휘를 맡기 전에 해상으로 수백 킬로 미터 남쪽에 있는 부산으로 철수하라는 명령이 떨어진 상태였다. 힘들게 빼앗았고, 아직 공산군이 점령하지도 않은 영토를 포기하라는 이야기였다. 리지웨이가 한국에 오자마자 중공군은 제3차 공세를 시작했다. 1차 공세는 그들이 압록강을 건넌 10월 하순에 시작되었고, 2차 공세는 미8군을 집중적으로 공격하기 시작한 12월 9일에 개시되었다. 리지웨이가 한국에 도착하고 나서 일주일이 지난 1951년 1월 4일 공산군은 또 다시 대한민국의 수도 서울을 점령했다. 미국 본토에서는 맥아더 지지자들뿐만 아니라 의회 지도자들, 그리고 트루먼 대통령 자신도 원자폭탄 투하의 가능성을 거론하기 시작했다. 리지웨이는 비공식적으로 맥아더에게 독가스를 쓸 수 있는 권한을 달라고 요청하기도 했다.[57]

이러한 소식을 들은 유럽 국가들은 소스라치게 놀라서 미국 정부에게 자제를 간청했다. 그들은 정말로 핵전쟁이 일어날까 봐 두려워했다. 또한 한국전쟁 때문에 서부 유럽을 지키기 위해 쓰여야 할 미군 전력이 줄어들 것을 우려했고, 만약 한국전쟁에서 미국이 패배한다면 이어서 공산 진영이 다른 지역으로 눈을 돌릴까 봐 걱정했다. 특히 노동당이 지배하는 영국 의회는 영국군 병사들이 핵전쟁 싸움터에서 사실상 볼모로 묶이게 될까 봐 노심초사했다. 그래서 클레멘트 애틀리(Clement Attlee) 총리는 급히 워싱턴으로 날아갔다. 그곳에서 그는 남북한과 중공에 대한 미국의 대외 정책의 거의 모든 요소에 반대 의견을 피력하고 트루먼 정부에 중공과 협상할 것을 건의했다. 그러나 미국은 그의 제안을 받아들이지 않았다. 미국인들은 대체로 한국에서 공산 진영의 세력을 물리칠 수 있다고 믿었다. 반면에 영국은 미국이 한국에서 지고 그 결과 공산주의자들이 더 대담해질 것이라고 내다봤다.[58]

그러나 한국에 와서 현지 상황을 몸소 본 리지웨이는 한반도 안팎에서 이야기하는 것처럼 사태가 절망적이지는 않다고 생각하게 된다. 그가 이렇게 진단한 근거는 다음과 같다.

첫째, 중공군이 인해전술을 쓴다고 하지만 한반도와 그 주변 지역 전

---

57 Soffer(1998). 맥아더는 리지웨이의 이 요청을 거절했다.

58 Whelan (1990), pp. 270~274. Roe (2000), pp. 372~373. Millett (2010), pp. 63~65.

체를 감안하면 유엔군이 병력 면에서 크게 밀린다고는 할 수 없었다. 맥아더 휘하의 육해공군 병력은 55만 명에 달했고, 한국에 와있는 미8군과 해병 10군단만 해도 17만 8,000명이 넘었다. 뿐만 아니라 미국은 제공권과 제해권을 장악하고 있었다. 일본과 필리핀에 있는 방대한 해군·공군 자원을 얼마든지 활용할 수 있었다.

둘째, 중공군과 북한군의 총병력은 50만 명에 육박했지만 지쳐있었고 추위에 떨고 있었다.

셋째, 공산군이 남쪽으로 내려올수록 보급선이 길어지고, 미국은 적군의 보급선을 끊임없이 폭격하고 포격할 수 있었다. 중공군과 북한군은 만성적인 보급 문제에 시달렸다.

넷째, 공산군은 그들의 거대한 병력 수에 충분한 수의 대포를 보유하고 있지 않았다. 포병의 포격 지원을 제대로 받지 못한 채 미군과 국군을 공격해야 했다.

침착한 성격의 리지웨이는 이러한 분석을 바탕으로 승리의 열쇠는 적군 병력을 유인해서 크게 격멸하는 데 달려 있다고 결론을 내렸다. 이를 위해 설사 서울을 잠시 포기해야 하더라도 말이다. 정황 또한 차츰 나아지고 있었다. 1950년 12월 중순에는 최신 전투기 모델인 F-86 세이버(Sabre)가 속도가 느린 F-80 슈팅 스타(Shooting Star)를 대체하면서 공산군이 미그-15 덕분에 잠시 누렸던 공중에서의 우위를 되찾았다.

리지웨이는 또 중공군이 기본적으로 무기와 장비가 부족하다는 것을 알아차렸다. 그들은 식량과 의약품이 충분하지 않았고, 어떤 경우에는 수류탄밖에 갖고 있지 않았다. 반면 미군은 각종 무기와 장비를 다시 공급 받으면서 대포, 탱크, 기관총, 기타 모든 군수품 면에서 우위에 있었다. 따라서 잠시 서울을 뺏기더라도 중공군과 북한군이 이남으로 많이 내려오지는 못할 것이라고 확신했다.

그렇다면 다음 핵심 과제는 서서히 철수하면서 반격 준비를 하고, 적군에게 일격을 가할 수 있는 가장 좋은 시점을 기다리는 것이었다. 리지웨이는 한국전쟁 같은 이른바 제한전(limited war)에서는 영토를 차지하는 것이 그다지 중요하지 않다는 사실을 알고 있었다. 미군은 굳이 다시 압록강까지 북진해서 한반도를 통일하지 않더라도 한국전쟁을 성공적으로 마무리할 수 있을 것이 분명했다. 즉, 엄청난 수의 공산군 병력을 살상함으로써 중공과 소련에 미국의 화력이 얼마나 무섭고 공산 세력을 저지하려는 (미국의) 의지가 얼마나 강한지 보여주는 것으로 충분할 거라고 생각했다. 이러한 의미의 한국에서의 성공은 엄청난 전쟁 억제력으로 작용할 것이고, 따라서 미국이 가장 중시하는 서유럽도 당연히 그 혜택을 입을 것이 분명했다.

대한민국이 독립국이자 자유 진영의 일원으로 살아남고, 북한과 중공이 수십만의 인명을 잃고도 1950년 6월에 남한을 침공할 때의 목표를 하나도 달성하지 못하고, 미국이 핵무기를 쓰지 않고도 지상에서 공산 세력을 저지할 수 있음을 보여준다면, 그렇다면 미국이 승리하는 것이 아닐까? 바꾸어 말하면, 북한과 중공의 궁극적인 목표는 한반도 전체를 공산화하는 것이었지만, 리지웨이는 미국이 한반도를 통일하는 것은 전략적으로 아주 힘들다고 보고 있었던 것이다. 북한의 지형, 미국으로부터의 물리적 거리, 북한을 자국의 영향권 아래 두려는 중공과 소련의 강력한 의지 등을 놓고 볼 때, 이러한 전략적 통찰력을 갖게 되었고, 이런 판단을 바탕으로 리지웨이는 서울을 다시 뺏기고 남쪽으로 퇴각하면서도 천천히 후퇴했으며 추격하는 공산군을 공중과 지상에서 맹공격했다.

그러고는 미리 준비되어 있는 요새화된 방어선으로 적군이 밀려오기를 기대했다. 과연 예상대로 중공군은 많은 지뢰가 깔려 있고 철조망을 쳐놓은 미군 방어 진지로 포탄 세례를 맞으면서 돌진해 왔다. 그들이 또 미국 공군기 폭격의 쉬운 표적이었다. 그 결과 1월 15일경에는 벌써 공산군의 공세가 동력을 잃고 남진이 중지됐다. 서울이 함락된 지 불과 열흘 만이었다. 이때 공산군은 미 공군의 폭격으로만 8만 명 이상의 병력을 잃었다. 이렇게 중공군과 북한군이 피로에 지쳐 더 이상 공세를 취하지 못하자 리지웨이는 반격을 시작한다.

이번에는 장교들이 중공군의 전술을 잘 파악한 상태였고, 보급도 전혀 문제가 없었다. 특히 지난해 가을처럼 무턱대고 38도선을 넘지는 않을 것이었다. 작전명은 울프하운드(Operation Wolfhound). 유엔군은 1월 15일 퇴각을 중지하고 적의 동향을 파악하기 위해 정찰대를 보낸다. 열흘 후 드디어 미8군과 한국군은 수세에서 공세로 돌아서고 한강을 향해 북진했다. 2월 5일에는 동부전선의 미 해병 10군단이 라운드업 작전(Operation Roundup)을 개시하면서 역시 북상하기 시작했다.

중공군은 유엔군을 부산까지 밀어내겠다며 제4차 공세를 시작했지만 일찌감치 2월 17일에 끝나고 만다. 리지웨이는 이것에 대항해 킬러 작전(Operation Killer)을 펼쳤다. 이 작전으로 한강 이남의 중공군과 북한군은 붕괴 직전의 상태로 떨어졌다. 이때를 놓치지 않고 리지웨이는 리퍼 작전(Operation Ripper)이라고 이름 지은 세 번째 작전을 개시했다. 이 작전으로 미8군은 3월 14일 두 번째로 서울을 탈환했다. 한편 동부에서는 미 해병 9군단과 10군단이 어려움을 뚫고 역시 한강을 넘었다.

이 시점에 리지웨이가 직접 지휘하는 전선의 전투 병력은 미군과 한국군을 합쳐 15만 명에 달했으며, 한반도에 파견된 연합군의 전체 지상군 규모는 중공군과 북한군을 합친 것과 거의 비슷했다.

1951년 4월 5일, 미군이 주도하는 연합군은 러기드 작전(Operation Rugged)을 통해 다시 공세를 펼쳤다. 이때 연합군은 38도선의 일부를 돌파하고 캔자스 라인(Kansas Line)이라고 이름 지은 새로운 전선을 구축한다. 중공군은 제5단계 공세를 전개하며 유엔군을 밀어내려고 하였으나, 미군은 잠시 남쪽으로 후퇴했을 뿐 곧 전열을 가다듬고 반격하여 원래의 위치에 다다랐다. 리지웨이는 이렇게 파상적으로 공세를 계속 펼쳐야 미8군이 38도선 또는 그보다 조금 더 북쪽에 있는 지점까지 진출할 수 있을거라고 확신했다.

이렇게 지지부진하고 인기 없는 한국전쟁이 한창이던 1951년 4월 11일, 트루먼 대통령은 맥아더를 전격적으로 해임하고 그 후임으로 리지웨이를 임명했다. 중공과 본격적으로 싸워야 한다고 계속 떠벌리고 다니는 맥아더의 행동을 대통령은 더 이상 묵과할 수 없었던 것이다. 이리하여 리지웨이가 한국에서 직접 군대를 지휘하는 것은 넉 달도 안 되어서 끝났다. 그가 떠날 즈음에는 전선이 안정되고 유엔군은 남한 지역 거의 전체를 장악하고 있었다. 10개월 전 전쟁이 시작되었을 때와 진배없는 상황이었다. 공산 진영이 이런 결과를 목표로 남한을 침공하지는 않았을 것이다. 그 후 2년여 동안 38도선 주변의 남북한 지역에서 전투가 산발적으로 지속되었지만, 1953년 7월 27일 휴전 조약이 맺어질 때까지 전선은 사실상 교착 상태에 있었다. 한마디로 말해 리지웨이는 대

한민국을 구하고 일본으로 영전해서 떠난 것이다. 그가 짧은 기간 동안
에 한국에서 올린 성과를 다음과 같이 정리할 수 있다.

- 새해 벽두에 시작된 공산군의 공세를 2주 이내에 저지
- 1951년 1월 4일에 서울을 두 번째로 빼앗기고 나서 정확히 3주 후에
  유엔군이 공세로 전환
- 한국에 온 지 약 11주 만에 서울을 다시 탈환
- 석 달 이내 남한을 향한 공산당의 공격을 멈추게 하고 침략군을 거의
  격멸
- 석 달 남짓한 동안에 대한민국을 공산군의 위협에서 사실상 구하고
  전선을 38도선 또는 그 이북으로 이동시킴

  그러면 리지웨이 장군은 1950년 12월 말에서 4월 초에 걸쳐 약 100
일 동안에 어떻게 이러한 눈부신 전과(戰果)를 올릴 수 있었을까?

답은 현장에 있다

  가장 먼저 언급해야 할 것은 리지웨이가 군인들의 사기를 획기적으
로 높였다는 점이다. 그는 전선에 가서 병사들을 만나보고 정말로 큰
충격을 받았다고 한다. 자신들이 왜 한국에 와서 이런 고생을 해야 하
는지 모른다고 투덜대며 본국에 돌아갈 날만을 기다리는 맥빠진 군대
가 그가 본 당시 미군의 모습이었다. 이 문제를 해결하기 위해 그는 급

히 두 가지 조치를 취했다. 첫째, 군인들에게 지금보다 훨씬 더 빨리 따뜻한 의복, 뜨뜻한 음식, 우편 서비스, 최신 무기를 제공하도록 했다. 둘째, 그는 미군이 압록강 유역에서 남쪽으로 퇴각하는 모습을 흔히 쓰는 '도망치다(bug out)'라는 말로 표현하지 못하게 했다.[59] 그리고 자신을 비롯한 모든 지휘관이 병사들과 똑같이 먹고, 입고, 자고, 그들과 같이 걷고, 추위를 함께 견디는 모습을 보이도록 했다. 리지웨이 사령관이 가장 먼저 앞장서서 모범을 보인 것은 두말할 나위도 없다.

《사기(史記)》의 〈손자오기열전(孫子·吳起列傳)〉에 나오는 다음 이야기는 부하들의 사기를 높이기 위해 그들과 동고동락하는 것이 얼마나 큰 힘을 발휘하는가를 잘 보여준다.

오기는 늘 부하들의 마음을 헤아렸고 신분이 가장 낮은 병사들과 똑같이 입고 먹었다. 잠을 잘 때는 자리를 깔지 못하게 하고, 행군할 때도 말이나 수레를 타지 않았으며, 자기가 먹을 식량을 직접 갖고 다니면서 병사들과 함께 고통을 나누었다. 한번은 부스럼이 난 병사를 위해 몸소 고름을 빨아주었다. 그 소식을 들은 병사의 어머니는 소리 내어 울었다. 어떤 사람이 우는 까닭을 물었다.

"당신의 아들은 졸병에 지나지 않는데 장군께서 손수 고름을 빨아주셨소. 한데 어찌하여 그토록 슬피 우시오?"

병사의 어머니는 이렇게 대답했다.

"예전에 장군께서 우리 애 아버지의 고름을 빨아주셨는데 그 사람은 자기 몸을 돌보지 않고 용감히 싸우다 적진에서 죽고 말았습니다. 이제

---

59   Appleman (1989), Ridgway Duels for Korea, pp. 9~10.

오기 장군께서 또 제 자식의 고름을 빨아주셨으니, 이 아이도 언제 어디서 죽게 될지 모릅니다. 그래서 소리 내어 우는 것입니다."

《육도(六韜)》는 중국의 7대 병법서, 즉 무경칠서(武經七書)의 하나로 꼽힐 만큼 정평이 나 있는 병법서다. 주(周) 왕조의 뛰어난 참모 태공망(太公望)의 이름을 빌려 후대 사람들이 엮은 것으로 보이는 이 책의 제23장 〈려군편 (勵軍篇)〉에서 태공망은 지도자가 갖춰야 할 자격 요건으로 다음의 세 가지를 강조했다.

〈그림 17〉 전선을 시찰 중인 리지웨이

첫째, 부하들의 처지를 이해한다. 태공망의 말을 들어보자.

"겨울에도 따뜻한 가죽 옷을 입지 않고 병사들과 추위를 함께 견디며, 여름에도 부채를 쓰지 않고 더위를 함께 참습니다. 또 비가 오면 병사들과 함께 흠뻑 젖습니다. 이렇게 장군이 스스로 괴로움을 체험하지 않으면, 추위와 더위에 고생하는 부하들의 처지를 이해할 수 없습니다.

둘째, 궂은 일을 마다하지 않는다.

"험한 지형이나 수렁길을 행군할 때는 수레에서 내려 걸어갑니다. 궂은 일을 몸소 해보지 않고서는 병사들의 노고를 알 수 없습니다."

셋째, 욕망을 억제한다.

"부하들의 숙소가 모두 정해진 다음에 숙소에 들어갑니다. 부하들을 위한 식사 준비가 모두 끝나고 나서야 식사를 시작합니다. 부하들이 식사를 할 수 없을 때에는 자신도 먹지 않습니다. 이렇게 장군이 <u>스스로</u> 욕망을 누르지 않고서는 부하들이 얼마나 배를 곯고 있는지 알 수 없습니다."

태공망은 지휘관이 병사들과 갖가지 고생을 같이해야 그들을 분발하게 할 수 있다고 단언했다. 무경칠서의 하나인 《삼략(三略)》에도 비슷한 말이 나온다.

"장수는 식사도 고생도 늘 병사들과 함께해야 한다. 그래야만 전군이 하나로 뭉쳐 싸우고 빛나는 승리를 거둘 수 있다."

《삼략》에는 또 다른 명장에 관한 일화가 실려 있다.

어느 날 장군이 있는 곳으로 술이 한 통 선물로 들어왔다. 혼자서 마시기에는 충분한 양이지만, 다 함께 마시기에는 너무 적었다. 그러자 그는 그것을 시내에 붓고는 병사들과 함께 시냇물을 마셨다. 술은 불과 한 통뿐이다. 시냇물을 마셔봐야 술맛이 날리 만무다. 병사들은 그 장군을 위해서라면 목숨을 버려도 후회 하지 않을 거라고 생각했다. 병사들의 마음에 장군의 배려하는 마음이 스며든 것이다.

이 이야기를 하고 나서 《삼략》은 이렇게 결론짓는다.

"이렇게 병사들과 늘 행동을 함께하면 우리는 '운명공동체'라는 연대감이 생긴다. 그러면 그들은 어떤 힘든 일도 마다 않고 임무를 수행하게 된다. 평소에 병사들에게 은혜를 베풀어 그들의 마음을 하나로 해놓아야 비로소 그것이 가능해진다." 지도자의 배려가 있어야만 부하들의 의욕을 북돋을 수 있고 조직을 하나로 묶을 수 있다는 말이다.

이렇게 《삼략》은 지도자가 부하들과 고생을 같이하는 배려의 중요성을 거듭거듭 강조한다. 이순신 장군 역시 이런 면에서 탁월한 리더십을 보여주었다. 《난중일기》를 보면 지도자로서의 그의 따뜻한 마음씨를 알 수 있다.

> 살을 에듯 추워 여러 배의 옷 없는 사람들이 목을 움츠리고 추워 떠는 소리는 차마 듣기 어려웠다. - 갑오년 1월 20일자

> 바람이 몹시 차가워 뱃사람들이 얼고 떨 것이 염려되어 마음을 안정시킬 수 없었다. - 정유년 10월 21일자

첫 번째 일기는 1593년 여름에 진영을 한산도로 옮기고 난 뒤 처음으로 겨울을 날 때의 이야기고, 두 번째는 명량해전에서 승리하고 나서 겨울을 보낼 새로운 진영 터를 찾을 때의 상황이다. 그러나 추울 때만 괴로운 것은 아니었다. 아래 글은 여름에 비가 올 때 병사들의 어려움과 답답한 심정을 짐작하게 해준다.

> 흐리고 가는 비가 오더니 저녁에는 큰 비가 내리기 시작하여 밤새도록 내려 집에 마른 데가 없었다. 여러 사람들이 큰 불편을 겪을 것이 무척 염려되었다. - 갑오년 5월 16일자

> 비가 조금도 그치지 않으니 싸움하는 병사들이 오죽 답답하랴. - 갑오년 5월 25일자

이러한 글에서 우리는 부하들의 고통을 자신의 아픔으로 여기는 이

순신 장군의 인자한 마음을 느낄 수 있다. 이렇게 부하들을 사랑한 이순신 장군이었기에 그는 아래에서 보다시피 틈만 나면 그들과 어울리며 그들의 노고를 위로하곤 했다.

삼도 군사들에게 술 1080동이를 먹였다. 우수사, 충청수사가 함께 앉아 먹었다. - 갑오년 4월 3일자

군사 5,480명에게 음식을 먹였다. - 갑오년 8월 27일자

이날은 9일이라(중양절, 음력 9월 9일) 명절이므로 나는 상제(喪制)의 몸이지만 여러 장병들이야 먹이지 않을 수 없어 제주에서 온 다섯 마리를 녹도와 안골포의 두 만호(萬戶, 무관 벼슬이름)에게 주어 병사들에게 먹이도록 지시하였다. - 정유년 9월 9일자

여러 장수들이 모여 회의를 하고 그대로 눌러앉아 위로하는 술잔을 네 잔씩 돌렸다. 몇 잔 돌아간 뒤 경상수사가 씨름을 붙인 결과 낙안 임계형이 1등을 했다. 밤이 깊도록 즐겁게 뛰놀게 했는데 그것은 내 스스로가 재미있게 놀기 위함이 아니라 다만 오랫동안 고생하는 장수들의 마음을 위로해주자는 생각에서였다. - 병신년 5월 5일자

경상수사 권준이 내방하였다. 오늘은 그의 생일이라 하므로 국수를 해 먹고, 술에 취하고, 거문고도 듣고 피리도 불다가 저물어서야 헤어졌다. - 을미년 6월 26일자

이렇게 부하 장병들의 마음을 어루만져주는 이순신 장군은 또한 그들의 어려움을 해결해주기 위해 언제나 적극적으로 나섰다. 병사들의 의복과 식량 문제를 해결하고, 전염병에 걸린 병사들의 치료를 위해 애썼으며, 전쟁에 지친 병사들을 위로하기 위해 교대로 휴가를 주기도 했다. 또한 조정에서 전주에 과거시험장을 개설하였으나, 휘하의 무사들이 적과 대치하고 있는 데다가 거리가 멀어 시험을 치를 수 없음을 안타까이 여겨 한양에 건의하여 진중에서 과거를 볼 수 있게 하였다.[60]

명분을 세우고 방향을 제시한다

리지웨이는 1951년 1월 하순 "우리는 왜 여기에 있는가?(Why Are We Here)?, 우리는 무엇을 위해 싸우고 있는가(What Are We Fighting For?)"에 대한 답변을 조목조목 작성하여 휘하의 모든 장병에게 나누어 주도록 했다. 그 내용은 다음과 같다.

법률적. 국제연합은 대한민국을 지킬 것을 결의하였고, 미국 의회는 그에 소요되는 자원을 제공하기로 결정했다.

도덕적. 미국은 한국 국민들에게 약속했고, 또 다짐한 대로 그들의 자유를 보존하기 위해 싸우고 있다.

정치적. 우리는 개인의 자유를 말살하려는 공산주의에 맞서는 이 세계 차원의 싸움에서, 우리와 함께 싸우고자 하는 모든 이들에게 서방

---

60   임원빈 (2008), pp. 92~93

세계의 자유를 보장해주기 위해 싸우고 있다.

실용적. 한국전쟁은 호전적인 공산당 전체주의가 미국을 위협하는 더 큰 전쟁의 일부에 지나지 않는다. 미국이 해외에서 얼마만큼 잘 싸우느냐는 미국인들이 본국에서 얼마나 안전할 것이냐를 결정할 것이다.

이렇게 리지웨이는 장병들에게 왜 그들이 한국에서 싸워야 하고 꼭 이겨야 하는가를 설득하려고 애썼고, 그들에게 서구 문명을 지킨다는 사명감을 심어주었다.

리지웨이는 이렇게 갖가지 방법으로 장병들의 사기를 높이려고 애쓰는 한편, 싸움터와 그 주변 지역의 지형지물(地形地物)을 철저히 익혔다. 그는 미군이 현재 싸우고 있거나 앞으로 탈취하려는 지역의 모든 도로, 능선, 언덕, 마찻길, 개울 등을 마치 자기 집 뒷마당처럼 훤히 꿰뚫고 있었다고 한다. 유능한 장수라면 이렇게 현지의 지형을 아주 잘 알아야 한다는 말은 예부터 동서양의 전략가들이 힘주어 강조한 바 있다. 먼저 《군주론(君主論)》의 저자 마키아벨리(Niccolò Machiavelli)의 말을 들어보자.

> 군주는 수시로 사냥하러 나감으로써 몸을 단련하고, 나라의 지형을 익혀야 한다. 전국의 산, 골짜기, 평야, 강, 늪의 형세, 특성 등을 자세히 연구하고 숙지해야 한다. 이러한 일을 최대한 신중하게 해야 한다. 이렇게 해서 얻은 지식은 크게 두 가지 효용이 있다. 하나는 국토를 잘 알게 됨으로써 그것을 지켜야 하는 방도를 더 잘 세울 수 있게 된다. 더 나아가서 군주는 자국 영토에 대한 이러한 실용적인 지식 덕분에

다른 나라의 지형을 더 잘 이해할 수 있게 된다. -《군주론》제14장

동양의 대표적인 병법서《손자병법》제10장 〈지형편(地形篇)〉에는 다음과 같은 구절이 나온다.

무릇 지형은 군대에 도움을 준다. 따라서 승리를 거둘 수 있도록 적군의 정세를 헤아리고, 지형의 험하고 좁고 멀고 가까움을 헤아리는 것은 장수의 도리다.

(夫地形者 兵之助也 料敵制勝 計險阨遠近 上將之道也)

이것을 알고서 싸우는 사람은 반드시 이기고, 이것을 알지 못하고 싸우는 사람은 반드시 진다.

(知此而用戰者 必勝 不知此而用戰者 必敗)

리지웨이의 리더십에서 아주 돋보이는 면은 그의 철저한 현장 중심주의다. 그는 먼저 전선에서 250킬로미터나 떨어져 있던 미8군 사령부를 전선으로 옮겼다. 그리고 나서는 지프 또는 헬리콥터로 수시로 전선을 방문하며 현장의 지휘관들을 만났다. 일선 장교들에게는 전투 현장 가까이에 있을 것을 요구했다. 또 대령들과 장군들을 자신들의 작전 구역이 아닌 다른 구역의 싸움터로 보내서 현장을 보고 전술과 지원 방식을 조정, 통합하도록 하였다.

이렇게 수시로 싸움터를 누비는 리지웨이 장군은 현장의 장교들에게 극히 사소한 사항까지 파악하고 있을 것을 요구했다. 이러한 현장주의의 중요성을 서양의 대표적인 병법서《전쟁론(Vom Kriege)》을 쓴 클라우

제비츠(Carl von Clausewitz)는 아래와 같이 매우 적절하게 표현한 바 있다.

전략은 함께 싸움터에 뛰어들어 현장에서 구체적인 내용을 지시하고 수시로 전체 계획을 수정해야 한다. 싸움터에서는 계획을 바꿔야 하는 상황이 끊임없이 일어나기 때문이다. 따라서 전략은 한순간도 현장에서 눈을 돌리면 안 된다.

윈스턴 처칠은 그야말로 이러한 현장 중시 리더십의 본보기다. 그는 늘 일이 진행되는 현장에 있고 싶어 했다. 예를 들어, 처칠은 제1차 세계대전이 일어나기 전 해군장관으로 있을 때 오늘날의 회사 전용기에 해당하는 해군본부 소속 요트 인채트리스호를 타고 장교 및 선원 200명과 함께 많은 시간을 보냈다. 1911년 가을부터 2년 반 동안 그 기간의 약 1/4을 바다 위에서 보내며 영국과 해외에 있는 전함, 잠수함 보관소, 구축함, 조선소 등을 순시했다. 이런 방문은 병사들의 사기를 높일 뿐만 아니라 그가 해군이 바다에서 무슨 일을 하는지 알고 있는 해군장관이라는 인상을 사람들에게 심어줬다. 선원들은 처칠을 좋아했고, 그를 마음이 열려 있고 쉽게 다가갈 수 있는 사람으로 여겼다.

경영자는 보고서나 부하 직원의 의견에만 의존할 수 없다. 특히 부하 직원들의 견해는 그들의 개인적인 성향에 의해 변질되기 마련이다. 경영자는 직접 두 눈으로 현장을 보아야 한다. 많은 경우, 처칠은 현장 방문을 통해 즉석에서 개선책을 찾아내 실행시켰다. 1940년 7월에 처칠은 버나드 로 몽고메리(Bernard Law Montgomery) 장군과 함께 영국의 해안 방어 시설을 방문했다. 몽고메리 장군은 오후에 그와 함께 해안선을 따라 50킬로미터를 순찰한 뒤에 저녁식사를 했다. 이 자리에서 장군은 "어디에서나 적과 싸울 수 있도록 훈련된" 유일한 사단인 자신의 사단이 왜 이동성을 지니지 못하는지 궁금하다고 말했다. 장군은 자신의 사단이 해안선을 따라 그냥 배치되어 있기를 원하지 않았다. 그는 그의 부대가 내륙에 있더라도 이동할 수 있는 능력이 있어 독일군이 침공하면 즉각 반격에 나설 수 있기를 바랐다. 그리고 어떻게 하면 그렇게 할 수 있는지 알고 있었다. 바로 민간인 버스를 활용하는 것이었다. 다음 날 아침 처칠은 몽고메리 사단장이 원하는 만큼의 버스를 지원하라는 내용의 메모를 내보낸다. 몽고메리 장군과 저녁식사를 하고나서 이 메모가 나오기까지는 열두시간도 채 걸리지 않았다. 이렇게 처칠은 좋은 아이디어가 있으면 주저하지 않고 즉각 실천에 옮겼다.

뿐만 아니라 처칠은 런던에 공습 경보 사이렌이 울리면 안전한 곳으로 서둘러 대피하지 않고 폭격 장면을 보기 위해 지붕으로 올라가곤 했다. 심지어 현재 전투가 벌어지고 있는 지역에, 또는 포탄이 쏟아지는 곳에 있기를 좋아해서 종종 장군들을 안절부절못하게 만들었다. 가장 극적인 이야기는 1944년 6월 6일 감행된 노르망디 상륙작전에 직접 참여하려고 했던 그의 열망이다. 처칠은 조지 6세까지 나서서 만류하는 바람에 할 수 없이 이 계획을 접었다. 그러나 처칠은 현장에서 일이 잘되고 있는지 실제로 확인하고, 전쟁의 위험과 모험을 공유하고 싶어 했다. 자신의 행동이 다른 사람들에게 용기를 북돋아준다는 사실을 알고 있었기 때문에 이렇게 위험을 무릅쓴 것이다. 이러한 현장주의 덕분에 그는 현장감각을 잃지 않았으며, 현장에서 만나는 모든 사람들에게 자신감을 불어넣었다.

세계 시장을 석권한 독일의 초일류 중소기업들, 즉 히든 챔피언들의 공통적인 강점 하나는 리지웨이와 처칠 등이 보여준 현장 중심주의다. 이들의 전략을 처음 소개한 헤르만 지몬(Hermann Simon)에 따르면 대기업의 경우 임직원들의 5～10퍼센트 정도가 정기적으로 고객들과 접촉한다고 한다. 그런데 히든 챔피언 사이에서는 그 비율이 무려 다섯 배인 25～50퍼센트다.[61] 대표적인 히든 챔피언 중 하나인 뷔르트(Würth)의 최고경영자 라인홀트 뷔르트(Reinhold Würth)는 이와 관련하여 이렇게 말한 바 있다.

"내 경험에 따르면 하룻동안 외근하는 것이 일주일 내내 똑똑한 사람들이 발표해대는 회의에 참석하는 것보다 100배는 더 값어치가 있습니다."

그는 독일의 퀸젤자우(Künzelsau)에 있는 자신의 사무실에서 전략을 세우는 것이 아니라 시장에 들어가기 전에 그곳에서 직접 현장경험을 해보기를 원했다. 네덜란드에서 원인이 확실하지 않은 문제가 일어나자 그는 영업부서 사람들과 그곳에서 일주일을 보내며 고객들과 이야기를 나누었다. 터키의 이스탄불에 있는 자동차 정비공장들을 하루 종일 돌아다니면서 현지 상황을 직접 점검하기도 했다. 이렇게 함으로써 그는 고객이 부딪히는 문제에 관한 한, 그것이 세계의 어느 곳에서 일어나는 것이든 늘 소상히 파악하고 있었다.

일본에서 살아 있는 '경영의 신'으로 추앙받을 정도로 크게 존경을 받고 있는 이나모리 가즈오(稲盛和夫) 교세라 명예회장도 현장경영을 아

---

61 Hermann Simon (2012), p. 214.

주 중시했다. 이에 관한 그의 명언을 몇 가지 소개한다.[62]

경영자인 당신은 현장에 가야 합니다. 이익은 현장에서 나옵니다. 성과가 나올지 여부는 현장 직원들에게 달려 있다고 말만 할 것이 아니라, 당신이 먼저 현장으로 가서 이익을 창출할 수 있도록 해야 합니다.

'인재 육성'은 매일매일 경영 현장에서 추구해야만 비로소 실현될 수 있습니다.

경영에선 이익을 내는 것이 중요합니다. 그러기 위해서 당신은 매일 현장에 나가 최고의 전문가가 되어야 합니다. 현장에 너무 몰두한 나머지 직원들이 잔소리 때문에 못 견디겠다고 푸념할 정도가 되어야만 합니다.

당신 회사처럼 작은 기업에 신입사원으로 들어가서 사장까지 되려면 먼저 현장에서 장화를 신고 우비를 입고서 추운 겨울에도 물일을 하지 않으면 안 됩니다.

경영자가 현장에 나가서 엄격하게 지도하는 일 없이 경영 이념이나 기업 문화만을 앞세우면 아무 의미가 없습니다. 경영자가 현장에서 솔선수범하며 열심히 일할 때 비로소 성장하는 기업 문화가 생겨나는 것입니다.

---

62   이나모리 가즈오 (2009), pp. 62~69.

리지웨이 사령관은 이렇게 자신의 특유한 스타일로 미8군을 이끌어가는 과정에서 그가 패배주의자로 간주했거나 이류급이라고 생각한 고급 장교들을 가차없이 해임하고 유능한 장교들을 과감히 승진시켰다. 펜타곤에서는 리지웨이의 이러한 획기적인 인사 결정을 못마땅하게 여겼으나, 그는 지휘부가 공격적인 투지로 가득 차야 한다는 신념을 갖고 자신의 의사를 관철시켰다.

끝으로 리지웨이는 전술도 바꾸었다. 그는 장교들을 언덕이나 험한 지형에도 투입했다. 땅을 차지하는 것에 대해 융통성 있게 생각했기 때문이다. 그는 고정된 경계선을 지키는 것보다는 적군에게 피해를 주는 것이 더 중요하다고 확신했다. 적이 있는 곳이라면 산 속이든 계곡이든 어디든 찾아가서 그들을 격멸하는 것이 승리의 열쇠라고 봤다. 리지웨이는 지휘관들에게 고대 군대의 슬로건을 되풀이해서 힘주어 말했다.[63]

"적이 있는 곳을 찾아라! 그들을 꼼짝 못하게 하라! 그들과 싸워라! 그들을 섬멸하라!(Find them! Fix them! Fight Them! Finish Them)!"

자유세계의 잊힌 영웅

3년 이상 계속된 끔찍한 한국전쟁 기간 동안에 목숨을 잃은 민간인은 100만 명이 넘는다. 그 갑절일 것이라고 하는 이도 있다. 200만 명이상의 중공군 및 북한군이 죽거나 다쳤다. 그들의 실제 손실이 정확히

---

63   Ridgway (1967), p. 89.

어느 정도인지는 아직까지도 밝혀진 바가 없다. 유엔군과 한국군의 병력 손실은 150만 명 정도이다. 한국전에서 죽거나 다치거나 행방불명된 미군의 수는 15만 7,530명에 달하며, 그 가운데 전사자는 3만 6,516명이다. 미국은 대한민국을 구하기 위해 현재의 달러 가치로 환산했을 때 500억 달러 이상을 썼다. 한반도 통일이 아니라 단지 남한 정부를 살리기 위해 이러한 거액을 쓴 것이다. 한국전에서 죽은 한국인, 중국인, 미국인, 동맹국 국민들의 수를 모두 합하면 최소 400만 명이 넘는다고 한다.[64] 융단폭격과 대대적인 포격으로 많은 중공군이 죽거나 다쳤지만, 그로 말미암은 민간인 피해도 적지 않았다.

이렇게 어마어마한 인명 피해가 있었음에도 불구하고 전쟁의 결과는 전쟁 전과 거의 똑같다. 한반도의 북쪽 절반은 공산당이 지배하고 있고, 남쪽에는 미국의 지원을 받는 민주 국가가 있다. 이렇게 원위치로 돌아오기 위해서 왜 그렇게 많은 사람들이 피를 흘려야 했는가? 그 대가는 무엇인가? 리지웨이 장군의 대답은 명확하다.

첫째, 서방 세계는 공산 진영의 노골적인 침략을 막아냈다.
둘째, 미국은 한국 국민에게 자신들의 운명을 스스로 결정할 수 있는 기회를 주었다.
셋째, 냉전이 시작된 이후 처음으로 공산주의자들은 미국이 우방을 지킬 수 있고 또 지킬 것임을 확실히 알게 되었다.

리지웨이는 또 한국전쟁 같은 국지전에서는 전쟁의 무대를 확대하거

---

64   Hanson (2013), p. 186.

나 핵무기를 쓰지 않고도 공산 진영의 침입을 막을 수 있다는 것을 온 누리에 보여주었다. 핵무장 시대에도 강한 재래식 군대(conventional army)가 꼭 필요하다는 평소의 자신의 지론을 실전을 통해 증명해 보였다.

중공군은 1951년 1월부터 4월까지 공중폭격과 포격으로 엄청난 피해를 입었다. 그 때문에 중공 지도자들은 미군과 싸우는 것이 얼마나 무서운 일인가를 알게 되었다. 나중에 베트남전이 일어났을 때 중공군이 대대적으로 참전하지 않은 까닭은 아마도 한국전쟁에서 크게 덴 경험이 있기 때문이 아닐까 한다. 중공이 한국전에 개입해서 얻은 가장 큰 교훈은 "앞으로는 이런 전쟁을 피하거나 방지해야 한다"는 것이라고 중국 역사학자 빈 유(Bin Yu)는 말했다.[65]

리지웨이 미8군 사령관이 짧은 기간 동안에 전세를 역전시킴으로써 살아난 대한민국은 이제 세계 10위의 경제규모를 뽐내는 자유민주국가 되었다. 한국은 산업화와 민주화를 모두 달성한, 세계에서 아주 드문 나라이며, 이른바 20-50 클럽의 회원국이기도 하다. 1인당 국민소득이 2만 달러가 넘고, 인구가 5,000만 명 이상인, 즉 진정한 의미의 강대국만 회원이 될 수 있는 20-50 클럽에 한국은 이미 2012년에 가입한 바 있다. 세계에서 일곱 번째이며 동양에서는 일본에 이어 두 번째다. 이런 의미에서 리지웨이 장군의 업적은 세계사적인 의미를 갖고 있다고 말할 수 있다. 한국이 자랑하는 삼성전자, 현대자동차, 하이닉스, 포스코, LG전자가 모두 없었을 수도 있다고 생각하면 새삼 그의 위업이 돋보인다.

한국인의 관점에서는 리지웨이가 1951년 3월에 서울을 다시 탈환한

65　Hanson (2013), p.189.

뒤에 더 적극적으로 밀고 올라가지 않은 것이 아쉽게 느껴질 수도 있다. 그 결정은 그의 상부 기관인 미 합동참모본부(The Joint Chiefs)가 내린 것이므로 그의 책임이 아니다. 그러나 합동참모본부가 리지웨이 장군이 개진한 의견에 영향을 받은 것 또한 사실이다. 이 점에 관한 그의 생각은 확고했다.

"며칠 사이에 미군을 수세에서 공세로 급히 전환시키는 것은 혹시 예기치 않은 일로 잘못되더라도 치명적이지는 않을 것이다. 반면에 북한에 깊숙이 들어가는 것은 실패할 가능성이 있을 뿐만 아니라, 자칫하다가는 남한을 구하려는 노력 자체가 수포로 돌아갈 수 있다."

리지웨이로서는 1950년 가을과 겨울의 쓰라린 경험과 북한을 지키려는 중공과 소련의 강력한 의지를 볼 때 적극적인 북진은 감당하기 어려운 위험이었다.

이러한 정황과 그의 리더십, 성과 등을 모두 감안하면 나는 매슈 리지웨이 장군이야말로 대한민국의 진정한 은인으로, 거의 잊히다시피한 그를 한국인들은 반드시 기억하고 기려야 한다고 생각한다.

❼

결단과 열등감은 나의 힘
주원장

"경계하라. 물은 배를 엎을 수 있다"

극빈 농사꾼의 아들

중국은 역성혁명(易姓革命)의 나라다. 다른 성씨를 가진 지도자가 기존 왕조를 무너뜨리고 새로운 왕조를 세우는 일이 되풀이되어왔다. 거대한 중국 대륙을 통일하고 새 왕조를 창시하는 것은 어마어마한 일이므로 그러한 과업을 해낸 역대 왕조의 초대 황제들은 모두 뛰어난 지도자라고 해도 좋을 것이다. 그 가운데서도 17세기 중반에 명나라(明)를 세운 주원장(朱元璋)은 유달리 이채롭게 느껴진다. 그것은 우선 그가 그야말로 찢어지게 가난한 떠돌이 농사꾼의 아들이었기 때문이다. 중국의 역대 왕조 창시자들 가운데 출신 계급이 낮은 것으로 말하면 한(漢)의 초대 황제 고조(高祖)가 된 유방(劉邦)을 빼놓을수 없다. 그러나 같은 농민 출신이라고 해도 유방은 중류 농민 집안 출신이었는데 반해, 주원장은 극빈층이라고 할 수 있는 뜨내기 농사꾼 집안에서 태어났다. 주원장은 중국 역사상 가장 낮은 계층에서 출발해 황제의 자리까지 오른 오직 하나뿐인 인물이다. 이런 면에서 아주 이색적인 황제다.

주원장은 1328년 중국의 화중 지방을 흐르는 회하(淮河) 언저리의 호주(濠洲)에서 태어났다. 지금의 중국 안후이성의 평양현(鳳陽縣)에 해당하는 곳이다. 아버지는 주세진(朱世珍), 어머니는 진씨(陳氏)며 육 남매 가운데 막내였다. 위로 형이 셋, 누이가 둘 있었다. 이 집안은 원래 한고조의 고향인 강소성 패현(沛縣) 출신이었지만, 할아버지와 아버지 대에 걸쳐 여기저기 떠돌아다니며 농사를 짓던, 매우 가난한 소작농 집안이었던 것으로 보인다. 그의 아버지가 마지막으로 옮겨온 곳이 호주(濠洲)의 고장(孤莊)이라는 마을이었는데, 주원장은 이곳에서 소년 시절을 보낸다. 가난한 소작인의 아이였던 그는 일찍부터 지주 집안의 일을 거들어야 했다. 주로 소를 치거나 양치기 등의 일을 했던 것으로 보인다. 나중에 그의 휘하에서 장군으로 활약하게 되는 주덕흥(朱德興), 탕화(湯和), 서달(徐達) 등의 동료들은 이 시절부터의 놀이친구였다.

당시의 일화로 이런 이야기가 전해진다. 주원장은 여느 때처럼 동무들과 함께 소를 방목하고 있었는데 몹시 배가 고파 어쩔 줄 몰랐다. 다른 아이들도 마찬가지여서 배속에서 쪼르륵 소리가 날 지경이었다. 아이들은 제각기 떠들어댔다.

"아, 밥이 먹고 싶다. 평생 한 번이라도 좋으니 고기라는 것을 좀 먹어봤으면."

소작인 집 아이들은 고기는커녕 밥 한 공기도 제대로 먹어본 적이 없었다. 그러자 주원장이 "그렇지!" 하고 외치더니 어디서 송아지 한 마리를 끌고 와서는 다리를 새끼로 꽁꽁 묶었다. 처음에 어안이 벙벙하던 다른 아이들이 너도나도 주원장을 거들기 시작했다. 주덕흥은 어디선가 장작 패는 도끼를 찾아서 갖고 오더니 송아지 머리를 한 번 세게 쳤다. 탕화와 서달은 부지런히 가죽을 벗겼다. 다른 아이들은 마른 나뭇가지를 모아서 불을 지폈다. 이렇게 해서 그들은 송아지 고기로 순식간에 허기진 배를 채웠다. 송아지 한 마리를 다 먹어치우고 퍼뜩 정신이 든 그들은 이제 어찌할 바를 몰랐다. 무서운 땅 임자에게 어떻게 변명해야 하나? 그들은 서로 얼굴만 쳐다봤을 뿐이다. 어떤 아이는 벌써 와악하고 울기 시작했다. 이윽고 속으로 각오를 다진 주원장이 자기 가슴을 툭 치면서 입을 열었다.

"나에게 맡겨."

그날 밤 주원장은 땅 임자의 집에서 아주 호된 체벌을 받고 반죽음 상태로 집에 돌려 보내진다. 이 일이 있은 다음부터 부근의 아이들은 주원장을 더 따르게 되었다. 청나라 학자 조익(趙翼)은 이러한 주원장을 이렇게 평한 바 있다.

"실로 명 태조(太祖)는 혼자서 성현(聖賢), 호걸, 도둑의 성격을 함께 갖춘 인물이다."

만일 평화로운 시대에 살았더라면 그는 기껏해야 시골 마을의 유지 정도로 끝났을지도 모른다. 그러나 몽골족이 세운 원나라 말기의 혼란스러운 시대는 주원장에게 커다란 시련을 안겨주었지만, 그는 이 역경을 딛고 훨훨 날아오르게 된다.

거지 승려 세상을 먹다

주원장이 열일곱 살 청년이던 1344년 참혹한 비극이 그의 집안을 덮쳤다. 회하 유역 일대에 큰 가뭄이 들고 메뚜기 떼가 엄습했는데, 엎친 데 덮친 격으로 전염병마저 돌았다. 많은 사람이 굶거나 병들어서 쓰러졌다. 주원장의 부모님과 맏형도 이때 사망했는데, 장례식은 고사하고 시신을 묻을 묘지조차 없었다. 남은 식구들은 뿔뿔이 헤어지고, 막내인 주원장은 마을 변두리에 있는 황각사(皇覺寺)라는 절에 맡겨졌다. 이리하여 주원장은 스님이자 머슴으로 절에서 살게 된다. 그러나 사찰도 식량 부족에 시달리는 것은 마찬가지였다. 두 달쯤 지나자 주원장도 탁발(托鉢)하러 나서지 않으면 안 되었다. 사실대로 말하면 '거지 승려'였던 셈이다. 그는 이렇게 4년 가까이 먹을 것을 구걸하며 회서(淮西) 지방을 떠돌아다녔다.

당시 중국은 이민족이 세운 원(元) 왕조에 항거하는 반란이 여기저기서 활발하게 일어나고 있었는데, 백련교(白蓮敎)라는 종교단체가 차츰 저항운동의 중심이 되어가고 있었다. 백련교는 염불을 중시하는 정토종(淨土宗)의 일파로, 동진(東晋)의 승려 혜원(慧遠)이 창시했으니 나중에 정토종의 또 다른 일파인 미륵교(彌勒敎) 및 멀리 페르시아에서 전래된 명교(明敎), 즉 마니교(Manichaeism)와 뒤섞이면서 "미륵하생 명왕출세(彌勒下生 明王出世, 미륵불이 명왕으로 세상에 나타나셔서 민중을 구제하신다)"라는 교의를 내세웠다. 이 가르침은 현실에 불만을 품은 사람들의 환영을 받았고, "오랑캐를 몰아내고 중화(中華)를 회복하자"는 구호가 먹혀들면서 반원(反元) 투쟁의 주축이 되어갔다. 탁발승으로서 주원장이 누비고 다니던 회서, 하남(河南) 지방은 백련교의 활동이 활발했던 지역이어서 그는 자연스럽게 백련교도들과 접촉하게 된다. 주원장은 그들과 만나면서 세상의 움직임에 눈을 뜨게 된다. 주원장이 4년 간의 탁발 여행을 끝내고 황각사에 돌아오고 나서 3년이 지났을 무렵, 오랫동안 연기만 내던 백련교도들의 반란이 단숨에 불을 내뿜었다.

1351년 반란의 도화선에 불을 댕긴 하남의 백련교주 한산동(韓山童)은 어이없이 발각되어 처형당했지만, 이에 호응하여 안휘성 영주(潁州) 땅에서 일어난 유복통(劉福通), 두준도(杜遵道) 등은 눈 깜짝할 사이에 근처의 여러 현(縣)을 제압했다. 반란 세력은 유랑민들을 빨아들여 눈덩이처럼 불어나 급기야는 10여만 명을 헤아리게 되었다. 서주(徐州)에서도 이이(李二), 팽대(彭大), 조균용(趙均用) 등의 백련교도들이 봉기하여 서주 및 주변의 여러 현을 함락시켰다. 그들의 세력도 하층 농민들이 참가하면서 금세 10만 명으로 불어났다. 머리에 붉은 두건을 썼기 때문에 사람들은 그들을 홍건군(紅巾軍) 또는 홍건적(紅巾賊)이라고 불렀다. 향을 피우고 불상에 절을 하기 때문에 향군(香軍)이라고도 불렀다. 홍건군의 일파는 한때 고려까지 쳐들어가기도 했다. 같은 백련교도이기는 하지만 한산동과는 다른 계통에 속하는 서수휘(徐壽輝), 팽영옥(彭瑩玉), 추보승(鄒普勝) 등은 호북성(湖北省) 기주(蘄州)에서 봉기해 장강(長江), 즉 양자강 중류 일대를 장악했다. 이리하여 동쪽으로는 회하, 서쪽으로는 한수(漢水) 유역 일대에 홍건군의 깃발이 나부끼며 90년 가까이 지속되어온 이민족의 지배에 쐐기를 박기에 이르렀다. 이러한 움직임은 주원장에게도 영향을 줬다. 1352년 2월, 그가 태어난 호주에서 백련교도 곽자흥(郭子興)이라는 지주가 근방의 농민 수 천명과 함께 봉기하여 그 지방 일대를 점령했다.

마침 주원장에게 반란에 참가한 마을 친구들로부터 홍건군에 합류하라고 권하는 편지가 날아 들어온다. 신중한 성격의 주원장은 이리저리 궁리한 끝에 결단을 내린다. 주사위가 던져진 것이다. 그의 나이 스물다섯이었다. 그는 너덜너덜한 승복을 걸친 채 곽자흥이 진을 치고 있는 호주의 성문에 모습을 나타냈다. 때는 1352년 3월이었다. 그런데 성문에 들어서자마자 그는 다짜고짜 스파이 혐의로 체포되고 만다. 그의 기괴한 용모가 위병의 의혹을 산 것이다. 그의 외모가 선뜻 받아들이기 어려울 만큼 추했기 때문이다.

실제로 주원장은 만년에 수많은 화가들을 불러들여 자신의 초상화를 그리게 하였는데 모두 실물을 충실하게 그린 탓인지 황제의 마음에 드는 것은 하나도 없었다. 그 가운데 한 화가가 실물과는 전혀 다른 자애로운 이미지의 초사화를 건네 황제는 아주 마음에 들어 했다. 위엄 넘치고 너그러운 거인의 분위기를 풍기는 초상화였다. 주원장은 이 그림을 많이 복사하게 하여 여러 임금들에게 나누어주었다. 현재 전해지는 주원장의 초상화는 이것 외에 한 가지가 더 있다. 실물에 훨씬 가깝다고 생각되는 또 하나의 초상화에 나타난 그의 모습은 기괴하고 추악하며 눈빛은 시기와 의심으로 가득 차 있다.

그러나 인생에서 길고 짧은 것은 대어 보아야 아는 법. 그의 이상한 용모가 오히려 곽자흥에게 "쓸모가 있을 듯한 놈이네"라는 생각이 들게 했다. 그는 주원장을 만나 자세한 사정을 듣더니 곧 오랏줄을 풀어줬다. 주원장을 자신의 한 병사로 정식으로 받아들인 것이다.

〈그림 18〉 널리 알려져 있는 주원장의 초상화(왼쪽)와 그의 실제 모습을 담은 것으로 추정되는 또 하나의 초상화(오른쪽). 동일인이라 보기 어려울 정도로 확연히 다른 이미지에서 주원장의 외모 콤플렉스를 엿볼 수 있다.

주원장이 곽자흥의 부하가 된 것은 1352년 3월이고, 그가 명나라를 일으키고 황제의 자리에 오른 것은 1368년 1월이다. 불과 15년 10개월 사이에 일개 반란군 병사에서 한 걸음 한 걸음 착실히 올라가 결국 황제의 자리까지 오른 것이다. 그 과정의 개요를 살펴보자.

주원장은 홍건군에 들어온 지 얼마 안 되어 두각을 나타내기 시작해 곽자흥에게 재능을 인정받는다. 곽자흥은 그를 십천장(十天長)으로 발탁하고, 자신의 양녀 마씨(馬氏)와 혼인시켰다. 그녀는 나중에 마황후(馬皇后)가 된다. 보기 드문 좋은 아내였던 그녀는 평생 내조에 힘을 쏟으며 남편을 보좌했다.

그러던 어느날, 원나라의 대군이 호주성 아래까지 쳐들어왔다. 곽자흥의 군대는 그들을 간신히 물리쳤지만 홍건군 쪽에서도 죽거나 다친 사람이 많았다. 주원장은 병력을 보충하기 위해 급히 고향에 내려가서 지원병을 모집했다. 이때 합류한 사람이 서달, 탕화, 주덕흥 등 어린 시절에 함께 뛰놀던 동무들이었다. 이들은 모두 주원장을 도와 새 왕조를 세우는데 크게 이바지한다. 이리하여 주원장은 곽자흥 휘하의 부대장으로서 거물로 성장해갔지만, 정작 상관인 곽자흥 자신은 상층부의 내부 갈등 때문에 입지가 지극히 불안정했다. 주원장은 이대로 호주에 머물러서는 전망이 없다고 결론을 내리고, 얼마 되지 않는 자신의 병력을 이끌고 정원(定遠)을 공략하러 떠난다. 이곳에서 그는 2만여 명의 민병을 손아귀에 넣고, 그 기세를 몰아 저주(滁州)를 함락시킨다. 그리고 저주에서 곽자흥을 맞이한다.

이즈음 주원장의 진영에는 이선장(李善長), 등유(鄧愈), 호대해(胡大海), 빙국용(馮國用), 국승(國勝) 형제 등의 인재와 호걸들이 모여들어 그의 세력은 훨씬 강화되었다. 맏형의 아들 주문정(朱文正)과 둘째 누나의 아들 이문충(李文忠)이 삼촌인 주원장을 찾아와 그의 부하가 된 것도 이 시기다. 주원장의 두 조카는 얼마 안 있어 삼촌을 도와 눈부신 활약을 한다. 곽자흥의 군단은 주원장이 손을 써서 저주로 본거지를 옮긴다. 그러나 이곳은 비좁은 데다가 식량마저 부족했다. 그래서 주원장은 쉴 틈도 없이 남하해 이번에는 화주(和州)를 점령하고, 10만여 명에 이르는 원나라 군대의 반격을 무찔렀다. 이로 인해 주원장은 용맹스럽다는 명성을 떨치게 된다. 그런데 그가 화주에 머무르고 있을 때 직속상관인 곽자흥이 갑자기 세상을 떠난다. 곽자흥 군단 내부에서 그의 위상은 한층 더 높아졌다. 한편 앞서 영주(潁州)에서 봉기한 유복통 등이 이끄는 홍건군은 중국 북부에서 원나라 군대를 괴롭히고 있었는데, 이즈음

(1355년 2월) 박주(亳州)를 공략하더니 이곳을 도읍으로 정하고 대송(大宋)이란 나라를 세운다. 그리고 한산동이 남긴 아들 한림아(韓林児), 즉 소명왕(小明王)을 황제로 추대한다. 얼마 안 있어 소명왕은 곽자흥의 군단을 정식으로 인정하고, 자흥의 아들 천서(天叙)를 도원수(都元帥), 즉 총사령관으로 삼고 주원장을 부원수(副元帥)로 임명한다. 비록 그의 직함은 부원수였지만, 실질적으로 곽자흥 없는 그의 군단을 이끌어가게 된 것이다.

화주를 손아귀에 넣기는 했지만 이곳도 식량이 모자라기는 마찬가지였다. 대규모 군대를 먹여살리기 위해서는 물자가 풍부한 강남(江南)을 공략하는 수밖에 없다. 주원장은 소호(巢湖)의 수군(水軍)을 자기 편으로 끌어들이자마자, 대군을 이끌고 장강을 건넜다. 강 건너편에 있는 채석(采石)을 함락시키고, 그 여세를 몰아 단숨에 안휘성 당도현(當塗縣)에 있는 요충지 태평(太平)을 점령했다. 이어서 이듬해인 1356년 2월 마침내 집경(集慶, 지금의 남경)을 점령하고, 그곳의 이름을 응천부(應天府)라고 바꾼 다음 그곳에 자리를 잡았다. 그런데 집경 공략을 앞둔 전초전에서 곽천서가 전사함으로써 주원장은 이제 명실공히 곽자흥 군단을 장악하게 된다.

주원장은 이렇게 응천부를 근거지로 삼아 자립 기반을 굳히면서 주변 지역을 차례차례 정벌했다. 착실하게 자신의 세력 범위를 확대해 나갔지만 그의 힘은 아직 상대적으로 약했다. 나중에 주원장은 당시의 상황에 대해 품고 있던 자신의 생각을 다음과 같이 말한 바 있다.

"여러 영웅들 가운데 장사성(張士誠)과 진우량(陳友諒)이 뛰어나게 우수하다. 사성은 재력이 막강하고 우량은 군사력이 셌다. 나는 어떠냐

하면 무엇 하나 내세울 만한 것이 없었다."

　장사성은 소금 장수 출신의 호족으로 홍건군 계통에 속하지는 않았지만, 풍부한 경제력을 바탕으로 강소(江蘇) 지방에서 세력을 떨치며 스스로를 오왕(吳王)이라고 일컬었다. 한편 진우량은 서수휘 계통의 홍건군을 이어받아 그들을 거느리는 군벌(軍閥)이었다. 강력한 군사력을 바탕으로 호광(湖廣)·강서(江西) 지방에 웅거하면서 자신을 한왕(漢王)이라고 칭하였다. 천하를 통일하기 위해 주원장은 원나라를 무너뜨리는 것은 말할 것도 없고, 그전에 당장 신변을 위협하는 이 두 사람을 제거해야만 했다. 그는 유기(劉基)의 건의를 받아들여 먼저 힘에 겨운 진우량을 타도하는데 온 힘을 기울이기로 결정한다. 그리하여 1363년 파양호(鄱陽湖)에서 벌어진 수전(水戰)에서 진우량의 군대를 격파한다. 이어서 군대를 동쪽으로 몰고 가 장사성을 자근자근 압박했고 결국 평강(현재의 소주)에서 그의 세력을 멸망시켰다. 이로써 천하의 대세는 기울어졌다. 때는 1367년 9월이었다. 그런데 이보다 앞서 저주에 틀어박혀 있던 대송(大宋) 황제 소명왕이 주원장의 초대로 응천부에 오는 도중 조보(爪步)의 나루터에서 어이없게 물에 빠져 죽었다. 일설에 따르면 주원장이 손을 써서 죽였다고 하는데, 사실 여부는 알 수 없다. 이렇게 자신을 위협하던 경쟁자들을 모두 쓰러뜨린 주원장은 서달을 정로대장군(征虜大將軍)으로 임명하여 북쪽의 원나라를 치게 한다. 한편 그 자신은 문무백관의 추대를 받아 황제의 자리에 오르고 나라 이름을 대명(大明)이라고 정한다.

물은 배를 띄울 수도 뒤집을 수도 있다

그러면 주원장이 일개 홍건군 병사로 출발하여 대명제국의 황제라는 어마어마한 자리까지 갈 수 있었던 비결은 무엇일까?

첫째, 인재들을 불러모았다. 앞에서 이야기했듯, 호주 시대에는 명장 서달, 저주 시대에는 모신(謀臣) 이선장, 화주 시대에는 용장 상우춘(常遇春) 등 많은 인재가 그의 창업을 돕기 위해 속속 모여들었다. 이선장 외에는 모두 성을 공격하는 야전에서 활약했던 장수들이었다. 응천부 시대였던 1360년에는 유기, 송렴(宋濂) 등 저명한 대학자들이 진영에 합류하면서 인재의 층은 한층 더 두터워졌다. 이렇게 주원장은 어느 정도 세력이 커지면서부터는 당대 최고의 학자들을 정치고문으로 영입하면서 그들의 조언에 귀를 기울였다. 그 결과, 주원장의 군단은 단순한 반란군 집단의 수준을 벗어나 천하통일을 꾀하는 막강한 군대로 성장할 수 있었다.

둘째, 전략전술이 뛰어났다. 주원장이 모처럼 함락시킨 저주를 과감히 버리고 화주, 채석, 태평 등을 차례차례 공략하고 마침내 집경을 점령한 것은 무엇보다 대군단을 유지하기 위해 필요한 식량과 전략물자를 확보하기 위해서였다. 이 선택은 결과적으로 큰 힘을 발휘하게 된다. 왜냐하면 유복통 등이 이끄는 홍건군 주력은 북방에서 원나라 군대와 죽을 힘을 다해 싸우면서 힘을 많이 소모한 데 반하여, 주원장은 기름진 강남 땅에서 느긋하게 세력을 키울 수 있었기 때문이다. 원나라 군대 또한 홍건군 주력과의 싸움에 쫓겨 주원장 군단과의 싸움에 힘을 기울일 여유가 없었다.

주원장은 또한 전술적 판단에도 뛰어났다. 장강을 건너 채석을 함락시켰을 때, 부하 장병들은 식량만 확보하면 다시 화주로 돌아갈 것이라고 생각했다. 그런데 여기서 승부를 걸어야 한다고 본 주원장은 서달, 이선장과 상의한 다음 병사들을 태우고 온 배를 매고 있던 밧줄을 끊어서 장강에 흘려 보냈다. 절대 물러나지 않겠다는 결의를 다진 것이다. 머지않아 태평은 성난 파도처럼 진격해오는 주원장의 군단 앞에서 여지없이 무너지고 만다. 또 진우량, 장사성 두 경쟁자를 쓰러뜨릴 때는 강온 양면 작전을 썼다. 진우량을 괴멸시킨 파양호 싸움에서는 적의 수군은 60만 명이라고 떠드는 데 비하여 아군은 그 3분의 1인 20만 명에 지나지 않았다. 그러나 주원장은 한판 승부에 운명을 걸고 과감히 도전했고, 그 결과 아주 멋들어지게 승리한다. 거대한 호수 위에서 벌어진 이 싸움에서 주원장은 천재적인 군사고문 유기의 조언을 따라 동북풍이 불 때까지 기다린다. 마침내 동북풍이 불자 그의 부하들은 불을 놓았고, 불길은 삽시간에 쇠사슬로 서로 이어져 있던 진우량의 군선들을 집어 삼켰다. 나는 《삼국지》에 나오는 유명한 적벽대전(赤壁大戰) 이야기가 유기가 세운 작전의 모델이 된 게 아니었을까 한다. 당시 오나라 장군 주유(周瑜)가 이끄는 수군은 조조의 대군보다 병력이 훨씬 적었다. 그런데 오나라 장수 황개(黃蓋)가 적군 군선들의 이물(=뱃머리)과 고물(=선미)이 서로 붙어 있는 것을 보고 불로써 들이치는 화공법을 쓰자고 주유에게 건의했다. 주유는 황개의 제안을 받아들였고, 황개는 설득력 있는 방법으로 조조에게 항복의 뜻을 전했다. 그래서 조조는 황개의 선단이 접근해오자 항복하러 오는 것이라고 믿고 경계를 게을리했다. 그 결과, 황개의 화공 작전은 거뜬히 성공했다.

다시 주원장의 이야기로 돌아가보자. 주원장은 장사성과 싸울 때는 2년에 걸쳐 조금씩조금씩 그를 막다른 곳에 몰아넣고, 그의 본거지인 평강을 공격할 때는 포위전을 벌이는 데만 몇 달이라는 시간을 썼다. 즉 100퍼센트 안전하게 이기는 것을 목표로 삼고 끝내 그것을 달성했다. 한마디로 말해 주원장은 상황에 따라 적절히 대응하는 전략전술의 대가였다.

그의 또 하나의 중요한 성공 요인은 주원장 군단의 센 군기가 인심을 얻는 데 크게 이바지하였다는 사실이다. 태평이 함락되었을 때 주원장은 이선장에게 명령하여 다음과 같은 고시(告示)를 내다 붙이게 했다.

> 인민을 마구 죽이거나 다치게 해서는 안 된다.
> 부녀자에게 폭행 또는 위해(危害)를 가해서는 안 된다.
> 인민의 재산에 손을 대면 안 된다.
> 이 세 조항을 어기는 자는 군법에 따라 처단한다.

때마침 한 병사가 붙잡혀 왔는데, 주원장은 즉각 민중이 보는 앞에서 그의 목을 베어버렸다. 또 집경을 함락시킨 바로 그해(1356년) 서달을 대장군(大將軍)에 임명하고 주변 지역을 토벌하도록 했을 때 이렇게 명령했다.

"나는 군사를 일으킨 이후 지금까지 한 번도 사람을 함부로 죽인 적이 없다. 그대는 부디 내 마음을 명심하고 병사들을 잘 다스리기 바란다. 성을 빼앗은 다음에 분탕질을 하면 안 된다. 명령을 어기는 자가 있으면 군법에 따라 엄벌에 처하고 절대 용서하면 안 된다."

주원장은 자신의 이러한 방침을 매우 엄격히 고수했다. 나중에 무주(婺州)를 점령했을 때의 일이다. 식량의 낭비를 막기 위해 술 양조를 금지하는 명령을 내렸는데 공신 호대해(胡大海)의 아들이 이를 어겼다. 이에 대해 한 부하 장수가 이렇게 건의했다.

"호대해는 지금 싸움터에 나가 있는 몸입니다. 아들을 처형해서 그를 지나치게 자극하지 않는 편이 더 현명하지 않겠습니까?

그러자 주원장은 다음과 같이 말했다.

"설사 호대해 자신이 규정을 어겼더라도 군법을 집행하지 않을 수 없소."

이리하여 호대해의 아들은 끝내 사형당하고 만다. 이렇게 엄격히 군기를 잡으니 민중이 그를 지지하고 큰 기대를 걸게 된 것은 말할 것도 없다. 전쟁을 하는데 있어서 민중의 지지를 얻는 것이 얼마나 중요한가는 새삼 말할 필요조차 없다. 그러나 정치 지도자들은 그 중요성을 잊는 경우가 뜻밖에도 많다. 한때 중국 민중의 영웅이었던 장제스가 그 좋은 보기다.

1926～1927년에 시작되어 장제스 장군이 이끄는 국민당 정권이 1949년 5월 중국 본토에서 쫓겨나 대만으로 도망가기까지 20여 년간 계속된 국민당과 중국공산당의 기나긴 싸움은 결국 마오쩌둥이 이끄는 공산당의 완벽한 승리로 끝났다. 미국의 아낌없는 원조를 받고 훨씬 더 막강한 군사력을 갖고 있던 국민당이 패배한 가장 결정적인 원인은 한마디로 말해 그들이 민중에게서 버림받았기 때문이었다. 국민당 정부와 대조적으로 공산당 군대는 민중 속에 글자 그대로 '녹아 들어가' 있었다. 농민과 민중 속에서 그들과 같이 먹고 같이 사는 공산당원은 국

민당 정권 관리처럼 지배하거나 호령하는 자가 아니라 돕는 자로 인식되었다. 그 결과, 1949년 4월 21일 0시를 기해 650킬로미터에 걸친 장강 연안의 공격점에서 공산당군이 일제히 강을 건넜을 때 저항하는 국민당군은 거의 없었다. 광둥으로 수도를 옮겼던 국민당 정권은 부랴부랴 대만으로 건너간다. 그리고 마오쩌둥은 1949년 10월 1일 베이징에서 중화인민공화국의 수립을 정식으로 선포했다.

당나라의 사관(史官) 오긍(吳兢)이 쓴 《정관정요(貞觀政要)》는 중국 역사상 가장 큰 제국을 이룬 당나라의 2대 황제 태종과 그를 보좌한 신하들과의 정치문답을 담은 책이다. 세계 최강 제국을 이룬 당태종의 리더십을 후세에 전하기 위해 '교육적 관점'에서 그와 신하들이 나눈 이야기를 조목별로 재편집한 책으로, 당나라 이후 역대 군주들의 필독서이기도 했다. 태종의 성공 비결은 이 책의 제2장 〈정치의 요체〉 편에 나오는 다음의 구절에 집약되어 있다.

군주는 배, 백성은 물이다. 물은 배를 띄울 수도 있지만 뒤엎을 수도 있다. (君舟人水, 水能載舟, 亦能覆舟)

이렇듯 태종은 군주보다 백성이 중요하다는 점을 깊이 깨달은 제왕이었다. 정치의 근본은 백성임을 확신한 그는 백성의 눈으로 보고 그에 따라 행동하려 애썼다. 현대 경영학에서 말하는 이른바 '철저한 고객 지향 정신'이 바로 그를 성공으로 이끈 핵심 요인인데, 이 면에서 주원장은 당 태종과 매우 비슷했다고 말할 수 있다.

주원장 자신이 백련교도였는가는 확실하지 않지만, 홍건군에 속해 있었던 것은 틀림없는 사실이다. 그런데 응천부에 본거지를 두고 나서는 서서히 홍건군과 거리를 두기 시작한다. 이렇게 하게 된 데는 유기의 영향이 결정적이었다. 주원장은 진우량의 군대를 격파한 다음 해인 1364년 스스로 오왕(吳王)의 자리에 올랐을 때, 한물간 소명왕을 불러들여 그를 임금으로 추대하려고 한다. 그러나 이때 유기가 반대해 그 생각을 접었다. 이렇게 홍건군을 서서히 떠나기 시작해 주원장은 장사성 군대의 토벌에 나서면서 결국 그들과 완전히 결별하기에 이른다. 그 시점에 작성한 격문(檄文)에서 백련교를 요술(妖術) 또는 요언(妖言)이라고 부르고, 홍건적을 요적(妖賊)이라고 단정했다. 이것은 중요한 의미를 갖는다. 홍건군은 원나라의 강압 정치에 반대해서 일어났을 뿐만 아니라, 기존 질서의 파괴자라는 성격도 갖고 있었다. 따라서 전통적인 지주계급이 보기에 그들은 도둑(賊) 이외 아무 것도 아니었다. 그런 도둑들과 손을 끊는다는 것은 체제 파괴자에서 체제 옹호파로 돌아섰음을 뜻한다. 즉 주원장은 홍건군에게 등을 돌림으로써 체제를 지키려고 하는 지주계급의 지지를 얻어내고, 그로 말미암아 천하를 다스린다는 야망을 달성하는 길을 더 활짝 열었다고 말할 수 있다.

그는 또한 앞에서 언급한 대로 강남을 통일하는 과정에서 대학자들을 영입했는데, 그들은 주로 유학자(儒學者)들이었다. 유교를 바탕으로 한족의 왕조를 창건하겠다는 것이 명나라의 슬로건이다. 북벌(北伐)을 시작할 때는 "이민족을 몰아내자"는 격문을 쓰게 해서 한족 지식인들(사대부층)을 자기 편으로 끌어들이려고 하였다. 그러나 그 효과는 기대한 만큼 크지는 않았다. 주원장을 열광적으로 지지했던 계층은 어디까지나 농민과 빈민들이었다. 원나라 통치 시절에 자신의 불우한 신세를 한탄하던 사대부들은 선뜻 주원장이 이끄는 신흥세력에 협조하려고 하지 않았다. 그리고 원 왕조를 섬기던 한족 관료들은 명나라에 격렬하게 저항하다가 죽어갔다. 주원장은 이에 격분했고, 이것은 나중에 일어나는 대숙청의 원인이 되었다. 아니면 거꾸로 사대부들이 주원장의 본성을 미리 꿰뚫어보고 그를 황제로 인정하려고 하지 않았을 가능성도 있다. 주원장이 워낙 미천한 계급 출신이었기 때문에 중국 사회의 최고 엘리트층이라고 자부하는 사대부들이 그를 마음속으로 받아들이기는 어려웠을 것이다.

제도와 도덕으로 전제 체제를 세우다

주원장이 응천부에서 명나라 황제로 취임한 1368년의 8월, 서달이 이끄는 북방 정벌군은 원나라의 수도 대도(大都, 지금의 베이징)를 함락시키고 원의 마지막 황제 순제(順帝)를 삭북(朔北)으로 쫓아보낸다. 홍건군이 내건 "중화를 회복하자(中華回復)"는 슬로건을 명의 초대 황제 태조(太祖)가 된 주원장이 완수한 것이다. 태조는 1398년 일흔한 살의 나이에 세상을 떠날 때까지 30년간 재위하였는데, 이 기간 동안 주로 내정에 힘을 쏟으면서 명 왕조 300년의 기틀을 다졌다.

우선 과거 100년 가까이 몽골이 강요했던 그들의 풍속, 습관,언어를 금지하는 동시에 시급한 과제였던 농촌의 진흥을 위해 노력한다. 원왕조의 수탈과 전란으로 말미암아 황폐해진 농촌을 다시 일으키는 것이야말로 정권 안정의 열쇠라는 것을 그는 누구보다도 잘 알고 있었다.

그래서 농토를 개간하고 둔전(屯田, 군량을 충당하기 위해 군사요지 또는 변경
지방에 설치한 토지)을 늘렸으며, 대대적인 치수·관개 공사를 일으켰다.
경지 면적을 늘리고 농업 생산력을 올림으로써 농민들의 생활의 안정
을 꾀한 것이었다. 이와 함께 한편에서는 나라의 재정 기반을 다지기
위해 전국적인 토지 측량과 인구조사를 했다. 토지 측량은 각 지방마다
행해졌는데, 거의 모든 지방에서 상세한 토지대장(土地臺帳)이 만들어졌
다. 이 장부는 물고기의 비늘과 비슷하게 생겼다고 해서 어린도책(魚鱗
圖册)이라고 불린다. 또한 인구조사는 즉위 후 3년 무렵부터 실시했는
데, 1381년에는 전국적인 규모로 예전의 호적부(戶籍簿)이자 조세대장
(租稅臺帳)이라고 할 수 있는 부역황책(賦役黃册)이 작성되었다. 그리고
이후에 '황책'을 만들고 세금을 걷는 등의 기능을 담당하는 말단 조직
의 근간이 될 이갑제(里甲制)를 농촌에 시행했다.

이 제도의 내용은 다음과 같다. 먼저 지역적으로 인접해 있는 110호
(戶)의 집을 묶어 일리(一里)로 하고 그 가운데 비교적 부유한 열호를 이
장호(里長戶)로 지명한 다음, 갑수호(甲首戶)라고 부르는 나머지 백호를
열 개의 갑(甲)으로 나눈다. 그러고 나서 해마다 교체되는 이장 한 사람
과 갑수 열 사람이 이갑(里甲)의 일을 도맡아 했다. 통치기구의 말단이
면서 동시에 자치기구의 성격도 겸한 것이다. 이갑제를 시행함으로써
신생 명왕조는 가장 말단에 있는 농민들에게까지 행정력이 미치게 하
는 강력한 중앙집권체제의 기틀을 마련했다.

태조는 이렇게 제도를 통해 농민 지배를 꾀하는 데 그치지 않고, 그
들을 내면적으로도 교화하려고 했다. 이른바 육유(六諭)를 공포하였는
데, 그 내용은 다음과 같다.

부모님께 효도하고 순종하라

윗사람을 공경하라

마을사람들과 화목하게 지내라

자손들을 잘 가르쳐라

각자의 삶에 만족하라

비위를 저지르지 마라

마치 명나라판 '바람직한 인간상'이라고도 할 만한 이 여섯 개 조항을 명 태조는 이갑의 농민들에게 한 달에 여섯 차례나 큰 소리로 외치게 했다.

태조는 행정과 군사 면에서도 전제적인 독재권력을 확립해갔다. 뒤에서 이야기할 호유용(胡惟庸) 사건을 계기로 태조는 국무총리에 해당하는 중서성(中書省)의 승상(丞相) 제도를 없애고, 각 부처의 장관에 해당하는 육부(六部) 장관을 황제가 직접 거느리고 다스리는 체제로 바꿨다. 군제(軍制) 면에서도 군 지휘 계통의 중추기관인 대도독부(大都督府)를 좌, 우, 전, 후, 중 오군(五軍)도독부로 나누고 다섯 사람의 도독을 총괄하는 최고통수권을 자신이 장악했다. 중국에서는 황제와 신하의 지위 관계의 변화를 이야기할 때 좌(坐), 참(站), 궤(跪)라는 말을 자주 쓴다. 신하가 황제에게 어떤 사안을 보고할 때 고대에서는 같은 테이블에 앉아서(坐) 할 수 있었지만, 송나라 시대가 되면 앉지 못하고 그대로 선 채로(站) 고했다. 그런데 명 왕조가 들어서자 신하들은 무릎을 꿇고(跪) 황제께 아뢰어야만 했다. 그만큼 황제의 권력이 세졌다는 것을 알 수 있는데, 신하들에게 처음 이렇게 무릎을 꿇게 한 이는 다름 아닌 주원장이다. 국가원수이면서 행정, 군사의 모든 권력을 한 손에 쥔 주원장은 이제 막강한 독재자로서 많은 신하들 앞에 우뚝 섰다.

피의 숙청

일개 거지 승려에서 일약 황제의 자리까지 오르고 명 왕조 300년의 기틀을 다진 주원장이지만, 이룩한 위업에 비해서는 예나 지금이나 인기가 없다. 그 까닭은 무엇일까?

주원장은 원래 "죽이지 말지어다"를 기치로 내걸어서 인심을 얻으려고 노력한 지도자였고, 그것이 한 원인이 되어 순조롭게 황제의 자리를 차지했다. 그러나 정작 황제가 되자마자 태도를 180도 바꾸더니 창업에 기여한 공신과 학자들을 닥치는 대로 죽이기 시작한다. 물론 중국 역사에서 비슷한 사례가 없는 것은 아니다. 예를 들어, 한(漢)을 세운 유방도 그렇게 했고, 가까이는 마오쩌둥도 마찬가지였다. 그러나 주원장의 경우는 분명히 상궤(常軌)를 벗어난다. 청나라 시대의 학자 조익(趙翼)은 이렇게 평했다.

명 태조는 많은 공신들 덕분에 천하를 얻었지만, 천하가 안정되자 그들을 한 사람도 남기지 않고 모조리 죽여버렸다. 그 잔인함은 실로 천고(千古)에 비슷한 예를 찾을 수 없을 정도다.

명 태조는 여러 차례 '문자의 옥(獄)'[66]을 일으켜서 죄 없는 사람들을 죽였고, 그 희생자의 수가 엄청나게 많았다.

이렇게 했으니 주원장이 인기가 있을 리 없다. 숙청의 회오리바람은 십수 년에 걸쳐 모두 세 번이나 불었는데, 그 첫 번째가 바로 1380년에 일어난 호유용(胡惟庸)의 옥(獄)이다. 당시 중서성의 승상으로 있던 호유용이 모반을 계획했다고 하여 그를 죽인 사건이다. 호유용이 과연 정말로 그런 음모를 꾸몄는지 아닌지 확실한 증거도 없는 상태에서 관계자들의 자백만으로 무려 1만 5,000명에 달하는 연루자가 차례차례 형장의 이슬로 사라져갔다. 태조의 의심은 원로인 송렴에게까지 미쳤다. 그는 마황후의 간언에 의해 사형만은 면했지만, 유형지인 사천(四川)으로 가는 도중 세상을 떠나고 만다. 호유용의 옥은 10년 후에 다시 문제가 되어서 이번에는 송렴과 견줄 만한 원로 이선장에게까지 재앙이 닥친다. 즉, 그의 아우 이존의(李存義)가 호유용 일파에 가담했던 사실이 밝혀진 것이다. 주원장은 이렇게 말하며 이선장에게 자살을 강요했다.

"이선장은 나라를 위해 큰 공을 세운 원로임에도 불구하고 모반을 알면서도 폭로하지 않았다. 이렇게 여우처럼 의심하고 망설이면서 두 마음을 품고 있었던 것은 크게 죄가 되는 것이며 사람의 도리에 몹시 어긋난다."

이때 이선장의 일족 70여 명이 모조리 처형되었을 뿐만 아니라 연루된 사람만 일만 수천 명에 달했다. 그리고 불과 3년 후인 1393년 남옥

---

66 '문자의 옥'이란 문서에 적힌 문자나 그 내용을 문제삼아 해당 문서의 작성과 관계된 사람들을 대거 숙청하는 것을 일컫는다.

(藍玉)의 옥(獄)이 일어나서 또 다시 혹독한 '피의 숙청' 바람이 불어닥친다. 남옥은 서달·상우춘이 죽은 후에 명나라 군대의 큰 기둥으로서 매우 중요한 공신이었지만, 밀고에 의해 모반 계획이 발각되었다고 하여 즉시 사형에 처해졌다. 이때도 무려 2만여 명이 사건에 연루되어 죽임을 당했고, 이로써 호유용의 옥 때 살아남은 공신들이 거의 전멸하는 지경에 이른다.

호유용의 옥도 남옥의 옥도 관계자의 자백 이외에는 확실한 증거가 없다. 아마도 정권의 안정을 꾀하려는 태조가 사건을 조작했을 가능성이 크다. 그의 생각은 "방해자는 모두 없애버려"였던 것으로 보인다. 그 결과, 약 5만 명의 공신과 고관이 살해당했으니, 미친 짓이었다고 말할 수밖에 없다.

당시 관리들은 숙청의 마수가 언제 자신에게 들이닥칠지 몰라 벌벌 떨며 하루하루 지내야 했다. 매일 아침 궁궐에 들어가기 전 새벽에 일찍 일어나 몸을 깨끗이 하고 가족들과 물로 작별의 잔을 나누고 집을 나섰다. 그날 다행히도 살아서 집에 돌아오면, "오늘도 살아남았다!"하며 온 식구가 서로 기뻐했다. 하지만 그들 가운데 다음 시대까지 살아남을 수 있었던 사람은 몇 명 되지 않았다. 그 결과 참담한 인재 고갈 사태가 벌어지는데, 그러한 상황이 명 왕조의 정사(正史)인 《명사(明史)》에 다음과 같이 기록되어 있다.

재능 있는 선비들 가운데 수년래 다행히도 살아남은 자는 한둘도 안되었다. 지금 현직에 있는 자들은 대체로 세상 물정에 어둡거나 속물 근성이 있는 관리들뿐이다.

주원장은 공신들만 죽인 것이 아니다. 학자, 문화인들도 언론 탄압의 희생자가 되었다. 앞에서 언급한 이른바 문자의 옥이 바로 그것이다. 하지만 문자의 옥이라고는 해도 저 악명 높은 진시황의 분서갱유(焚書坑儒)[67]처럼 어떤 사상적 배경이 있는 것도 아니고, 광(光, 빛), 독(禿, 대머리), 승(僧, 스님), 적(賊, 도둑), 도(盜, 도둑) 등 그저 황제 개인이 몹시 싫어하는 낱말을 썼다는 이유만으로 사람들이 희생되었다. 이런 말들은 주원장 자신이 거지 승려 출신이고 홍건적에 가담했다는 사실을 생각나게 하기 때문에 싫어했다. 즉 열등감의 발로였던 것이다. 게다가 황제는 한 술 더 떠서 이러한 말들과 발음이 같은 말도 쓰지 못하게 했다. 승(僧)과 음이 같은 생(生), 적(賊)과 같은 발음의 칙(則), 도(盜)와 동음(同音)인 도(道) 등이 바로 그런 말들이다. 이런 말들을 쓰다가 걸리면 안 되므로 자연 희생자의 범위도 더 넓어졌다. 이렇듯 황당하기 짝이 없는 '문자의 옥'이라는 이름의 무서운 사상 통제는 이후 십수 년에 걸쳐 행해졌다. 그 사이에 한 번 걸렸는데도 죽음을 면한 사람은 불과 한 명뿐이었다고 한다. 황제가 된 후의 주원장은 '광기(狂氣)의 독재자'라고 할 수밖에 없는 이유다.

주원장이 파란만장한 삶을 마감한 것은 1398년이다. 내조의 공이 아주 컸던 마황후는 16년 전인 1382년에 이미 세상을 떴고, 후계자로서 기대를 걸었던 태자 표(標)도 1392년에 먼저 저승으로 떠났기 때문에 태조는 뒷일을 어린 황태손 윤문(允炆)에게 맡길 수밖에 없었다. 공신들을 모두 죽여가면서까지 독재권력을 확립하고 황실의 안녕을 꾀했던

---

67 중국 최초의 통일 제국 진(秦)의 승상 이사(李斯)가 건의하여 진시황이 시행한 탄압책으로, 실용 서적을 제외한 모든 사상 서적을 불태우고 유학자를 생매장한 일.

그의 가슴에는 과연 어떤 생각이 오가고 있었을까?

카이사르의 죽음과 주원장의 실패

　주원장의 다채로운 삶에서 가장 인상적인 면은 그가 인생의 여러 고비에서 과감하게 힘든 결단을 내렸다는 점이다. 주원장의 인생 행로에 결정적인 영향을 미친 그의 여러 전략적 결정을 정리해보면 다음과 같다.

- 스물다섯 살 때 홍건적에 합류하기로 결정. 일개 거지 승려의 신분으로 몽골족의 원나라에 도전하는 반란군에 가담하는 것이므로 실패하면 자신의 목숨도 위태로워질 수 있었다.
- 자기를 홍건군의 병사로 받아준 곽자흥의 허가도 받지 않고 얼마 안 되는 병력을 이끌고 정원, 저주, 화주를 공략한다. 이러한 적극적인 활약으로 말미암아 군사지도자로서 그의 명성은 올라가지만, 매우 적은 병력으로 출동했기 때문에 패배할 가능성은 얼마든지 있었다. 또한 자신을 키워준 상관의 큰 노여움을 살 수도 있었다.
- 화주에 있을 때 과감하게 장강을 건너 강남의 채석, 태평, 집경 등을 점령한다. 주원장은 전쟁을 할 때의 병참의 중요성을 일찍이 간파한 것으로 보인다. 그래서 물자가 풍부한 강남을 공격한 것인데, 이것은 또한 앞으로 있을 정적(政敵) 및 원나라 군대와의 큰 싸움에 대비한 장기적 포석이기도 했다. 궁극적으로 황제가 되기 위해서는 자신이 이끄는 군대의 전투력을 강화해야 하고, 그렇게 하기 위해서 가장 적

합한 땅은 말할 것도 없이 기름진 강남이었다.

- 막강한 군사력을 가진 진우량과 파양호에서 결전을 벌이기로 결정: 진우량의 수군은 60만 명이고 주원장의 병력은 20만 명에 지나지 않았으므로 이것은 대단히 위험한 도박이었다.

- 자신의 출세의 단초를 제공해준 홍건군과 단호히 결별: 체제를 뒤엎으려는 도둑들의 무리인 홍건군과 계속 어울려서는 중국 사회에서 막강한 힘을 갖고 있는 지주 계급의 협조를 얻기가 어렵다고 판단했다. 어차피 농민과 빈민들은 자신을 열렬히 떠받들고 있으므로, 지주 계급까지 우군으로 끌어들이면 자기의 정치적 지지기반이 더 한층 탄탄해질 것이라고 보았음에 틀림없다.

이렇게 삶의 여러 단계에서 뛰어난 전략적 결정을 내린 결과, 가난한 농사꾼의 막내아들 주원장은 대명 제국의 초대 황제가 될 수 있었다. 서양사에도 과감한 결단으로 역사의 흐름에 큰 영향을 끼친 지도자가 물론 여럿 있지만, 가장 대표적인 인물로 율리우스 카이사르(Julius Caesa)를 꼽고 싶다. 그의 삶에서 최고로 인상적인 장면을 살펴 보자.

기원전 49년 1월 12일 아침, 8년 동안이나 계속된 갈리아 전쟁에서 갈리아를 평정하고 게르만족을 몰아내 나라에 지대한 공훈을 세운 로마의 영웅 율리우스 카이사르는 로마 본국과 키살피나 속주의 경계인 루비콘 강 앞에 도착한다. 그는 흐르는 강물을 내려다보면서 한동안 말없이 강가에 우뚝 서 있었다. 그를 따르는 병사들도 말없이 총사령관의 등을 바라보았다. 그들은 카이사르와 7년간 갈리아 전쟁을 함께 치른

제 13군단 병사들이었다. 드디어 뒤를 돌아본 카이사르는 가까이에 있는 참모들에게 말했다.

"이미 엎질러진 물이다. 이 강을 건너면 인간 세계가 비참해지고, 건너지 않으면 내가 파멸한다."

그러고는 그를 쳐다보는 병사들에게 망설임을 떨쳐버리듯 큰 소리로 외쳤다.

"나아가자, 신들이 기다리는 곳으로, 우리의 명예를 더럽힌 적(敵)이 기다리는 곳으로. 주사위는 던져졌다."

"장군의 뒤를 따르자!"

병사들은 일제히 우렁찬 함성으로 응답했다. 그러고는 앞장서서 말을 달리는 카이사르를 따라 한 덩어리가 되어 루비콘 강을 건넜다.

이렇게 해서 율리우스 카이사르는 그의 삶의 가장 결정적인 전기(轉機)인 '루비콘 강 도강'을 결행(決行)한다. 그가 이런 일생일대(一生一代)의 결단을 내린 직접적인 계기는 닷새 전에 있었던 원로원의 최종권고였다. 즉 기원전 49년 1월 7일 로마 원로원은 '갈리아 총독 카이사르의 로마 소환'을 골자로 하는 '원로원 최종권고'를 결의한다. 이것은 말하자면 카이사르에 대한 최후통첩으로 그가 이 결정에 따르지 않으면 그는 국가의 적, 즉 반역자로 규정되어 재판도 받지 못하고 사형당할 운명이었다. 그러면 카이사르와 원로원은 왜 이렇게까지 대립하게 되었을까? 원로원과 카이사르가 지향하는 바가 크게 달랐기 때문이다.

원로원파. 원로원 주도의 소수 지도 체제인 공화정을 견지하는 것이 목표다. 따라서 현 체제를 타도하고 새로운 질서를 수립하겠다는 의도를 명확히 한 카이사르를 무슨 수를 써서라도 실각시키기로 결심한 것이다.

카이사르. 기원전 6세기 이후 계속된 공화정 체제는 초강대국이 된 기원전 1세기의 로마 현실에는 적합하지 않으므로, 그것을 대신할 새로운 질서를 수립해야 할 필요성을 통감했다. 그래서 그는 갈리아 전쟁에서 얻은 명성을 바탕으로 집정관에 당선되어 현 체제안에서 개혁을 추진하는 길을 택했던 것이다.

양쪽 사이에는 이렇게 근본적인 차이점이 있었으므로 카이사르와 원로원의 충돌은 그야말로 '통치 체제를 건 투쟁'이었다. 그럼에도 불구하고 카이사르가 루비콘 강을 건너는 결정을 내리기는 쉽지 않았다. 우선 루비콘 강을 건너 로마 본국에까지 쳐들어가는 것은 완전한 국법 위반이다. 카이사르는 그때까지 국법을 어긴 적이 없었으며, 합법적으로 개혁을 추진할 수 있다는 희망이 조금이라도 남아 있으면 어느 정도 희생이 있더라도 그 길을 택할 생각이었다. 또한 국법을 어기면서까지 루비콘 강을 건넜을 때 일어날 결과나 여파를 생각하면 망설이지 않을 수 없었다. 강을 건너면 내전이 일어날 건 뻔했다. 청소년 시절에 두 번이나 로마인끼리 싸우는 내전의 비극을 경험한 바 있는 카이사르로선 망설이지 않을 수 없었다.

그가 열세 살 되던 해인 기원전 87년에 민중파의 거두 마리우스(Marius)에 의해 대대적인 살육이 일어났다. 이때 현직 집정관을 비롯한 원로원 의원 50명과 경제인 약 1,000 여명이 닷새 동안에 살해되었다. 두 번째는 그가 18세였던 기원전 82년에 있었던 술라(Sulla)에 의한 철저한 민중파 숙청이다. 술라가 직접 작성한 '살생부'에는 무려 4,700명의 이름이 올라 있었다. 이들 중 대다수가 재판도 받지 못한 채 살해되고 재산을 몰수당했다. 겨우 목숨을 건진 자들도 재산이 몰수되는 것을 면치 못했다. 그리고 그들 모두 자손에 이르기까지 공직에서 추방당했다. 살해된 자들의 목이 시내 광장의 연단에 넘쳐 흘렀다.

이러한 피비린내 나는 내전의 결과 생겨나는 앙심과 원한, 그리고 증오가 공동체에 얼마나 큰 불이익이 되는지, 따라서 그런 사태가 일어나는 것을 되도록 피해야 할 필요성이 얼마나 큰지 카이사르는 누구보다 잘 알고 있었다.

그러나 카이사르는 평생 동안 자신의 신념에 충실하게 사는 것을 지향한 사나이기도 하다. 그의 신념은 로마 국가 체제를 개조하는 것이고, 새로운 질서를 수립하는 것이었다. 루비콘 강을 건너지 않으면, 즉 '원로원 최종권고'에 굴복하면 내전은 피할 수 있지만, 새로운 질서 수립은 꿈으로 끝날 터였다. 그렇게 된다면 지금까지 50년을 살아온 보람이 없다. 보람 없는 인생을 살았다고 인정하는 것은 그의 자존심이 용납하지 않았다. 게다가 그의 명예는 이미 더럽혀졌다. 갈리아 전쟁 따위는 아예 없었던 것처럼, '원로원 최종 권고'에 복종하지 않으면 역적으로 규정하겠다는 원로원의 선언으로 그의 명예는 이미 충분히 더럽혀져 있었다. 오랜 고민 끝에 카이사르는 결국 신념과 명예를 택하기로 마음을 굳히고 루비콘 강을 건넌 것이다.

이렇게 해서 내란은 시작되었다. 기원전 48년 여름, 양쪽 군대는 그리스에서 크게 맞붙었다. 그런데 폼페이우스(Gnaeus Pompeius Magnus)가 이끄는 적군은 제해권을 갖고 있었다. 그리스 서북부에 있는 '디라키움

(Dyrrachium)'이라는 마을에 그들의 보급기지가 있었는데, 그들은 그곳에 머무르고 있었다. 폼페이우스 군이 계속 디라키움에 머무르는 한, 싸움이 장기화될수록 모든 것이 부족한 카이사르 군은 모든 것이 풍족한 폼페이우스 군을 이길 확률은 떨어지기 마련이다. 그래서 이 시점에 카이사르는 또 다시 큰 전략적 결정을 내린다. 적군의 병력이 훨씬 많음에도 불구하고 평원에 진을 치고 정면으로 맞붙는 회전(會戰)에 모든 것을 걸기로 한 것이다. 회전은 단 한 번의 승부로 결판을 낼 수 있는 이점이 있다. 그는 계략을 써서 폼페이우스와 그의 군대를 회전을 벌이기에 적합한 그리스 중부의 파르살로스(Phârsalos) 평원으로 유인한다. 파르살로스 결전은 기원전 48년 8월 9일 벌어지는데, 이 싸움에 임하는 양군의 전력(戰力)은 다음과 같았다.

폼페이우스 진영
110개 대대의 중무장 보병 4만 5,000명
폼페이우스의 옛 부하 2,000명
기병 7,000명
합계 5만 4,000명

카이사르 진영
80개 대대의 중무장 보병 2만 2,000명
기병 1,000명
합계 2만 3,000명

카이사르는 병력 면에서 절대 열세였기 때문에 고전적인 방법으로는 이길 수 없다고 판단하고, 가지고 있는 자원을 활용한 혁신적인 작전으로 이 운명의 전투에서 폼페이우스군을 격파한다. 주원장이 훨씬 더 큰 군사력을 갖고 있는 진우량에게 도전하면서 파양호에서 한판 승부를 벌이기로 한 것, 그리고 화공법이라는 혁신적인 방법으로 적을 괴멸시킨 것과 매우 비슷하다고 하지 않을 수 없다.

이렇게 통 큰 결단으로 큰일을 해냈다는 점에서 주원장과 카이사르는 많이 닮았지만, 성품에 관한 한 두 사람은 거의 정반대에 가깝다. 앞에서 보았듯 주원장은 황제가 된 후에 십수 년에 걸쳐 모두 세 번이나 대대적으로 피비린내 나는 숙청을 벌였다. 심지어 그가 싫어하는 글자를 썼다는 사소한 이유만으로도 수많은 무고한 사람들을 죽였다. 반면에 카이사르는 '관대' 또는 '관용'의 화신이라고 할 수 있을 정도로 너그러운 지도자였다.

카이사르의 행적을 읽다 보면 가장 감동적으로 다가오는 부분이 바로 그의 관대함이다. 그의 관대함이 가장 극적으로 부각되는 때는 그가 로마 세계의 최고 실력자가 된 기원전 46년이다. 기원전 49년 1월 12일 루비콘 강을 건넘으로써 시작된 원로원파 및 폼페이우스와의 내전은 아프리카의 탑수스(Thapsus)에서 그가 승리하는 기원전 46년 4월에 끝난다. 카이사르는 이 싸움을 끝내고 한 번도 가보지 못한 사르데냐 섬과 코르시카 섬을 둘러본 다음 7월 25일 로마에 돌아온다. 귀국한 지 불과 열흘 만에 네 차례로 나누어 아주 멋지고 화려한 개선식을 거행한다. 이제 절대권력을 손에 넣은 카이사르는 자신의 생각을 마음껏 펼칠 수 있었다. 이 시점에 카이사르는 새 질서의 표어로 '관용'을 내걸었다. 이를 보여주듯 개선식 때 배포된 기념 은화의 한쪽 면에는 '관용'이라는 글자가 새겨져 있다. 카이사르는 기회가 있을 때마다 "나는 술라와는 다르다"고 공언했다.

반대파를 처단하기 위한 살생부 작성을 거부하고, 망명한 사람도 원하면 귀국을 허락하고, 그의 의중을 헤아리지 못하고 폼페이우스파 사람들의 재산을 몰수한 안토니우스(Marcus Antonius)에게는 이를 반환하도록 시켰다. 포로 로마노의 연단에서 폼페이우스파 사람들의 목이 효수되는 일도 없었다. 귀국과 복직을 원한 사람 가운데 카이사르의 허락을 받지 못한 사람은 하나도 없었다. '원로원 최종권고'를 발동해 카이사르를 반역자로 규정한 전직 집정관 마르켈루스(Marcus Claudius Marcehllus)의 귀국도 허락했다. 카이사르가 원한 것은 적도 동지도 없이 일치단결해서 국가 로마의 재생을 위해 애쓰는 것이었다.

카이사르가 폼페이우스파와의 내전 기간에 보여준 너그러운 태도는 참으로 인상적이다. 그는 우선 점령지에서 잡힌 폼페이우스파의 요인들과 그 가족들을 그대로 풀어주었다. 이런 사실은 많은 사람들에게 강한 인상을 주었다. 심지어 카이사르의 정적인 키케로(Cicero)조차 카이사르에게 편지를 보내 그 관대한 조치를 칭찬한다. 카이사르는 행군 중인데도 키케로에게 답장을 보냈는데, 그 내용의 일부를 소개하면 다음과 같다.

내가 석방한 사람들이 다시 나한테 칼을 들이대더라도, 그런 일로 마음을 어지럽히고 싶지는 않소. 내가 무엇보다도 나 자신에게 요구하는 것은 내 생각에 충실하게 사는 것이오. 따라서 남들도 자기 생각에 충실하게 사는 것이 당연하다고 생각하오.

카이사르의 깊고 너그러운 마음씨가 구구절절이 느껴진다. 뿐만 아니라 그는 원로원파의 거두인 키케로를 넉넉한 마음으로 포용했으며, 반대파에 대한 보복을 엄격히 금지했다. 구체적으로 카이사르는 전쟁 포로를 비롯한 폼페이우스파 사람들에게 거취를 선택할 수 있는 자유를 주었고, 그들의 재산을 몰수하지 않았으며, 공직에서 추방하지도 않았다. 또한 그들에게도 카이사르파 사람들과 마찬가지로 공직에 앉을 기회를 평등하게 보장했다. 다만 공직에 앉고자 하는 옛 폼페이우스파 사람들에게는 카이사르에 대한 복종을 요구했다. 그리고 북아프리카의 우티카(Utica)에서 그의 정적인 카토(Cato)가 항복을 거부하고 자살했을 때도, 카이사르는 그곳에 있던 카토의 아들과 딸, 그리고 폼페이우스의 딸과 손자들의 안전을 보장했다. 이런 성격의 카이사르인 만큼 그가 부하들의 약탈을 허용하지 않았음은 두말할 나위도 없다.[68]

이렇게 카이사르는 넉넉한 마음의 소유자였다. 그래서 그는 많은 사람들에게 깊은 감명을 주었고 큰 존경심을 불러일으켰다. 그런데 여기서 꼭 짚고 넘어가야 할 것이 있다. 카이사르가 관대했기 때문에 살아남은 원로원파에 의해 그가 기원전 44년 3월 15일 암살되었다는 사실이다. 앞에서 민중파 마리우스와 원로원파 술라가 각각 자신의 반대파를 철저히 제거했다고 언급한 바 있다. 그 결과 마리우스는 71세까지 살았고, 술라도 평화로운 은둔 생활을 즐기다 60세를 일기로 세상을 떠났다. 즉 관대하지 않았던 그들은 카이사르처럼 비참한 최후를 맞이하

---

68 그러나 그는 상대방이 약속을 어겼을 때는 철저히 응징했다.

지 않았다. 그리고 그토록 무자비했던 주원장도 황제 노릇을 30년이나 하고 일흔한 살에 세상을 떠났으니 당시로서는 부귀영화와 장수를 누릴 만큼 누렸다고 말할 수 있다. 이렇게 적에게 관대했던 사람들에게는 그것이 칼이 되어 돌아오고, 반면에 무자비했던 사람들은 그 덕분에 죽을 때까지 암살의 위험에서 벗어난 사례가 적지 않다. 그러면 리더는 관대하지 말아야 하는가? 누가 뭐라 해도 나는 관대함이 리더의 훌륭한 덕목의 하나라고 본다. 남에게 너그러움으로써 리더는 아랫사람들을 열광시키고 그들의 엄청난 에너지를 끌어낼 수 있다. 문제는 지도자의 너그러움을 받아들이지 않는 반대파가 얼마든지 있을 수 있고, 그들의 존재가 그에게 큰 위험이 될 수 있다는 사실이다. 그러면 이 딜레마는 어떻게 해결해야 할까?

나는 너그러움을 베풀되 반대파를 무력화(無力化)하는 조치는 꼭 취해야 한다고 본다. 예를 들어, 카이사르가 원로원의 핵심 세력을 처벌은 하지 않되 멀리 추방함으로써 그들이 다시 일어서지 못하도록 했으면 그는 천수를 누렸을지도 모른다. 또한 지나친 관대는 오히려 조직에게 해롭다고 생각한다. 자신과 함께 고생한 동료들이 서운하게 생각할 염려가 있을 뿐만 아니라, 반대파로 하여금 그들의 전과(前過)를 쉽게 잊도록 하기 때문이다.

관대의 이중성에 관한 한, 공자가 《논어》에서 이야기한 다음 개념이 가장 적절한 해법이 아닌가 한다.

과유불급(過猶不及)
(지나침은 오히려 모자람만 못하다)

⑧

만년에 무너진 불출세의 명군

한 무제

"최초의 긴장감을 기억하라"

공이 일곱, 죄가 셋인 황제

한(漢)의 무제(武帝)는 한 왕조의 제7대 황제다. 한나라의 일곱 번째 황제라고 하는 것은 고조(高祖) 유방(劉邦)의 황후였던 여태후(呂太后)가 실질적인 권력자로 행세했던 시절의 두 어린 황제를 포함해서 하는 말이다. 무제의 치세는 54년이나 지속되었는데 (기원전 141~87년), 이것은 중국 역사에서도 청(淸) 강희제의 61년, 건륭제의 60년에 이어 세 번째로 긴 기록이다.

그러나 무제의 치세가 길었다고 해서 그를 위대하다고 하는 것은 물론 아니다. 혜택 받은 좋은 환경과 타고난 빼어난 자질을 바탕으로 후세 사람들이 한당의 성(漢唐의 盛)이라고 극찬하는 화려하고 알찬 시대를 열었기 때문이다. 그의 치세는 당나라가 한창 번창하던 시대와 비견된다. 그는 또 진황한무(秦皇漢武)라는 말에서 알 수 있듯이 종종 진나라의 시황제와 쌍벽을 이루기도 한다. 더 나아가 이 두 사람에 공자를 추가하여 "가르침은 공자부터 시작되었고 정치는 시황제가 정립하였으며, 나라의 경계는 무제 때에 정해졌다"라고 평가하는 역사가도 있다. 말할 것도 없이 공자는 후세에 큰 영향을 끼친 유교의 창시자이고, 시황제는 처음으로 중국을 통일하고 통일 국가에 걸맞은 여러 제도를 만들어낸 황제다. 그리고 한무제는 그의 재위 기간 동안에 기본적으로 이후 중국의 판도를 결정했다고 보는 것이다. 사상가였던 공자는 잠시 접어두고 황제였던 시황제와 무제는 정말로 뛰어난 역량을 갖춘 걸물들이었고, 그들의 정치적 업적은 남이 따라가기 힘들다.

그러나 이 두 사람 사이에는 현저한 차이도 있다. 시황제는 진(秦)이라는 큰 나라를 세웠지만, 황제의 자리에 있었던 기간이 짧은 탓에 (재위 기간 기원전 221~210년) 그의 업적은 내용상 어딘가 부족해 보인다. 반면에 한 무제는 건국한 지 60년이 지나 이미 나라의 기반이 안정된 한 왕조를 물려받았고, 이것을 더욱 발전시켜 군사 · 정치 · 외교 · 경제 · 문화 등 모든 면에 걸쳐 중국 민족이 그야말로 휘황찬란한 시대를 구가하도록 했다.

두 사람의 차이는 인재 등용 면에서도 눈에 띈다. "진시황 시대에 활약했던 인물을 들어보세요" 하면 승상을 지낸 이사(李斯), 왕전(王翦) 장군 정도가 생각날 뿐이다. 그러나 《한서(漢書)》를 보면 공손홍(公孫弘), 동중서(董仲舒), 사마천(司馬遷)을 비롯한 수많은 쟁쟁한 인물들의 이름이 나온다. 모두 한 무제 시대에 두각을 나타낸 인재들이다. 이 시대에 이렇게 많은 인재들이 배출될 수 있었던 까닭은 무제가 철저하게 능력 위주(meritocracy)로 인재를 등용했고, 또한 그의 사람 보는 눈이 뛰어났기 때문이다. 정치·경제·군사 면에서 무제의 치세를 떠받치는 든든한 기둥이 된 사람들, 예를 들면 재상(宰相) 공손홍은 돼지 사육사 출신이고, 부재상 복식(卜式)은 양치기, 재정을 맡았던 대장대신(大藏大臣) 상홍양(桑弘羊)은 장사꾼 출신이다. 뿐만 아니라 대장군(大將軍)으로서 흉노족을 상대로 한 군사 작전에서 맹활약한 위청(衛靑) 노예 출신이다! 그들의 능력을 알아보고 그것을 발휘할 기회를 주었다는 것이 한 무제의 위대한 점이다. 마키아벨리는 이렇게 말한 바 있다.

> 함께 일할 각료를 선임하는 것은 군주에게 있어서 매우 중요한 일이다. 얼마나 좋은 사람들을 고르느냐는 바로 군주의 안목에 달려 있다. 백성들이 군주와 그의 능력에 대해 갖는 첫인상은 그를 둘러싸고 있는 사람들에 의해 결정된다. 각료들이 유능하고 충성심이 있으면, 백성들은 군주를 현명하다고 여길 것이다. 군주는 다른 사람의 실력을 알아보고 자기 사람으로 만들 줄 알기 때문이다. 그러나 군주의 주변 사람들이 무능하면 백성들은 군주를 낮게 평가할 수밖에 없다. 왜냐하면 인사(人事)가 만사(萬事)인데 여기서 실수를 했기 때문이다.

마키아벨리가 한 무제를 평가할 기회가 있었다면 그를 아주 높이 샀을 것이 틀림없다. 물론 무제를 비난하는 목소리가 없는 것은 아니다. 가장 대표적인 것은 무제가 '무력을 썼다'는 비판일 것이다. 중국인들이 무력을 쓰는 것을 싫어하는 까닭은 그것이 가혹한 인민 사역(使役)

을 수반하기 마련이기 때문이다. 그 전형적인 사례는 나중에 등장하는 수(隋)나라의 양제(煬帝)이지만, 무제도 이러한 비판에서 자유롭지 못하다. 실제로 무제는 거의 매년 남쪽으로 북쪽으로 군대를 보냈다. 특히 북방의 흉노(匈奴)와의 싸움에 총력을 기울이다시피 하여, 심각한 재정난을 초해한 것도 사실이다. 그러나 무제의 이러한 무력 행사는 침략의 성격을 띤 것이 아니라 방위를 목적으로 한 것이라고 변호하는 목소리도 있다. 무제의 적극적인 정책이 없었으면 중국은 흉노족에 의해 짓밟혔을 것이라고 그들은 말한다. 따라서 무력행사에 따르는 인민 사역은 할 수 없는 것으로 받아들여야 한다고 설명한다. 어떤 이는 시황제의 경우 공과 허물이 각각 반반이고, 수 양제는 공적이 둘 죄과가 여덟이라면, 무제는 공이 일곱 죄가 셋이라고 말하기도 한다. 이렇게 한편에서는 비난의 목소리가 있기만, 그의 웅대한 스케일, 그가 이룩한 커다란 업적 등을 모두 고려하면 한 무제는 중국의 역대 황제들 가운데서도 손꼽을 만한 인물이다.

오직 능력으로 평가한다

한 무제의 54년에 걸친 치세의 압권은 역시 뭐니 뭐니 해도 흉노와의 싸움이다. 이 싸움에서 한 왕조는 두 사람의 영웅과 몇몇 비극의 주인공을 낳는다. 북방의 기마민족인 흉노는 농사를 주로 짓는 한족(漢族)이 사는 곳에 가끔 쳐들어와서 그들의 생활을 위협하곤 했다. 전국시대 그들과 국경을 접하고 있던 연(燕)·조(趙)·진(秦) 등 여러 나라는 그들의 침략에 자주 시달렸고, 그래서 긴 성(城)을 쌓거나 요새를 구축해 방어에 임했다. 중국을 통일한 시황제도 몽염(蒙恬) 장군을 시켜 그들을 토벌하도록 하는 한편, 국경선을 따라 끝없이 이어지는 이른바 만리장성을 쌓아 침공에 대비했다. 그 후 흉노는 좀 잠잠한가 싶더니, 모돈단우(冒頓單于)[69]라는 뛰어난 지도자가 나타나면서 정세가 크게 달라진다. 모돈단우가 여러 흉노 집단을 통일한 것은 유방이 한왕(漢王)으로 책봉된 기원전 206년경으로 보이는데, 그 후 한나라는 무제가 즉위하기까지 60여 년간 흉노에게 대등하게 맞설 수 없었다. 기원전 200년 한고조 유방 자신이 대군을 이끌고 흉노족 토벌에 나섰다가 오히려 모돈단우가 이끄는 흉노의 대군단에 포위당해 허둥허둥 도망친 적이 있다. 고조는 그 이후 오로지 회유책만 썼고, 감히 무력에 호소할 엄두를 못 냈다. 그 당시의 양쪽의 힘을 견주어보면, 뚜렷하게 흉노족이 더 강했다.

여태후가 다스렸던 시대에도 이러한 관계는 마찬가지였다. 언젠가 모돈단우는 여태후에게 이런 내용의 편지를 보냈다.

"나는 소택지(沼澤地)에서 태어나 자란 막돼먹은 사람이라 옛날부터 중국 땅에서 노는 것이 소원이었소. 듣자하니 그대는 남편이 먼저 세상을 떠나 혼자 밤을 지새운다고 하는데, 다행히 나도 독신이오. 빨리 당신을 찾아 뵙고 마음껏 즐기고 싶은데, 그대 생각은 어떻습니까?"

참으로 무례하기 짝이 없는 서신이었다. 엄청나게 화가 난 여태후는 신하들을 모아놓고 흉노 토벌 방안을 논의하려고 했지만, 주요 군지휘관들은 전혀 그럴 마음이 없다.

"선왕(先王)조차도 그렇게 시달리셨습니다."

---

69 단우(單于)는 흉노족의 임금을 일컫는 말이다.

대단한 여걸로 세상에 널리 알려진 여태후도 이런 상황에서는 어찌할 도리가 없었다.

"말씀하신 내용은 잘 알아들었습니다만, 아무래도 저는 늙은 몸이라 임금님의 상대로는 적합지 않습니다."

여태후는 이렇게 심하게 굴욕적인 답신을 보내고, 한결같이 회유책을 쓸 수밖에 없었다.

제5대 문제(文帝), 제6대 경제(景帝) 시대에도 이러한 기본적인 관계는 달라지지 않았다. 모돈단우는 저세상으로 갔지만, 흉노는 서쪽의 월씨(月氏)·오손(烏孫) 등을 평정하며 전성기를 맞이한다. 반면에 한나라는 오로지 민생의 안정에 힘을 쏟으며, 대외적으로 화친정책의 기조를 줄곧 유지해왔다. 적어도 겉으로는 흉노의 비위를 맞추는 척하는 정책이었다. 한 왕조는 무제가 즉위할 때까지 흉노에 대해서 이러한 정책을 써왔으나 일관되게 굴욕적인 관계를 맺어왔다고 해도 지나친 말이 아니다. 《한서(漢書)》에서 "훌륭한 재능을 가진 통 큰 전략가(雄才大略)"로 평가한 무제로선 도저히 참을 수 없는 상황이었다. 더구나 무제가 즉위했을 무렵에는 문제와 경제가 2대에 걸쳐 국가 재정을 탄탄히 다져놓은 상태였다. 흉노에 대한 정책을 더 적극적인 방향으로 바꿀 수 있는 조건이 갖춰진 것이다.

무제는 기원전 141년 열여섯의 어린 나이에 즉위할 때부터 이미 왕성한 투지를 품고 있었지만, 당시에는 아직 보수파의 세력이 강해서 흉노에 대해서도 당분간은 화친 정책을 계속 시행할 수 밖에 없었다. 무제가 흉노에 대한 대결 정책을 명확히 내세운 것은 기원전 135년, 그리고 이것이 조정에서 정식으로 국가 정책으로 채택된 것은 2년 후인 기원전 133년이다. 이때의 작전은 흉노를 속여서 마읍(馬邑)이라는 동네에 끌어들인 다음에 섬멸하는 것이었다. 한나라는 30만 대군을 동원해 흉노가 오기를 기다렸지만, 흉노도 보통내기가 아니었다. 한나라 군대의 계략을 꿰뚫어보고는 오는 도중에 되돌아가버리고 만다. '마읍의 꾀(謀)'라고 불리는 이 전초전은 이렇게 불발로 끝나고 만다. 이를 계기로 양쪽의 관계는 완전히 결렬되고, 이후 15년간 피비린내나는 공방전이 벌어지게 된다.

첫 번째 토벌 작전이 시행된 것은 기원전 129년. 공손오(公孫敖) · 공손하(公孫賀) · 이광(李廣) · 위청(衛靑) 등 네 장군이 각각 기병 1만을 이끌고 네 방면에서 공격에 나섰지만, 패배하고 만다. 공손하는 아무런 전과(戰果)를 올리지 못했고, 공손오는 7,000명의 기병을 잃었으며, 이광은 적군에 잡혔다가 도망쳐 돌아왔다. 이렇게 이름난 장군 셋이 모두 실패했는데 거의 이름이 나지 않았던 위청이 적군 700의 목을 베서 그나마 체면을 세울 수 있었다. 이때부터 위청은 일곱 번 연달아 흉노족을 공격하는 데 나서는 등 대(對)흉노작전의 주역으로 맹활약한다. 이듬해인 기원전 128년 제2차 토벌 작전이 전개되었을 때 위청은 3만 명의 기병을 이끌고 안문(雁門)에서 출격해 적군 수천 명의 목을 베는 전과를 올렸다. 3차 토벌전은 또 그 이듬해인 기원전 127년에 벌어졌는데, 위청과 그의 군대가 운중(雲中)에서 농서(隴西) 방면으로 원정해 수천 명의 목을 베고 소와 양 수만 마리를 잡았을 뿐만 아니라, 흉노의 백양왕(白羊王)과 누번왕(樓煩王)을 오르도스(Ordos)[70]에서 쫓아버린다. 실

---

70 지금의 중국 내몽골 자치구의 중남부에 있는 고원 지역.

로 진나라 시절 몽염 장군이 토벌한 이후 중국이 거둔 최대의 승리였다. 무제는 즉시 오르도스 지역에 삭방군(朔方郡)을 설치해 방비를 굳게 하는 한편, 위청을 장평후(長平侯)에 봉해 그의 공로에 보답했다.

그러나 이 승리도 흉노에게는 찰과상 정도의 손해에 지나지 않았다. 그들은 여전히 중국 땅에 들어와서 노략질하기를 그치지 않았다. 기원전 126년과 125년, 2년 동안 중국에 쳐들어온 흉노족 군대 수는 20만명에 달했으며, 관리와 백성을 합쳐서 1만 명 이상이 살해당했다. 무제는 기원전 124년 당시의 흉노족 임금, 즉 단우(單于)의 오른팔이면서 오르도스 방면에 세력을 뻗치고 있던 우현왕(右賢王)을 치라고 위청에게 명령했다. 위청은 10만여 명의 대군을 이끌고 새북(塞北) 지방 깊숙이 진출하여 우현왕의 허를 찔렀다. 이 싸움에서 그는 왕족 10여 명, 남녀 1만 5,000명, 소와 말 수백 마리를 잡아오는 큰 승리를 거뒀다.

우현왕은 불과 수백 명의 기병에게 호위를 받으며 애첩 하나를 데리고 간신히 북쪽으로 도망쳤다. 이 공로로 위청은 장군으로서는 최고의 지위인 대장군(大將軍)에 임명되고 6,000호의 집이 더 주어진다. 이렇게 승리가 거듭되자 기분이 좋아진 무제는 이듬해인 기원전 123년 단숨에 자웅을 겨루어야 한다며 또 다시 위청에게 출동을 명한다. 명령을 받은 위청은 그 해에 6명의 장군과 10만여 명의 기병을 이끌고 두 차례에 걸쳐 출격해 적병 1만 몇천 명의 목을 베는 전과를 올렸지만, 한나라 군대도 흉노의 주력 부대를 만나 2명의 장군이 3,000여 명의 기병을 잃는 패배의 쓴잔을 마신다. 게다가 장군 하나는 책임을 추궁당할까 무서워서 그대로 흉노군에게 투항하고 만다. 결국 양쪽이 다 큰 피해를 입고 무승부로 끝난 셈이다. 그런데 이 해의 전투에서 한나라에 또 하나의 새로운 영웅이 나타난다. 그의 이름은 곽거병(霍去病). 위청의 조카인 그는 겨우 열여덟 살 청년 장교에 지나지 않았지만, 경기병(輕騎兵) 800명을 이끌고 적진 깊숙이 침투하여 적병 2,028명의 목을 베는 혁혁한 무훈을 세운다. 무제는 이 청년 장교의 활약이 어찌나 마음에 들었는지 그가 돌아온 후에 그를 1,600호의 집이 딸린 관군후(冠軍侯)라는 이름의 제후에 봉하여 그의 공로에 보답한다. 곽거병이 두각을 나타낸 기원전 123년을 고비로 흉노와의 싸움에서 주역은 위청에서 곽거병으로 바뀌어간다.

기원전 121년 봄, 무제는 약관 20세의 곽거병을 표기(驃騎)장군으로 임명하고, 그에게 기병 1만을 이끌고 농서 방면으로 출격하라고 명령한다. 참으로 한무제다운 과감한 발탁 인사라고 하지 않을 수 없다. 곽거병은 황제의 기대에 잘 부응했다. 그는 이번에도 서쪽으로 진격하여 적진 깊숙이 들어가 절란왕(折蘭王)·노호왕(虜胡王)을 죽이고 혼사왕(渾邪王)의 아들을 포로로 잡았으며, 그 밖에 적군 1만 8,000여 명의 목을 베었다. 그리고 쉴 틈도 없이 같은 해 여름에는 이광 장군 등과 서로 호응하며 두 번째 출격하여 기련산(祁連山) 언저리에서 흉노의 대군을 무찌르고 3만여 명의 목을 베는 큰 성과를 올린다. 이 승리는 흉노의 서북 방면 방어선에 뼈아픈 타격을 주었을 뿐만 아니라, 한나라에 뜻밖의 선물을 안겨주었다. 서북 방면의 방위 책임자였던 혼사왕이 단우에게 책임을 추궁당할 것이 두려워 귀순해 온 것이다. 이리하여 곽거병은 흉노족 투항자 4만 명을 데리고 수도 장안에 개선한다. 도시 전체가 환영 분위기에 휩싸인 것은 두말할 나위도 없다. 젊은 장군이 얼마나 의기양양했을까 상상하고도 남음이 있다.

그러나 단우가 이끄는 흉노의 주력 부대는 여전히 건재했고 중국 땅에 들어와 노략질하기를 그치지 않았다. 무제는 이제 마지막 숨통을 끊어버리겠다고 다짐하고, 기원전 119년 대장군 위청과 표기장군 곽거병 두 사람에게 각각 5만 명의 기병을 이끌고 동시에 출격하라고 명령한다. 양군의 뒤에는 군수품을 나르는 병사 수십만이 뒤따르고 있었다고 하니 일찍이 없었던 대군이 동원되었던 것이다. 이 싸움에 임하는 한 무제의 마음가짐도 엿볼 수 있다.

두 거물이 동시에 출격한 이번 싸움의 주역은 더 이상 위청이 아니고 곽거병이었지만, 단우가 이끄는 흉노의 주력 부대와 마주친 것은 얄궂게도 위청 쪽이었다. 노련한 위청은 상대방을 교묘히 끌어들여 포위하는데 성공한다. 비록 단우는 놓치고 말았지만 적병 1만 9,000의 목을 벰으로써 괴멸적인 타격을 줬다. 한편 곽거병은 단우의 주력 부대를 찾아 흉노족의 땅 깊숙이 2,000여 리나 쳐들어갔으나 단우의 군대와 마주치지는 못했다. 그러나 7만여 명의 흉노군 병사를 죽이거나 포로로 잡은 뒤에 돌아왔다.

이 전투에서 무제가 세웠던 목표는 거의 달성되었다고 말할 만했다. 괴멸적인 패배를 당한 흉노는 지금의 고비사막 북쪽에 있는 막북(漠北)으로 본거지를 옮기지 않을 수 없었다. 그 후 상당 기간 만리장성 부근에 흉노족이 모습을 나타내는 일은 없었다. 그러나 한나라 군대도 이 싸움에서 수만 명이 전사하고 전선에 데리고 간 말 14만 마리 가운데 돌아온 것은 겨우 3,000마리도 안 되는 등 큰 피해를 입었다. 게다가 거의 매년 계속해서 원정군을 보내다 보니 국가 재정이 위험해져 이제 더 이상 흉노족을 상대로 군사작전을 계속 펼칠 수 없는 상태에 이르렀다.

위청에게나 곽거병에게나 이 싸움이 마지막 싸움이 되고 만다. 왜냐하면 곽거병은 2년 후인 기원전 117년에 스물 넷이라는 젊은 나이에 병사하고, 위청도 기원전 106년에 세상을 뜨기 때문이다.

지금까지 봐왔다시피 대(對)흉노작전의 중심인물은 처음에는 위청, 그리고 나중에는 그의 조카 곽거병이었다. 이들이야말로 한 무제 시대의 영광을 그대로 구현한 영웅이라고 할 수 있다. 그런데 비할 데 없이 빼어난 군사 능력을 타고난 이 두 사람은 뜻밖에도 모두 노예 출신이었다. 위청의 어머니 (즉 곽거병의 할머니) 위온(衛媼)은 무제의 누이 평양공주(平陽公主)의 관저에서 허드렛일을 하던 종이었다. 위온의 아들로 태어난 위청 역시 어린 시절부터 사내종으로 일하면서 삶의 괴로움과 쓰라림을 맛보았다. 그런데 우연히 위청의 누이 자부(子夫)가 무제의 눈에 띄어 궁중에 초대되어서 총애 받게 되고, 그 연줄로 위청도 황실의 부름을 받고 무제를 모시게 되었다. 그 위청에 대해 《사서(史書)》는 이렇게 기록돼 있다.

> 위청은 비록 노예 출신이지만 말타기와 활쏘기를 잘했고 일을 해내는 능력이 아주 빼어났다. 예의로써 사대부를 대했고, 병사들과 좋은 일을 함께 나누었으며, 많은 사람들이 기꺼이 그를 위해 봉사했다. 장수로서의 재질이 뛰어났으므로 싸우기만 하면 공이 있었다. 천하 사람들은 이런 까닭에 황제의 사람을 알아보는 안목에 고개를 숙였다.
> - 〈자치통감(資治通鑑)〉

이 짤막한 글귀 속에서 우리는 중국인들이 생각하는 이상적인 장군의 됨됨이를 헤아릴 수 있다.

또 한 사람의 주역 곽거병. 그는 그야말로 흉노와의 싸움을 위해 이 세상에 왔다 간 듯한 사내다. 열여덟 살 때 그의 고모 위황후(衛皇后)의 알선으로 무제의 부름을 받았으며, 같은 해 작은아버지 위청을 따라 원정에 참가해 혜성과 같이 데뷔했다. 그 후 세 차례에 걸쳐 출격했는데, 나갈 때마다 곽거병이 이끄는 군대는 항상 큰 승리를 거두어서 그의 명성은 일약 위청을 능가하게 되었다. 어느 날 무제가 그에게 손자(孫子)와 오자(吳子)의 병법을 공부하라고 권하자, "그럴 필요는 없습니다"라고 대답했다고 한다. 곽거병은 타고난 병법의 대가였던 것으로 보인다.

또 사마천이 지은 《사기(史記)》에는 이런 장면이 나온다.

> 천자(=무제)가 그를 위하여 저택을 마련해놓고 가서 보도록 하니, 그가 이렇게 대답했다. "흉노가 아직 망하지 않았으니 집은 소용없습니다." 이런 일이 있은 뒤 천자는 그를 더욱더 소중히 여기고 아꼈다.
> - 위 장군 표기열전(衛將軍 驃騎列傳)

곽거병이 스물넷의 젊은 나이에 죽자, 무제는 그의 죽음을 애도하며 장안에서 무릉(茂陵, 자신의 능묘)까지 속국(屬國)의 철갑으로 무장한 병사들에게 행진하도록 하고, 그곳에 기련산을 본뜬 분묘를 만들었다. 말할 것도 없이 기련산은 그가 원정했던 곳이다. 그 무덤은 지금도 남아서 그의 무훈을 전하고 있다.

실크로드와 장건

화려했던 한 무제 시대를 대표하는 또 하나의 인물이 바로 서역에 두 번이나 다녀와서 중국에 새로운 시야가 열리게 한 장건(張騫)이다. 무제 시대까지 서역은 신비의 베일에 싸여 있는 미지의 세계였다. 그곳에서 어떤 사람들이 어떻게 살고 있는지 전혀 알려진 바가 없었다. 그러던 것이 장건이 서역에 다녀옴으로 말미암아 일거에 길이 열린 것이다. 역사가들은 그의 이러한 장거(壯擧)를 "장건이 구멍을 뚫다"라는 말로 표현했다(《사기(史記)》, 〈한서(漢書)〉). 즉 길이 없던 곳에 길을 열었다는 것이다.

장건이 언제 서역 여행을 떠났는지 그 시기는 불확실하다. 아마 무제가 즉위한 다음다음 해 (기원전 139년) 언저리가 아닐까 생각된다. 다만 무제의 목표는 명확했다. 흉노족에 의해 서역으로 쫓겨난 대월씨국(大月氏國)과 손을 잡고 동서 양쪽에서 흉노를 협공하는 것이었다. 그러나 만리장성 북쪽으로 한 발짝만 내디뎌도 벌써 흉노의 세력권이었다. 그들이 무사히 통과시켜줄 리 없었다. 과연 장건 일행 100여 명은 흉노 사람들에게 붙잡혀 단우 앞에 끌려왔다. 단우는 장건에게 이렇게 말했다.

"듣자 하니 대월씨국에 가고 싶다고 하는데 그것은 안 될 말이오. 생각보시오. 만일 내가 남방의 월(越)에 사신을 보낸다고 합시다. 한나라가 그를 순순히 통과시켜줄 리 없지 않소."

장건은 그대로 흉노 땅에 억류되고, 흉노족 여성을 아내로 얻어 자식까지 낳았다. 이렇게 하다 보니 어느덧 10여 년의 세월이 흘렀지만, 그는 이 기간 동안 한시도 무제가 자신에게 준 임무를 잊은 적이 없었다. 마침내 감시가 소홀해진 틈을 타서 탈출해서, 대월씨국이 있다는 서쪽으로 향했다. 이렇게 수십 일을 가자 대원국(大宛國)에 도착했고, 장건은 그곳에서 예기치 않은 환대를 받았다. 그리고 임금의 호의로 장건은 이웃나라 강거국(康居國)에 보내졌고, 그곳에서 가까스로 최종 목적지인 대월씨국에 다다를 수 있었다. 그러나 간신히 도착해서 보니 대월씨는 이미 흉노에 대한 옛 원한을 잊고 평화로운 생활을 즐기고 있었다. 장건은 그곳에 일년 여 동안 머무르면서 설득하려고 애썼지만 별 진척이 없었다. 할 수 없이 귀국길에 올랐지만, 또다시 흉노에 잡혀 1년여의 세월을 하릴없이 보내고 나서야 겨우 장안에 돌아올 수 있었다. 때는 기원전 126년이었다. 출발하고 나서 13년 만의 귀환이었다. 일행 100여 명 가운데 살아서 돌아온 것은 장건 자신과 데리고 다니는 사람 하나뿐이었다. 상상도 할 수 없는 힘든 여행이었다고 하지 않을 수 없다.

장건은 대월씨국과 손을 잡고 흉노를 협공한다는 당초의 목적은 달성하지 못했지만, 처음으로 중국인들에게 서역에 관한 풍부한 정보를 가져다주었다. 《사기》의 〈대원열전(大宛列傳)〉이랑 《한서(漢書)》의 〈서역열전(西域列傳)〉은 장건의 보고를 바탕으로 쓰였다고 한다.

기원전 119년 장건은 또 다시 서역으로 떠난다. 위청과 곽거병이 대거 흉노 토벌에 나선 해였다. 이번의 목적지는 서북방에 있는 오손국(烏孫國)으로, 역시 이 나라와 제휴하여 흉노를 협공하고자 했다. 이즈음 흉노는 이미 막북(漠北)으로 쫓겨간 터였다. 장건 일행 300여 명은 도중에 흉노의 방해를 받지 않고 아무 탈 없이 오손국에 도착했다. 그러나 이 나라의 태도는 기대했던 바와 현저히 달랐다. 한마디로 말해, "우리는 흉노가 있고 한나라가 있는 줄 모른다오"라는 판국이었다. 이런 상황에서는 아무리 끈질기게 이야기해도 효과가 없을 게 뻔했다. 그들을 설득하는 단 하나의 방법은 한나라가 얼마나 강대한 나라인지 알게 하여 흉노에 대한 공포심을 없애는 것이다. 이렇게 판단한 장건은 우선 오손국의 사절단을 데리고 귀국하기로 했다. 고국에 돌아가는 길에 장건은 대원, 강거, 대월씨, 대하(大夏), 안식(安息), 신독(身毒), 우전(于闐) 등 서역 여러 나라에 부사(副使)를 보내 미래에 대비한 포석을 깔았다. 이 조치는 머지않아 큰 결실을 맺게 된다.

장건은 기원전 115년에 귀국했고 그 이듬해 세상을 떠났다. 그 후 그가 파견한 부사들이 각 나라의 사절을 데리고 속속 한나라에 돌아오면서 서역 여러 나라에 관한 상세한 정보가 유입되었을 뿐만 아니라, 한나라의 어마어마한 국력을 각국 사절의 뇌리에 깊이 각인시키는 계기가 되었다. 이를 계기로 한 왕조는 서역과 우호 관계를 맺게 되고, 나중에 실크로드로 불리는 길을 통해 양쪽을 오가는 활발한 교역이 이루어지게 된다. 중국에서는 비단이 갔으며, 서역에서는 포도 · 석류 · 참깨 · 호두 · 잠두콩 · 오이 · 후추 · 마늘 · 유채 · 유리 · 비파 · 피리 등 헤아릴 수 없이 많은 진귀한 물품들이 중국에 들어왔다. 처음에 이렇게 "구멍을 뻥 뚫은 것"은 대담한, 그리고 굽히지 않는 사나이 장건이다.

흉노와의 싸움이 어느 정도 소강 상태에 접어들자, 그 사이에 무제는 남월(南越)과 중국 남서부에 사는 여러 오랑캐 부족을 평정하고 조선을 복속시키는 등 남방으로 동방으로 세력 범위를 확대해 나갔다. 무제는 먼저 현지에 사신을 보내고, 말을 안 들으면 군대를 보내 힘으로 다스리는 방식을 취했는데, 흉노를 상대할 때보다는 훨씬 적은 군사력으로 충분히 뜻을 이룰 수 있었다.

흉노와의 관계는 기원전 119년 위청과 곽거병이 괴멸적인 타격을 가한 이후 약 15년 동안은 대규모 무력 충돌이 없었고, 오로지 양쪽의 사절(使節)만 서로 왔다 갔다 하면서 평화 협상을 하고 있는 상태였다. 그러나 한나라는 어디까지나 흉노가 신하로서 복종할 것을 요구한 데 반하여, 흉노는 무제 이전의 화친 정책으로 돌아갈 것을 요청하며 물러서지 않았다. 이렇게 서로 양보하지 않고 불신감만 키우다 보니 협상은 언제나 결렬되곤 했다. 이러한 과정에서 비극의 주인공이 한 사람 나온다. 기원전 100년 흉노에 파견된 소무가 바로 그 사람이다. 소무를 맞이한 단우의 태도는 지극히 고압적이었고, 평화 협정을 성사시킬 마음이 전혀 없었다. 단우는 소무를 그대로 억류하고 투항하라고 다그쳤다. 그러나 소무는 엄청난 박해를 받으면서도 투항을 거부했다. 그러자 화가 치밀어 속이 끓은 단우는 마침내 그를 양 한 마리를 줘서 먼 황야로 보내면서 이렇게 분부를 내렸다고 한다.

"양이 새끼를 낳으면 돌려보내라."

그곳에서 죽어버리라는 소리였다. 그래도 소무는 한나라에 대한 충성심을 지키며 끈질기게 살아남는다. 한편, 흉노의 강경한 태도를 알게 된 무제는 그들과의 싸움을 다시 시작하기로 마음먹는다. 세력을 만회한 흉노족이 자꾸만 국경 부근에 출몰하여 모처럼 개척해놓은 서역과의 교역로를 위협할 지경에 이른 것도 무제가 결의를 다지게 된 큰 원인이 되었다. 그러나 흉노와의 싸움이 재개된 이후에는 더 이상 옛날처럼 화려한 전적(戰績)은 없었다. 전략적으로는 여전히 한 왕조가 우위에 있었지만, 하나하나의 개별 전투에서는 가끔 지기도 하고, 전술적으로는 오히려 흉노가 밀어붙이는 경향이 있었다. 이러한 상황 속에서 한나라 쪽에서는 제2, 제3의 비극의 주인공이 계속 나왔다.

소무가 억류된 이듬해(기원전 99년) 무제는 이사장군(貳師將軍) 이광리(李廣利)에게 출격을 명령했다. 이광리는 3만 명의 기병을 이끌고 주천(酒泉)에서 원정길에 올랐지만 흉노의 대군에 포위되어 전군의 7~8할을 잃고 만다. 이때 이광리의 군대와 서로 호응하며 북방의 거연(居延)에서 출격한 작은 부대가 있었다. 기도위(騎都尉) 이릉(李陵)이 이끄는 이 군대는 약 5,000명으로 이루어진 보병 부대였다. 그런데 장비가 열악한 이 부대는 얼마 안 있어 약 3만 명의 흉노군과 마주친다. 사막 한가운데서 보병이 기병과 싸우는 것이 얼마나 불리한지는 굳이 설명할 필요도 없다. 더구나 적군의 수는 아군의 여섯 배였다. 처음부터 승산이 없었다고 말해도 좋을 것이다. 하지만 이릉은 잘 싸웠다. 용감하게 있는 힘을 다하여 싸우기를 열흘 남짓. 성채를 향해 한 발 한 발 물러나며 흉노의 추격을 떨쳐버릴 수 있을 듯했다. 그러나 그곳에서 새로운 흉노 기마부대 8만 명이 더 나타났고, 주변은 그들의 기마로 뒤덮였다. 이릉은 있는 힘을 다 내서 혈로를 뚫으려고 했으나 칼이 부러지고 화살은 떨어져 마침내 적군에게 항복했다.

이 소식을 들은 무제는 이릉의 어머니와 아내를 죽여버리고 만다. 그때 단 한 사람, 이릉의 충성심과 용맹함을 칭찬하며 변호한 사관(史官)이 있었지만 화가 치밀어 정신이 나간 무제는 그 사관마저 남성의 기능을 잃게 하는 이른바 궁형(宮刑)에 처했다. 이 사관이 바로 이러한 치욕을 견디며 살아가면서 불후의 명저 《사기》를 남긴 사마천이다.

고국에 돌아갈 희망이 없어진 이릉은 머지않아 단우의 호의를 받아들여 그의 딸을 아내로 맞이하고 단우를 섬기게 된다. 그리고 십수 년의 세월이 흐른다. 어느 날 이릉은 바닷가에 살면서 끈질기게 지조를 지키고 있는 소무를 찾아간다. 두 사람은 전부터 아는 사이였다. 소무에게 투항할 것을 권하기 위해 간 것이지만, 둘은 각자의 생각을 털어놓지 않고 말도 많이 하지 않으면서 술잔만 서로 주고받았다.

그러고 나서 또 몇 년이 훌쩍 지나갔다. 그사이에 한나라는 무제가 죽고 소제(昭帝)의 시대가 되었으며, 기원전 81년에는 흉노와 한 왕조는 서로 화해했다. 이를 계기로 소무는 19년 만에 조국에 돌아갈 수 있었지만, 귀국 권고를 받아들이지 않은 이릉은 흉노의 땅에서 숨을 거뒀다. 기원전 74년이었다.

이렇게 무제의 치세가 후반부에 접어들고 나서는 흉노와의 싸움에서 가끔 한나라가 졌을 뿐만 아니라, 슬픈 운명에 휩싸이는 인물이 계속해서 나왔다. 그러나 흉노 쪽도 열세를 크게 만회하지는 못했고, 한나라가 전략적 우위의 위치에 있는 상황이 지속되었다고 말해도 좋을 것이다.

능력주의, 적재적소, 신상필법

앞에서 매년 계속되는 원정군 파견으로 말미암아 재정 위기가 심각해졌고, 그래서 무제가 흉노와의 싸움을 한때 중단시켰다고 지적한 바 있다. 전쟁이란 시대를 막론하고 무척 돈이 많이 드는 사업이다. 국가 재정난은 자칫 잘못하면 나라를 망하게 할 수도 있다. 설사 금방 멸망 하지 않는다고 하더라도, 나라의 존립 기반이 심하게 흔들려버리고 마 는 사례가 많다. 그런데 무제는 일련의 신경제정책을 시행하여 재정 위 기를 멋지게 극복한다. 이 과정에서 뛰어난 경제관료 상홍양(桑弘羊)이 큰 역할을 했다.

대체로 경제가 어려울 때 훌륭한 경제관료 또는 경제 전문가의 중요 성은 아무리 강조해도 지나치지 않다. 이를 보여주는 현대사의 가장 대 표적인 사례는 제2차 세계대전에서 독일이 패망한 이후 탄생한 독일연 방공화국(옛날의 서독) 시절의 루드비히 에르하르트(Ludwig Erhard)일 것이 다. 서독의 초대 총리 콘라드 아데나워(Konrad Adenauer) 밑에서 무려 14 년 동안(1949~1963년)이나 경제장관을 지낸 에르하르트는 민간 주도의 경제정책을 정력적으로 폈으며 기업의 이익 창출 노력을 지원했다. 그 가 재임했던 당시, 서독 경제는 그야말로 눈부시게 발전했으며, 그는 이른바 경제 기적(Wirtschaftswunder)의 아버지이자 상징으로 굳건히 자리 매김한다. 우리나라에서는 박정희 대통령 시대의 남덕우 장관, 전두환 대통령 시대의 김재익 경제수석이 비슷한 역할을 했다고 볼 수 있다.

신경제정책을 마련하고 시행하는 데 크게 이바지한 상홍양은 낙양 (洛陽)에서 상인의 아들로 태어났으며, 젊었을 때부터 회계 분야에 큰 재능이 있었다. 열세 살 때 궁중에 불려가 무제의 시위(侍衛)가 되었으 며, 이윽고 신경제정책 입안에 참여하게 된다. 이 과정에서 상홍양은 대농승(大農丞, 재정부 차관)에서 대사농(大司農, 재정부 장관)으로 승진함으 로써 새로운 경제 정책 추진의 중심인물이 된다.

위청, 곽거병에 대해서도 똑같은 말을 할 수 있지만 상홍양에 대해서도 무제의 능력 위주의 인사정책은 큰 빛을 발했다. 이러한 능력 위주의 인사 정책은 우리나라의 삼성그룹이 세계적인 기업집단으로 성장하는 데 결정적으로 기여한 성공 요인의 하나이기도 하다. 삼성그룹의 창업자 호암 이병철은 1980년 7월 3일 전국경제인연합회가 주최한 어느 연수 모임에서 다음과 같이 말한 바 있다.

"나는 내 일생의 80%를 인재를 모으고 교육시키는 데 보냈다. 내가 키운 인재들이 성장하면서 두각을 나타내고 좋은 업적을 쌓는 것을 볼 때마다 고맙고 반갑고 아름답다는 생각이 든다. 삼성은 인재의 보고(寶庫)라는 말을 세간에서 자주 하는데, 나에게 이 이상 즐거운 일은 없다."

이병철 회장의 이러한 인사 철학에 바탕을 둔 삼성의 인사 원칙은 다음 세 가지로 요약할 수 있다.

첫째, 능력주의다. 삼성의 모든 임직원은 매년 엄격한 능력평가를 받는다. 그 결과에 따라 각자 받는 급여 등의 처우가 달라지는 것은 말할 것도 없고, 승진·승격도 크게 영향 받는다. 능력주의 원칙의 성패는 공정한 평가에 달려 있다. 그래서 삼성은 아주 정교한 인사 고과 시스템을 개발하였으며, 여러 가지 방법으로 평가할 때의 주관성을 최소화기 위해 힘을 기울이고 있다. 이는 "사람에 대한 평가의 객관성이 무너지면 회사를 통제하기 어렵다."고 보기 때문이다.

두 번째의 원칙은 적재적소다. 이것은 각 사원을 그에게 가장 맞는 부서에 배치하는 원칙이다. 이 원칙을 적용할 수 있으려면, 모든 임직원의 능력, 적성, 소질, 특성, 경력 등에 대한 정확하고도 광범위한 정보가 있어야 한다. 삼성은 이러한 면에서도 앞서가고 있는 것으로 보인다. 즉, 삼성은 각종 시험, 평가, 면담 등을 통해 수집한 각 개인에 관한 포괄적인 자료를 체계적으로 축적·보관하고 정기적으로 그것을 최신의 내용으로 바꾼다(updating). 그리고 그것을 바탕으로 최대한 합리적인 배치 결정을 내린다.

셋째, 신상필벌(信賞必罰)의 원칙이다. 비록 사소한 공적이라도 자세히 조사하여 상을 줌으로써 열심히 일하는 사람들이 보람을 느끼게 하고, 직무태만이나 과실에 대해서는 반드시 응분의 징계를 내렸다. 이렇게 해야만 회사의 규율이 지켜지고 조직의 활력이 나온다는 것이 호암 이병철의 생각이었다. 삼성에는 이렇듯 신상필벌의 원칙을 엄격히 지키는 전통이 있다. 즉, 회사를 위해 공적을 세운 사람에게는 승진이나 특별 보너스 등 그것에 걸맞은 상이 주어진다. 그러나 고의로 회사 재산을 축내거나, 공사를 구분하지 못하고 부정을 저지르는 행위 등은 절대로 용서받지 못한다. 삼성은 신상필벌의 원칙을 철저히 지킴으로써 가끔 바깥으로부터 냉혹하다는 말을 듣기도 하지만, 이것은 삼성이 자랑하는 "깨끗한 조직"을 만들고 유지하는 데 큰 몫을 해왔다.

그러면 상홍양이 주도하여 세우고 실시한 신경제정책이란 도대체 어떤 것인가? 그 주요 내용을 알아보자.

소금과 철의 전매. 소금과 철은 당시에도 가장 중요한 산업이었고 그 이익도 막대하였지만, 무제 시대까지는 민간에서 이 두 산업을 경영했었다. 그 결과를《사기》의 〈평준서(平準書)〉에서는 이렇게 묘사했다.

부유한 상인들 가운데 어떤 이는 재물을 모으고, 가난한 자들을 부려 먹고, 화물을 실은 수레가 수백 대나 될 정도로 이익을 올렸으며, 싸게 사서 비싸게 팔아 읍에서 사재기를 해댔다. 그러자 봉군(封君)들도 모두 머리를 숙이고 재물을 공급받았다. 또한 그들은 철기를 주조하고 소금을 구워 어떤 이는 재물을 몇 만금을 쌓아 두기도 했으나 국가가 위태로워도 돕지 않았고 백성들의 생활도 대단히 곤궁했다.

즉, 이렇게 상인들이 소금과 철을 팔아 모은 재산을 나라의 재정에 거의 도움이 되지 않았다. 소금과 철을 나라에서 도맡아 관리하게, 즉 전매하게 된 것은 위청과 곽거병이 동시에 흉노 원정에 나선 기원전 119년의 일이다. 이것이 신경제정책의 시작이 되었다. 이 정책 덕분에 억만에 달하는 전비(戰費)를 조달할 수 있었다고 하니 소금과 철의 판매수입이 상당했음은 틀림없다.

균수법(均輸法)과 평준법(平準法). 기원전 115년에 시행된 균수법은 알기 쉽게 말하면 정부가 나서서 상품의 유통을 관리하는 제도였다. 종전에 각 지방정부가 그 지역의 산물을 중앙정부에 조세로 납부하는 경우에 그 수송비도 지방에서 부담했다. 따라서 수도에서 멀리 떨어진 지역과 가까운 지역 사이에는 실제로 부담해야 하는 비용에 적지 않은 차이가 있었다. 균수라는 말은 원래 수송비를 고르게 한다는 뜻이다. 균수법 시행의 구체적인 방법은 다음과 같다. 먼저 중앙에서 각 지방으로 균수관(均輸官)을 보내 그 지역에서 조세로 납부해야 하는 산물을 관리하게 한다. 수도 주변에서는 조(粟)를, 그리고 먼 곳에서는 수송하기에 편리한 직물을 주로 보냈다. 아마도 중앙에서 각 지방에서 무엇을 보낼

것인가를 정책적으로 유도했을 것으로 생각된다. 또한 균수관에게는
필요에 따라서 그 지역 산물을 적정한 가격에 팔 수 있는 권한이 주어
졌다.

반면에 평준법은 수도에 평준관(平準官)을 두고 지방에서 싸게 사들
인 물자를 저장했다가, 물가가 뛰면 그것을 방출해 물가의 안정을 꾀하
는 시스템이다. 요컨대 이 두 제도는 "국가에 의한 상업의 관리"에 가
깝다고 할 수 있다. 돈 많은 장수가 이익을 독점하는 것을 견제하고 그
것의 대부분이 국고에 흘러 들어가도록 하는 것이 목표였다.

산민전(算緡錢)과 고민령(告緡令). 산민전이란 상공업자에 대한 특별재
산세이며, 상인은 재산평가액 2,000전에 대하여 1산(一算, 120전), 수공
업자는 4,000전에 대하여 1산이 과세되었다. 일반 민중에 대해서는 1
만 전에 1산을 과세했으니, 상공업자에 대한의 세율은 다섯 배, 수공업
자의 세율은 2.5배나 높았던 것이다. 세금을 내지 않거나 덜 내려고 하
는 사람의 마음은 동서고금을 막론하고 다 마찬가지다. 무제의 시대도
물론 예외가 아니다. 《한서(漢書)》의 〈식화지(食貨志)〉에 이런 구절이 나
온다.

"이때 큰 부자들은 모두 앞다퉈서 재산을 숨겼다."

그래서 세금을 원활하게 거두려면 엄격한 벌칙이 필요하게 마련이
다. 고민령이 바로 그것이다. 그 내용은 위반한 사람에 대한 처벌(재산
몰수 및 1년 간의 국경 지역 경비) 고발자 포상 제도(고발자에게 고발한 액수의 절
반을 주었다)로 이루어져 있다. 그러나 처벌 쪽은 그다지 효과가 없었던
것으로 보인다. 얼마 안 있어 고발 운동이 회오리바람처럼 일어났기 때

문이다. 그 결과, 중산 계급 이상 자산가는 거의 모두 고발당하고 나라에서 몰수한 재산은 수억에 달했으며, 거상(巨商)들은 하나같이 파산했다고 한다. 참으로 무시무시하다고 하지 않을 수 없다.

지금까지 보았다시피 상홍양이 시행한 신경제정책은 당시에 큰 경제력을 키워온 대상공업자들을 겨냥한 것이고, 농민이 대다수를 차지하는 일반 민중에 대한 증세는 극력 피하려고 한 것이 특징이다. 이것은 수많은 중생의 원한을 사지 않았다는 면에서는 현명한 정책이었으나, 엄청난 곤욕을 치른 대상공업자들은 큰 불만을 품었을 것임이 틀림없다. 그들은 상대적으로 소수이기는 했지만, 경제력이라는 강력한 무기를 갖고 있었다. 그들의 불만을 다스리기 위해서는 힘으로 누르는 수밖에 없었다. 그래서 등장한 것이 혹리(酷吏)라고 불리는 무리의 검찰 관료들이다.

혹리의 등장

유교가 다른 제자백가 학문을 모두 누르고 일종의 국교(國敎)가 된 것은 한 무제 시대부터이며, 이러한 길을 연 사람은 바로 동중서(董仲舒)다. 그는 음양(陰陽) 사상 등을 받아들이고 예부터 내려오는 유가 사상에 수정을 가해 전제권력에 맞도록 했다. 그리하여 그는 전제지배의 이론적 뒷받침을 제공함으로써 유가가 등용되는 길을 텄다. 이러한 유교의 가르침을 현실에서 보여준 이가 돼지 사육사에서 출발하여 승상까지 올라간 공손홍(公孫弘)이라는 유학자다. 하지만 그는 지나치게 권력에 영합하는 바람에 학문적 동료인 동중서로부터 "그른 학문으로 세상 사람에게 아첨한다(曲學阿世)"는 말을 듣기도 했다.

그러나 무제 시대에 눈에 띄는 활약을 한 사람들은 혹리라고 불리는 한 무리의 검찰 관료들 뿐, 공손홍 같은 유학자들은 아직 드물었다. 유학자들이 대거 권력의 핵심부에 등장하는 것은 조금 나중의 일이다.

혹리란 전제권력의 앞잡이로서 가혹하게 법을 집행한 관리들을 일컫는 말로 《사기》를 지은 사마천이 지어준 명칭이다. 《사기》의 〈혹리열전(酷吏列傳)〉에는 모두 열한 명의 전기가 실려 있는데 그 가운데 아홉 명이 무제 시대에 활약했던 인물들이다. 바로 이들이야말로 한 왕조가 전제권력을 확립하고 그것에 의한 통치 기반을 확실히 다지기 위해 가장 필요로 했던 인재였다.

여러 혹리들 가운데서도 대표적인 인물을 들라고 하면 어사대부(御史大夫)[71]로서 놀라운 솜씨를 발휘했던 장탕(張湯)이다. 그의 어린 시절에 대해 이런 일화가 전해진다.

하루는 장안의 말단 공무원이었던 아버지가 외출하고 어린 장탕이 집을 보게 되었다. 아버지는 돌아와 쥐가 고기를 훔쳐간 것을 알고 노하여 장탕을 매질하였다. 장탕은 쥐구멍을 파 고기를 훔친 쥐와 먹다 남은 고깃덩이를 찾아냈다. 그런 다음 쥐를 탄핵하여 매질하고 영장을 발부하여 진술서를 만들고 신문하고 논고하는 절차를 밟아 쥐를 체포하고 그 고기를 압수하였다. 판결문을 갖춘 다음 대청 아래에서 몸뚱이를 찢어 죽이는 형벌에 처했다. 이러한 광경을 지켜보던 아버지가 아들이 만든 판결문을 읽어보니, 마치 노련한 형리(刑吏)가 작성한 것과 같

---

71 부재상(副宰相)에 해당함.

으므로 몹시 놀랐다. 그래서 판결문 작성법을 배우도록 했다.

장탕은 혹리가 되기 위해 이 세상에 온 듯한 사나이였다. 머지않아 아버지가 죽은 뒤 장탕은 선친의 뒤를 이어 장안의 관리가 되었고, 그 재능을 인정받아 척척 승진에 승진을 거듭하였다. 기원전 120년 장탕은 어사대부에 임명되고, 급기야는 승상을 제치고 국정의 실권을 쥐기에 이르렀다. 마침 상홍양의 주도로 일련의 신경제정책이 차례차례 실천에 옮겨지고 있는 시기였다. 장탕이 소금과 철의 전매, 그리고 고민령을 매우 엄격하게 집행한 것은 두말할 나위도 없다. 너무 심하다고 불만을 털어놓는 자가 속출하면서 사람들의 비난은 장탕에게 집중되었다. 조정 내에서도 때때로 음모가 꾸며져 그를 실각시키려고 하였으나 장탕은 그때마다 위기를 벗어났고, 계속 뛰어난 솜씨를 발휘했다. 이러한 장탕을 무제는 점점 더 깊이 신뢰하게 된다.

어사대부가 된 지도 어언 6년, 오로지 충실하게 법을 집행하고 전제권력에 봉사했던 장탕에게도 최후의 시간이 온다. 그 계기는 "대상인과 결탁하여 막대한 이익을 챙겼다"는 어느 하급 관리의 고발이었다. 유력한 증인도 있었다. 무제도 장탕을 의심하고 검찰관을 보내 진상을 밝히도록 했다. 장탕은 억울한 줄 알면서도 스스로 목숨을 끊었다. 장탕이 죽은 뒤에 보니 그의 집 재산은 500금밖에 없었는데, 그것도 모두 봉록이나 하사금일 뿐 다른 재산은 없었다고 한다.

장탕이 세상을 떠난 뒤에도 그보다 한 술 더 뜨는 혹리가 계속 나타난다. 사마천은 거의 불쾌한 어조로 그들의 이야기를 죽 써내려갔다. 하지만 현실적으로 무제의 전제적 지배를 떠받쳐준 것은 쓸데없이 옛날 요순(堯舜) 시대를 찬양하기만 하는 유학자들이 아니라 이들 혹리였다는 사실은 인정하지 않을 수 없다. 화려한 외국 출정으로 나날을 보낸 무제의 치세도 한꺼풀 벗겨보면 이러한 혹리들의 활약에 의해 지탱되었던 것이다.

"훌륭한 말도 늙으면 느린 말만 못하다"

중국의 옛날 속담에 "훌륭한 말도 늙으면 느린 말만 못하다"라는 말이 있다. 아무리 뛰어난 인물도 나이가 들면 평범한 사람보다도 못하다는 뜻이다. 고대 중국이 낳은 위대한 황제 무제의 경우에도 이 말은 들어맞는다. 우선 54년이라는 재위 기간은 지나치게 길었다.

명나라 말기의 사상가 황종희(黃宗義)는 명저 《명이대방록(明夷待訪錄)》을 남겼는데, 여기에는 이런 말이 나온다.

"명군(明君)이란 자기희생 이외의 아무것도 아니다. 따라서 이것만큼 수지가 안 맞는 직업은 없다."

명군이란 개인적인 욕구나 좋아하는 것을 끊임없이 억제하고, 있는 힘을 다해 나라 다스리는 일에 매진해야만 얻을 수 있는 칭호다. 더구나 이런 힘든 일을 5년, 10년도 아니고 20년, 30년 해야 한다면 명군의 명성을 지키기가 얼마나 어려운 일인지 짐작할 수 있을 것이다. 역사가들이 중국 역사의 대표적인 태평성세로 평가하는 정관(貞觀)의 치(治)를 연 지도자는 당나라 제2대 황제 태종(太宗)이다. 태종이 후대에 이름을 남길 수 있었던 것은 《정관정요(貞觀政要)》란 책의 영향도 크다. 이 책은 태종과 여러 신하들이 국정을 운영면서 나눈 대화를 문답 형식으로 기록한 것인데, 제왕학의 교과서로 불리며 지금까지 애독되고 있다. 이 책이 현대 지도자들에게 주는 주요 시사점을 하나만 소개한다면 "최초의 긴장감을 지속시켜야 한다"이다. 《정관정요》는 최초의 긴장감을 지속시키지 못하는 지도자는 조직의 우두머리로서 실격이라고 단언한다.

예를 들어, 이 책의 제1장 〈군주의 도리(君道)〉의 끄트머리에는 그 유명한 아래의 대화가 나온다.

정관 15년, 태종이 곁에서 모시는 신하들에게 말했다.

"천하를 지키는 일이 쉬운가, 어려운가?"

위징이 대답했다.

"매우 어렵습니다."

태종이 말했다.

"현명하고 능력 있는 자를 임명하고 간언을 받아들이면 되거늘, 어찌 어렵다고 하는 것이오?"

위징이 말했다.

"예로부터 내려오는 제왕들의 이야기를 살펴보면, 그들은 상황이 위급할 때는 현명하고 재능 있는 사람을 임명하고 간언을 받아들였습니다. 그러나 일단 천하가 안정되고 살기 좋아지면 반드시 게을러졌습니다. 천하가 안정되고 편안한 상태에 기대 나태해지려는 생각을 할 때 간언하는 자는 간언이 받아들여지지 않았을 경우의 자기 앞날을 걱정해 모조리 말할 수는 없었습니다. 그 결과, 나라의 세력은 나날이 약해져 결국 위급한 지경에 이르렀습니다. 성인이 편안할 때에도 위험한 때를 생각한 까닭은 바로 이러한 상황이 발생하는 것을 피하기 위해서

입니다. 편안한 생활을 하면서 두려운 마음을 가질 수 있으면 어찌 어렵다고 하겠습니까?"

여기서의 핵심은 '편안할 때에도 위험한 때를 생각한다'라는 말이다. 물론 태종은 이 점을 잘 알고 있었다. 그래서 제2장 〈정치의 요체(政體)〉에서 그는 이렇게 말한다.

나라를 다스리는 것과 질병을 치료하는 것에는 어떠한 차이도 없소. 환자의 상태가 좋아졌다고 생각되면 잘 보살펴야 하오. 만일 다시 발병해 악화되면 반드시 죽음에 이를 것이오. 나라를 다스리는 것 또한 그러하니, 천하가 조금 안정되면 더욱 조심하고 삼가야지, 평화롭다고 하여 교만하게 굴거나 사치스러운 생활을 하면 틀림없이 멸망에 이를 것이오. 오늘날의 천하의 안정과 위험은 나에게 달려 있기 때문에 나는 매일매일 근신하고 있소. 비록 누릴 만한 조건이 되어도 누릴 수 없소. 그러나 나의 눈·귀와 팔다리가 할 수 있는 일은 여러분에게 맡기겠소. 군주와 신하가 한몸이 되었으니 한마음으로 협력해야만 하오. 일을 함에 있어 이치에 맞지 않는 부분이 있으면 한 치도 숨김없이 간언해야 하오. 만일 군주와 신하가 서로를 의심해 마음속의 말을 할 수 없다면, 이것은 실제로 나라를 다스리는 데 큰 재앙이오.

어찌 보면 너무나 당연한 이야기처럼 들리지만 이를 실천하려는 것은 의외로 어렵다.

원칙이란 아주 당연하게 느껴지지만 실천하기란 쉽지 않기 마련이다. 712년 당나라의 황제로 즉위한 현종(玄宗)도 치세 초기에는 긴장하여 나라를 그런대로 잘 다스렸다. 그 결과, 개원의 치(開元之治)라고 불리는 융성한 시대를 일구었다. 그러나 현종은 점차 정치에 싫증을 내고 마지막에는 양귀비라는 미녀에 빠져 나라를 파멸의 길로 몰고 간다. 태종은 23년간 계속된 그의 치세가 끝날 때까지 긴장의 끈을 놓지 않으려고 애쓴 것은 사실이나 완벽하게 성공하지는 못했다.

　태종은 즉위한 이후 가급적이면 군사 행동을 하지 않으려고 노력한다. 북방의 돌궐(突厥)과 서방의 티베트 등 이민족을 치러 가는 것도 최소한도로 했으며, 그것도 민생의 안정을 해치지 않는 범위에서 해왔다. 그는 말할 것도 없이 고구려 원정으로 나라를 결딴나게 한 수 양제의 실패에서 큰 교훈을 얻었다. 그런 태종이 만년에 대의명분도 없는 고구려 원정을 단행한다. 당시 한반도와 그 북쪽에는 고구려 · 백제 · 신라가 서로 대립하고 있었다. 그러던 차에 서기 644년(정관 18년) 신라가 당에 도움을 요청한다. 이것을 계기로 태종은 무려 세 차례나 고구려를 공격한다. 그러나 그의 원정은 고구려의 완강한 저항에 부딪혀 모두 실패하고 만다. 태종이 사망하면서 결국 이 원정도 중단되는데, 당은 이 싸움으로 얻은 것이 하나도 없었다. 뿐만 아니라 쓸데없는 전쟁으로 국력만 낭비한 결과가 되었다. 물론 태종이 고구려 원정을 결정할 때도 방현령 같은 충신, 그리고 장손무기(長孫無忌) 등의 측근들은 원정을 극구 말렸다. 그런데 웬일인지 태종은 이때만은 그들의 말에 귀를 기울이지 않았다. 고구려 원정은 명확히 당 태종의 실패작이다. 아무리 뛰어난 군주라 할지라도 최초의 긴장감을 20년 이상 지속시키기는 어려운 듯하다.

불과 23년간 나라를 다스린 명군 당 태종도 이렇게 말년에는 명석함을 잃었는데, 태종보다 훨씬 옛날에 50년 이상 황제의 자리를 지킨 무제는 더 말할 나위도 없을 것이다. 무제도 만년에는 판단력이 흐려지고 정치에 싫증이 났다. 이럴 때 일어난 것이 무고 사건(巫蠱 事件)이다. '무고'란 나무로 인형을 만들어 그것을 땅속에 파묻고, 상대방을 죽으라고 저주하는 일종의 주술이다.

기원전 91년 황태자 처(處)가 이런 무고를 써서 아버지 무제를 저주하고 있다는 밀고가 들어왔다. 처는 무제와 위황후(위청의 누이) 사이에 태어난 아들로, 황태자로 책봉되고 나서 벌써 30년이 지난 상태였다. 태자는 성격이 온후해서 비정하다고도 말할 수 있는 군세고 용감한 아버지 무제와는 뜻이 맞지 않았다. 위황후도 이미 늙어 황제는 다른 여인들을 총애하고 있었다. 한을 품고 있었던 밀고자는 이런 틈새를 파고들었다. 함정에 빠진 것을 알아차린 황태자는 기선을 제압하고 군사를 일으킨다. 이리하여 아버지와 아들은 피비린내 나는 싸움을 벌이게 된다. 양쪽 군대에서 수만 명이 죽었고, 수도 장안은 그야말로 피바다가 되었다. 결국 황태자는 패하고 장안을 탈출해서 민가에 숨어 있다가 포졸에게 발각되자 스스로 목숨을 끊었다. 위황후도 자살을 강요당하고, 황태자 일족 전체가 사형에 처해진다.

그러나 이 무고 사건은 얼마 지나지 않아 날조된 것이었음이 밝혀진다. 무제는 황태자와 그 일족에게 취한 가혹한 조치를 뼈아프게 후회하고, 사자궁(思子宮, 아들을 생각하는 궁전)을 세워서 그의 죽음을 애도했다. 무제는 이 사건을 계기로 눈에 띄게 마음이 약해진다. 흉노 원정을 그만두고, 상홍양이 윤대(輪臺) 지방에 둔전(屯田, 주둔하는 군대에 딸린 밭)을 조성하려던 계획도 물리치는 등 왕년의 패기는 이제 찾아볼 길이 없었다.

이리하여 무제는 기원전 87년 긴 치세의 막을 내린다. 그의 나이 일흔이었다. 그의 시신은 무릉의 능묘에 묻히고, 유언에 따라 죽기 바로 이틀 전에 황태자로 지명된 막내 아들 불릉(弗陵, 당시 여덟 살)이 황제의 자리에 오른다. 그리고 어린 새 황제는 곽광(霍光, 곽거병의 이복동생), 김일제(金日磾), 상관걸(上官桀) 등의 측근들이 보좌하게 된다. 불출세의 뛰어난 지도자를 떠나보낸 한 왕조는 이제 또다시 새로운 시대를 맞이한다.

참고 문헌

강건기 (1993), 불교와의 만남, 불지사.

강진구 (1996), 삼성전자 : 신화와 그 비결, 고려원.

고석규 · 고영진 (1996), 역사 속의 역사 읽기, 풀빛.

고익진 (1984), 현대 한국 불교의 방향, 경서원.

곽철환 (1995), 불교 길라잡이, 시공사.

김상현 (1994), 역사로 읽는 원효, 고려원.

김장수 (2009), 비스마르크: 독일제국을 탄생시킨 현실정치가, 살림출판사.

김주영 (2004), 충무공 이순신의 리더십, 백만문화사.

김헌식 (2009), 이순신의 일상에서 리더십을 읽다, 평민사.

나관중 · 이문열 평역 (1988), 삼국지 제9권, 민음사.

대한불교 조계종 교육원 (2004), 조계종사 고중세편, 조계종출판사.

대한불교진흥원 (1995), 불타의 가르침, 대한불교진흥원.

도미니크 엔라이프, 임정래 옮김 (2007), 위트의 리더 윈스턴 처칠, 한스컨텐츠.

류동호 (1996), 땅에서 넘어진 자 땅을 딛고 일어나라, 우리출판사.

마이클 레딘, 김의영 외 옮김 (2000), 마키아벨리로부터 배우는 리더십, 리치북스.

무비 (1997), 화엄경 강의, 불광출판부.

민승규 · 김은환 (1996), 경영과 동양적 사고, 삼성경제연구소.

법륜 (1991), 알기 쉬운 반야심경, 중앙불교교육원 출판부.

법륜 (1996), 그냥 살래? 바꾸고 살래?, 모색.

법정 (1990), 그물에 걸리지 않는 바람처럼, 샘터.

법정 (1991), 숫타니파타, 샘터.

법정 (1996), 새들이 떠나간 숲은 적막하다, 샘터.

법정 (2006), 살아 있는 것은 다 행복하라, 위즈덤하우스.

보조선사 · 법정 옮김 (1989), 밖에서 찾지 말라, 불일출판사.

사마천 · 김원중 옮김 (2007), 사기열전 1권, 2권, 민음사.

사마천 · 김원중 옮김 (2010), 사기세가, 민음사.

삼성경제연구소(편집) (1989), 호암의 경영철학, 중앙일보사.

석지명 (1993), 허공의 몸을 찾아서, 불교시대사.

석지명 (1995), 큰 죽음의 법신, 불교시대사.

성열 (1992), 부처님 말씀, 법등.

성전편찬회 (1987), 불교성전, 동국대학교 역경원.

손자 · 박일봉 옮김 (1987), 손자병법, 육문사.

스티븐 맨스필드, 김정수 옮김 (2003), 윈스턴 처칠의 리더십, 청우.

실리아 샌디스 · 조너선 리트만, 박강순 옮김 (2004), 우리는 결코 실패하지 않는다, 한스미디어.

오긍 · 김원중 옮김 (2011), 정관정요, 글항아리.

유광렬 해설 (1972), 세계의 인간상 제6권 정치가편, 신구문화사.

유교문화연구소 (2005), 논어, 성균관대학교 출판부.

유필화 (1991), 가격정책론, 박영사.

유필화 (1993), 시장전략과 경쟁우위, 박영사.

유필화 (1997), 부처에게서 배우는 경영의 지혜, 한언.

유필화 (2006), 사랑은 사람이 아닙니다 (시집), 교보문고.

유필화 (2007), CEO, 고전에서 답을 찾다, 흐름출판.

유필화 (2010), 역사에서 리더를 만나다, 흐름출판.

유필화 (2016), 무엇을 버릴 것인가, 비즈니스북스.

유필화 (2017), 승자의 공부, 흐름출판.

유필화 · 김용준 · 한상만 (2019), 현대마케팅론 제9판, 박영사.

유필화 · 신재준 (2002), 기업문화가 회사를 말한다, 한언.

유필화 · 헤르만 지몬 (1995), 생각하는 경영 비전 있는 기업, 매일경제신문.

유필화 · 헤르만 지몬 (2010), 유필화와 헤르만 지몬의 경영담론, 오래.

유필화 · 헤르만 지몬 (2013), 아니다, 성장은 가능하다, 흐름출판.

유필화 · 헤르만 지몬 · 마틴 파스나하트 (2012), 가격관리론, 박영사.

윤석철 (1991), 프린시피아 매네지멘타, 경문사.

이기동 (2005), 논어강설, 성균관대학교 출판부.

이기영 (1987), 종교사화, 한국불교연구원.

이나모리 가즈오, 김형철 옮김 (2005), 카르마 경영, 서돌.

이나모리 가즈오, 정택상 옮김 (2009), 이나모리 가즈오에게 경영을 묻다, 비즈니스북스.

이선호 (2001), 이순신의 리더십, 팔복원.

이영무 (1989), 유마경강설, 월인출판사.

이이화 (2019), 이이화의 명승열전, 불광출판사.

일타 (1995a), 시작하는 마음, 효림.

임원빈 (2008), 이순신 승리의 리더십, 한국경제신문.

장자, 김동성 옮김 (1968), 장자, 을유문화사.

전용욱 · 한정화 (1994), 초일류 기업으로 가는 길, 김영사.

조계종 교육원 (2010), 부처님의 생애, 조계종 출판사.

조계종 포교원 (1998), 불교교리, 조계종 출판사.

지눌, 김달진 옮김 (1987), 보조국사 전서, 고려원.

한용운 편찬 · 이원섭 역주 (1991), 불교대전, 현암사.

홍자성 · 박일봉 옮김 (1988), 채근담, 육문사.
홍하상 (2001), 이병철 vs. 정주영, 한국경제신문사.
홍하상 (2004), 이병철 경영대전, 바다출판사.

伊丹敬之 (1984), 新·経營戦略の論理, 日本経済新聞社.
井上信一 (1993), 佛教経營学入門, ごま書房.
稲葉襄 (1994), 佛教と経營, 中央経済社.
稲盛和夫(1999), 成功への情熱, PHP研究所.
稲盛和夫·梅原猛(1995), 哲学への回歸, PHP研究所.
小前 亮 (2012), 中國皇帝伝, 講談社文庫.
坂本力信 (1991), 佛教に学ぶ経營の秘訣, ソーテック社.
ダイヤモンド·ハーバード·ビジネス編集部(1995), 未來創造企業の絕對優位戦略, ダイヤモンド社.
鹽野七生(1992), ローマ人の物語 I：ローマは一日にしてならず, 新潮社.
鹽野七生(1993), ローマ人の物語 II：ハンニバル戰記, 新潮社.
鹽野七生(1994), ローマ人の物語 III：勝者の混迷, 新潮社.
鹽野七生(1995), ローマ人の物語 IV：ユリウス·カエサルルビコン以前, 新潮社.
鹽野七生(1996), ローマ人の物語 V：ユリウス·カエサルルビコン以後, 新潮社.
鹽野七生(2015), ギリシア人の物語 I, 新潮社.
ダイヤモンド·ハーバード·ビジネス編集部(1995), 未來創造企業の絕對優位戦略, ダイヤモンド社.
松村寧雄(1988), 新経營戦略「MY法」の奇跡, 講談社.
松村寧雄(1994), 佛教システムを活かす経營計畵の實踐, ソーテック社.
守屋淳 (2014), 最高の戦略教科書 孫子, 日本経済新聞出版社.
守屋洋(1984), 中國古典の人間学, プレジデント社.
守屋洋(1987), 中國古典の名言録, プレジデント社.
守屋洋(1988), 帝王学の知惠 三笠書房.
守屋洋(1989), 続　中國古典の人間学, プレジデント社.
守屋洋(1989), 論語の人間学, プレジデント社.
守屋洋(1990), 中國古典の家訓集, プレジデント社.
守屋洋(1991), 韓非子の人間学, プレジデント社.
守屋洋(1992), 十八史略の人物列伝, プレジデント社.
守屋洋(1993), 中國宰相列伝, プレジデント社.
守屋洋(1994), 中國古典人生の知慧, PHP研究所.
守屋洋(2006), 中國皇帝列伝, PHP文庫.
守屋洋(2007), 中國武將列伝, PHP文庫.

守屋洋(2007), 中國古典 一日一話, 三笠書房.

守屋洋(2007), 老子の人間学, プレジデント社.

守屋洋(2009), 莊子の人間学, 一経BP社.

守屋洋(2010), 中國名參謀の心得, ダイヤモンド社.

守屋洋(2010), 人を惹きつけるリーダーの条件, 日経ビジネス文庫.

守屋洋(2010), 史記 人間関係力の教科書, ダイヤモンド社.

守屋洋(2010), 帝王学の教科書, ダイヤモンド社.

守屋洋(2011), 男の器量 男の値打ち, KKロングセラーズ.

守屋洋(2011), リーダーのための中國古典, 日経ビジネス文庫.

守屋洋(2012), 中國古典の教之, フォレスト出版.

守屋洋(2014), 中國古典 一日一言, PHP文庫.

守屋洋(2014), 兵法 三十六計, 三笠書房.

守屋洋(2014), 孫子の兵法, 産業能率大学出版部.

守屋洋(2014), 孫子の兵法, 三笠書房.

守屋洋(2014), 孫子の兵法がわかる本, 三笠書房.

守屋洋(2015), 世界最高の處世術 菜根譚, SB Creative.

守屋洋 · 守屋淳 (2014), 全訳 武経七書 1) 孫子 呉子,

司馬法 尉繚子 李衛公問対, 3) 六韜 三略, プレジデント社.

吉武孝祐(1987), 佛敎による経營革新, ソーテック社.

Appleman, R.E. (1989), Disaster in Korea, College Station, TX, 56.

Appleman R.E. (1989), Ridgway Duels for Korea, A&M University Press.

Brunken, Ingmar S. (2005), Die 6 Meister der Strategie, Berlin: Ullstein Buchverlag GmbH.

Caesar, Julius, translated by H. J. Edwards (2004), The Gallic War, Cambridge: Harvard University Press.

Chandler, Alfred D. (1990), "The Enduring Logic of Industrial Success, Harvard Business Review, March–April, 130–140.

Christensen, C. M. (1997), The Innovator's Dilemma. Harvard Business School Press. 553.

Clausewitz, Carl von (1976), On War, Princeton, New Jersey: Princeton University Press

Clausewitz, Carl von (1980), Vom Kriege, Bonn: Fred. Dummlers Verlag.

Craig, Gordon A. (1978), Germany 1866–1945, New York: Oxford University Press.

Cummings, B. (1990), The Origins of the Korean War, vol 1: The Roaring of the Cataract, 1947–1950. Princeton: Princeton University Press

Drucker, Peter F. (1967), The Effective Executive, New York, NY: Harper & Row
Drucker, Peter F. (1972), The Practice of Management, Tokyo, Japan: Charles E. Tuttle Company
Drucker, Peter F. (1994), Adventures of a Bystander, New York, NY: John Wiley & Son
Drucker, Peter F. (1995), Managing in a Time of Great Change, New York, NY: Truman Talley Books/Dutton
Drucker, Peter F. (1999), Management Challenges for the 21st Century, Oxford: Butterworth-Heinemann
Drucker, Peter F. (2002), Managing in the Next Society, New York, NY: Truman Talley Books.
Freund, Michael (1985), Deutsche Geschichte, Munchen: Bertelsmann GmbH.
George, Bill (2007), True North, San Francisco: Jossey-Bass.
Hanson V.D. (2013), The Savior Generals, How Five Great Commanders Saved Wars That Were Lost From Ancient Greece To Iraq, BLOOMSBURY PRESS
Herodotus (2013), The Histories, Allen Lane.
Kennedy, Paul (1987), The Rise and Fall of The Great Powers, New York: Random House.
Levitt, Theodore (1960), "Marketing Myopia,"Harvard Business Review, July-August.
Machiavelli, Niccolo (1978), Der Furst, Stuttgart: Alfred Kroner Verlag
Machiavelli, Niccolo (1983), The Prince, Harmondsworth, Middlesex, England: Penguin Books
Millett, A. (2010), The War for Korea, 1950-1951: they came from the north. University Press of Kansas.
Mommsen, Wilhelm (1966), Bismarck, Hamburg: Rowohlt Verlag GmbH. Nalebuff, Barry J. and Brandenburger, Adam M. (1996), Coopetition, London: Harper Collins Business.
Pfeffer, Jeffrey (1994), Competitive Advantage through People, Harvard Business School Press: Boston, Massachusetts.
Plato (1982), The Collected Dialogues of Plato, including the Letters. Princeton, New Jersey: Princeton UP.
Plutarch (1971), Plutarch - Lives of the Noble Greeks
Porter, M (1980), Competitive Strategy, New York: The Free Press.
Porter, M (1985), Competitive Advantage, New York: The Free Press
Rees, D.(1964), Korea: The limited war, St Martin's Press.

Reischauer, Edwin O. (1994), Japan The Story of a Nation, New York: Alfred A. Knopf.

Ridgway, M. B. (1967), The Korean War, Vol. 267, Da Capo Press.

Roe, P. C. (2000), The dragon strikes: China and the Korean war, June–December 1950. Presidio Press.

Schenider, Wolf (2004), Groß e Verlierer, Hamburg: Rowohlt Verlag GmbH.

Schulze, Hagen (1998), Kleine Deutsche Geschichte, Munchen: C.H.Beck.

Seneca, Lucius A. (1978), Vom Gluckseligen Leben, Stuttgart: Alfred Kroner Verlag.

Simon, H. (1989a), Price Management, Amsterdam: North–Holland.

Simon, H. (1989b), "Die Zeit als strategischer Erfolgsfaktor," Zeitschrift für Betriebswirtschaft, 59, H. 1, 70–93.

Simon, Hermann (1990), "Unternehmenskultur–Modeerscheinungoder mehr?" in Hermann Simon (Hrsg.): Herausforderung Unternehmenskultur, Stuttgart: Schaffer–Poeschel Verlag.

Simon, Hermann (1991), Simon für Manager, Düsseldorf: ECON Verlag.

Simon, Hermann (1994), "Lernoberflache des Unternehmens," in Hermann Simon und Karlheinz Schwuchow (Hrsg.): Managementlernen und Strategie, Stuttgart: Schaffer–Poeschel Verlag.

Simon, Hermann (1996), Hidden Champions, Boston: Harvard Business School Press.

Simon, Hermann (2000a), Geistreiches für Manager, Frankfurt/Main: Campus Verlag GmbH.

Simon, Hermann (2000b), "Führungsherausforderungengen im 21. Jahrhundert", Festvortrag anlässlich der Verleihungen der Jakob–Fugger–Medaille an Reinhard Mohn.

Simon, Hermann (2004), Think!, Frankfurt/Main: Campus Verlag GmbH.

Simon, Hermann (2007), Hidden Champions des 21. Jahrhunderts, Frankfurt: Campus Verlag.

Simon, Hermann und Fassnachet, Martin (2009), Preismanagement, 3. Auflnge, Wiesbaden: Gabler.

Simon, Hermann (2012), Hidden Champions. Aufbruch nach Globalia. Frankfurt/New York: Campus Verlag.

Simon, Hermann und Fassnachet, Martin (2016), Preismanagement, 4. Auflnge, Wiesbaden: Gabler.

Soffer, J. M. (1998), General Matthew B. Ridgway: From Progressivism to

Reaganism,Praeger.

Spiegel, B. (1988), Führung der eigenen Person, Vortrag am Universitätsseminar der Wirtschaft, Schlo ß Gracht.

Stephenson, P.R., W.L. Cron and G.L. Frazier (1979), "Delegating Pricing Authority to the Sales Force: The Effects on Sales and Profit Performance, Journal of Marketing, 43 (Spring), 21–28.

Sun Tzu (1982), The Art of War, New York: Oxford University Press.

Sun Tzu (1988), The Art of War (translated by Thomas Cleary), Boston: Shambhala.

Thucydides (1972). History of the Peloponnesian War. New York: Penguin Book.

Ullrich, Volker (1998), Otto von Bismarck, Hamburg: Rowohlt Verlag GmbH.

Weber, Max (1981), Die protestantische Ethik und der Geist des Kapitalismus, Gütersloh: Gütersloher Verlagshaus Mohn.

Weintraub, S. (2000), How to remember the forgotten war: The Korean conflict erupted fifty years ago this June. AMERICAN HERITAGE.

Whelan, R. (1990), Drawing the line: The Korean War, 1950–1953. Boston: Little, Brown.

Whitfield Stephen J. (1991), The Culture of the Cold War Baltimore John Hopkins University Press.

Winkler, H.A. (2015), Zerreissproben, C.H.Beck.

Winkler, H.A. (2016), Geschichte des Westens: Die Zeit der Weltkriege 1914–1945, C.H.Beck.

Wolfrum, Edgar (2007), Die geglückte Demokratie, Stuttgart: Pantheon.

Yoo, P.H., R.J. Dolan and V.K. Rangan (1987), "Dynamic Pricing Strategy for New Consumer Durables," Zeitschrift für Betriebswirtschaft, 57 (Oktober), 1024–1043.

Zelikow, Philip and Rice, Condoleezza (1995), Germany Unified and Europe Transformed, Cambridge: Harvard University Press.

위대한 패배자들

초판 1쇄 발행 2021년 8월 1일
초판 5쇄 발행 2024년 7월 24일

지은이 유필화
펴낸이 유정연

이사 김귀분
책임편집 신성식 **기획편집** 조현주 유리슬아 서옥수 황서연 정유진 **디자인** 안수진 기경란 디자인붐
마케팅 반지영 박중혁 하유정 **제작** 임정호 **경영지원** 박소영 **편집진행** 기수경

펴낸곳 흐름출판(주) **출판등록** 제313-2003-199호(2003년 5월 28일)
주소 서울시 마포구 월드컵북로5길 48-9(서교동)
전화 (02)325-4944 **팩스** (02)325-4945 **이메일** book@hbooks.co.kr
홈페이지 http://www.hbooks.co.kr **블로그** blog.naver.com/nextwave7
출력·인쇄·제본 프린탑

ISBN 978-89-6596-458-2 03320